湖北省社科基金一般项目（后期资助项目）（2020169）成果

湖北省人文社科重点研究基地
——湖北小微企业发展研究中心课题（20d01）成果

湖北企业可持续发展研究

——基于企业战略性人才管理视角

周丹　著

WUHAN UNIVERSITY PRESS
武汉大学出版社

图书在版编目(CIP)数据

湖北企业可持续发展研究:基于企业战略性人才管理视角/周丹著.—武汉:武汉大学出版社,2022.4

ISBN 978-7-307-22815-3

Ⅰ.湖…　Ⅱ.周…　Ⅲ.企业发展—可持续性发展—研究—湖北
Ⅳ.F279.276.3

中国版本图书馆 CIP 数据核字(2021)第 271549 号

责任编辑:喻　叶　　责任校对:汪欣怡　　整体设计:韩闻锦

出版发行:**武汉大学出版社**　(430072　武昌　珞珈山)

(电子邮箱:cbs22@whu.edu.cn　网址:www.wdp.com.cn)

印刷:广东虎彩云印刷有限公司

开本:720×1000　1/16　印张:14.25　字数:254 千字　插页:1

版次:2022 年 4 月第 1 版　2022 年 4 月第 1 次印刷

ISBN 978-7-307-22815-3　定价:58.00 元

前　言

在当前形势下，湖北企业面临着前所未有的压力，在获得各界大力支持的同时，企业需要增强持续竞争力，其重要来源之一即是稳定的人才资源。战略人才管理理念是在战略人力资源管理基础上的创新思维，弥补了战略人力资源管理理念对人才个性化管理的不足，实现了企业在有限资源投入下对关键员工的效率管理。此外，战略人才管理系统不仅肯定了战略人力资源管理所支持的经济价值创造目标，也增加了非经济价值创造的目标，即人力资本价值最大化，是对战略人力资源管理系统的完善。

战略人才管理系统是战略人才管理研究中的一个重要研究方向，是组织开发和实施的各种系统、过程和实践的综合，以确保对人才管理的有效实施。尽管多数企业认识到战略人才管理的重要性，也在实践中采取了相应的举措，但是关于战略人才管理系统的架构、作用机制和发展机制并没有清晰的认识，在操作中既可能与战略人力资源管理系统相混淆，也可能无法选择适合企业自身发展特征的人才管理系统。

本书基于构型观和系统论的指导，结合了人力资本理论、人才管理理论和新制度主义同构性理论的基本原理，对战略人才管理系统的构型，构型变量组成，构型变量匹配的维度(内部契合性和外部适应性)，匹配的测量以及系统的匹配效应，系统的动态性传播、演化和调整的趋势等问题展开了初步的探索性研究。本研究综合使用了多种研究方法，以定性分析和定量分析两种方法对本书的研究结论提供了实证支持，具有一定的创新意义和贡献。

从实践上看，本书的研究结果对于处于传统管理模式和新兴管理模式交替的中国企业，在激烈的“人才战”中获取持续竞争优势具有一定的实践指导意义。第一，能帮助企业认识并重视人才管理对企业获取持续竞争优势的重要战略作用，三种构型变量组成的战略人才管理系统能满足企业在不同生命周期阶段战略变化的需求，突出了人力资本附加值的意义，而这正是企业持续竞争优势的来源。第二，建议企业根据自身管理模式和生命周期发展阶段性特征构建战略人才管理系统，本书突破以往研究从企业所有权性质或行业特征作为控制变量进行研究的做法，采取了组织管理模式变量作为区分构型变量间相互影响程度的重要标准。第三，提示企业在不确定环境下，重视制度性压力的影响作用，管理制度的变革在制度性压力的影响下，可能有阻碍，也有推动作用。企业在构建战略人才管理系统时，需要辩证地看待其双重作用，既接受制度性压力带来的影响，也可利用这种制度性压力推动新的管理制度的推行和实施。

总体来看，本书的研究虽然仅是一种初步的探索性研究，但具有一定的理论和现实意义。从理论发展来看，战略人才管理研究尚处于高速发展期，缺乏针对本土情境的实证研究支持，而本书的研究则是一种有意义的尝试。从现实发展来看，中国各地城市先后出台了各项吸引人才落户、购房等优惠措施，参加“抢人大战”，为企业参与“人才战”创造了良好的宏观环境。湖北企业在疫情的重创下争取技术人才回流，理应创建较为完善的战略人才管理系统，以提高人才使用的效率。由于研究局限性，本书尚存在较多的不足之处，有待进一步改进和完善。

目　　录

绪　论

一、研究背景

(一)疫情时代湖北企业发展面临的挑战

在2020年这场前所未有的疫情的重大冲击下，不论是中国经济还是世界经济都受到了严重的影响。受防疫措施的影响，全球经济活动都不可避免地进入停摆状态，各国的主要经济指标也因此出现了近几十年来罕见的下挫，2020年全球经济增长前景为-3%，这也是大萧条以来全球首次出现发达经济体和新兴经济体都进入衰退的情况。① 而与2008年次贷危机引发的全球金融危机不同的是，此次疫情使得企业和居民的“损益表”和“现金流量表”均出现危机(王静文，朱桥，2020)。

湖北省统计局的统计数据指出，从2020年1—5月湖北经济运行情况来看，省内的投资和消费都在逐步恢复，但各个行业的恢复程度不一。1—5月，汽车、计算机、医药行业增加值同比分别下降28.6%、16.8%、20.9%，降幅分别收窄10.2个、8.8个、6.8个百分点。其中5月当月，以上三大行业同比分别增长10.2%、17.5%、8.2%。石油加工业、化工、建材行业增加值累计同比分别下降17.5%、24.0%、39.0%，降幅比1—4月分别收窄6.7个、8.5个、10.7个百分点。烟草制品业增加值同比增长12.4%，增速回落2.9个百分点。大中型企业恢复好于小微型企业，1—5月，全省规上工业大中型、小微企业增加值同比分别下降20.8%、33.0%，降幅比1—4月分别收窄6.1个、9.1个百分点，利润降幅收窄。1—4月，全省规上工业企业利润总额309.3亿元，同比下降61.5%，降幅比1—3月收窄16.7个百分点。规上工业企业营业收入利润率为3.6%，比1—3月提高1.3个百分点。资金利用效率提高。1—4月，规上工业企业应收账款同比增长13.4%，增速比1—3月回落4.1个百分

① 《2021年世界经济增速将明显反弹》，参见《经济日报》，https://baijiahao.baidu.com/s?id=1687674910279781638&wft=spider&for=PC，2021年1月1日访问。

点。产成品库存周转天数比 1—3 月减少 4.2 天。① 从上述数据来看，虽然湖北省采取了各项举措全力支持企业回暖，但省内企业整体实力仍然遭受了重创，产业生态尚未成熟，难以吸引和保留高技术人才。对于湖北企业而言，要想实现做大做强的目标，维持企业的可持续竞争优势，保留好人才储备，尤其是基于企业战略发展而实施战略性人才管理系统是当前企业管理关注的重点问题和方向。

(二)战略人才管理研究的兴起和发展

1. 知识经济时代对组织人力资源管理模式的挑战

当前我国各个城市的人才争夺战愈演愈烈，各大城市纷纷出台吸引人才的政策。这一现象背后的原因，既是国家经济发展和区域竞争政策的调整对高素质劳动力需求转变的必然趋势，也是企业对战略性人才需求快速增加的表现。随着经济全球化的快速推进，我国企业面临着技术发展与变革、客户需求差异性变化等各项挑战，竞争环境的激烈性和不确定性日益加剧(殷琛，2017)。全球化使得全球商业领域更为复杂化，各类组织重组其核心竞争力和发展管理体系以创造效能，并维系其经济价值和获得可持续发展的竞争优势。而全球化带来的竞争强度的加大，也使得组织想长期维持其竞争优势地位变得越来越难。我国企业传统上的竞争优势，如资金优势、规模优势、地方政府垄断优势等，只能在短期内对企业获取竞争地位带来帮助。而从长期来看，这些优势极有可能被复制或替代。因此，企业需要寻求从长远的角度来看都难以被借鉴和模仿的竞争优势，而这种竞争优势来源于本企业的人力资源中，即通过管理企业员工中具有的知识能力和员工之间的关系来获取优势地位(孙少博，2012)。

管理者逐渐意识到，随着知识经济的发展，企业中的人力资源管理应随之改变，由行政事务管理职能向战略管理职能发展。新的人力资源管理方式能适应市场竞争规则的变化，促进企业核心竞争能力的形成，发挥人力资源对企业的战略性影响作用。因此，战略人力资源管理在取代传统人力资源管理的过程中，其管理形式、手段、层次和体制都表现出新的特征，如从管理形式上来看，战略人力资源管理更强调动态管理和整体的开发；从管理方式上看，战略人力资源管理更为强调人性化管理，并兼顾物质和精神激励；从管理策略上看，战略人力资源管理兼顾了企业的现状和未来，能从战术上和战略上进行管理；从管理技术上看，战略人力资源管理兼顾了管理科学与艺术，是一种新的

① 湖北省统计局：《2020 年湖北经济运行情况》，http://tjj.hubei.gov.cn/zfxxgk_GK2020/zc_GK2020/gfxwj_GK2020/202101/t20210120_3271944.shtml.

管理技术；从管理体制上看，战略人力资源管理能主动开发人力资源，使得员工的工作自主性高(张洪霞，2007)。总体来看，战略人力资源管理通过有效开发和管理企业自身具备的人力资源，企业能获得较高水平的竞争力，并借此维持良好的组织效能。

然而，伴随着我国行业竞争格局的变化，企业管理理念和模式也面临着新的挑战。首先是行业环境的变化带来的挑战。不论是宏观层面，如国家政策、监管的制度环境，还是整体文化环境，企业人力资源发展的环境都有显著的改善，国家重视人才工作①，企业更为关注人才管理工作②(D'Annunziogreen，2008)。在战略人力资源管理的基础上，企业的管理工作更强调对关键人才的吸引、保留和使用(刘昕，2010)。在富有风险和高度不确定性的环境中，不能再延续人力资源规划方式来管理员工队伍，而是要针对外部环境变化快速进行反应，以前瞻性、主动性和灵活性为特征进行组织人才的获取和保留工作。

其次是劳动力群体特征变化带来的挑战。企业进行战略人力资源管理，面临着激励效果短期化、人力资源管理方式僵化、雇员职业生涯发展得不到足够的关注度等问题，员工容易因此产生职场挫败感，进而影响其敬业度和效能。解决上述问题的关键是最大化地提高员工岗位带来的满足感，以及提供支持性的工作环境(蔡宁，2016)。此外，劳动力群体特征也正发生根本性变化，在当前劳动力市场上，80后、90后的劳动力正逐渐成为主要构成部分，"Y世代"③和"Z世代"④的知识员工更取代了传统的劳动力，成为企业关键员工的代表。"Y世代"和"Z世代"员工的个性和崇尚的价值体系都与传统"X世代"⑤员工不同，以"Y世代"员工为例，这个世代的员工由于普遍受到互联网普及性冲击和影响，偏好更多的工作灵活性和自由度，更为强调工作的价值性和意义。此外，在知识经济时代，知识员工与非知识员工在个性、文化程度和工作要求等方面都具有较大的差别(赵爽，2015)，导致了管理者不可能以强调整体开发的战略人力资源管理理念来对这类群体进行管理，因为这种做法既费成

---

① 党的十九大报告提出，人才是实现民族振兴、赢得国际竞争主动的战略资源。坚定实施科教兴国战略、人才强国战略(人民网-人民日报，2018年5月27日，http://opinion.people.com.cn/n1/2018/0527/c1003-30015803.html)。

② 人才管理工作最初是源自"人才战"引发的组织对人才招募工作的重视。随后，这种管理实践的范围逐渐扩大，包括人才的吸引、保留、开发、调整和使用等多方面。

③ 出生于1981—1995年。

④ 出生于1996—2010年。

⑤ 出生于1965—1980年。

本，也会导致管理低效率。相应地，管理者应该针对各个群体进行细致的分析，研究出企业在管理新世代知识员工工作中出现的问题，以及针对这些问题作出的调整和对策，从而最大限度地提高这类关键人才的工作满意度和组织承诺度，进而提高组织对员工队伍的管理能力，实现人才的保留和使用效率。

最后是国际人才管理理念变化带来的挑战。我国企业的制度转型过程中，效仿国外人力资源管理的理念和方法是大多数企业采取的做法(余存龙，2012)。而在引进的过程中也会依据中西企业管理的差异性进行一些适合我国国情的调整。如华为公司会学习西方国家企业的做法，推行高薪政策，这是一种承诺型的人力资源管理策略，同时还会结合企业现状进行补充，如依据考核结果来制定考核对象的工资、奖金、股金等方面，以及决定是否给予考核对象晋升机会，这是一种控制型人力资源管理策略(苏中兴等，2007)。当前西方发达国家企业由于经营环境不确定性加剧，企业的管理模式也发生了改变，在战略人力资源管理的基础上进行了创新，逐渐采纳了战略人才管理的理念。战略人力资源管理虽然能主动自主地对员工队伍进行动态管理，但其仍强调对劳动力群体的整体开发，忽视了人才的个性化，在资源投入有限的前提下无法实现对关键员工的效率管理，也无法针对关键员工构建和更新人才数据库。① 因此，为了实现企业在不同时期和不同发展阶段，在不同的战略导向下的人才需求，战略人才管理的实施是企业的一种必然的选择，也是建立在战略人力资源管理基础上的一种创新性思维(刘昕，2010)。然而，对于中国企业来说，如何学习和借鉴，使之符合中国情境的需求，尚没有得到充分的验证和研究。

综上所述，战略人才管理的出现和发展是基于一定的现实背景而产生的，既有中国企业内部自身发展的需要，也有来自向西方发达国家企业经验学习的动力，因此本书基于这一背景展开了探索性研究。

2. 理论发展对战略人才管理研究的推动

从理论上来看，战略人力资源管理理论(strategic human resource management theory)从战略的宏观视角，将企业战略管理与人力资源管理结合起来，探讨了更为全面和广泛的战略人力资源管理系统。其中，相关研究对战略人力资源管理的作用效果，如战略人力资本与组织绩效和竞争优势的关系进行了大量的实证检验和论证(苏中兴，2010；邹文超，2013；刘国萍，2012；Hoppas and Costas，2013)，发现了战略人力资源管理实践对组织绩效和维持竞

① 这种数据库是依据人才的技能和兴趣等内容而设立，能帮助企业在不确定性环境下及时将人才与岗位匹配。

争优势的正向影响关系。但随着理论的推进和发展，一些学者发现战略人力资源管理过于关注“组织产出”，而忽视了“员工个体反应”(Macky and Boxall, 2007；孙瑜，2015)。战略人力资源管理如果对促进组织绩效发展和维持竞争优势具有一定的正向效应，是否对员工个体也会产生同样的影响？员工个体在这一正向效应中处于何种作用？研究者对于组织中的员工个体反应及人力资源个体的影响作用产生了进一步的研究兴趣。以资源基础理论为代表的研究者认为伴随竞争环境等因素的变化，企业的内部资源能力逐渐成为影响企业竞争能力的关键因素，企业通过获取和开发这些能够产生持续竞争优势的内部资源来确保其竞争地位，而人的因素正是这种重要的内部资源之一(张洪霞，2007)。因此战略人力资源管理通过人力资本开发、培训和发展等实践手段来为企业建立人力资本池，通过长期雇佣合同、发放绩效工资等措施进行员工激励。但这些实践手段也可能使得组织存在对非战略性角色员工过度投资的普遍现象(Boudreau and Ramstad, 2007)。

因此，“人才战”(war for talent)的概念提出后(Michaels et al., 2001；Axelrod et al., 2002；Chambers et al., 1998a)，从业者和学者对人才管理研究产生了较大的兴趣和接受度，人才管理(talent management)应运而生(Maxwell and Maclean, 2008)。传统与竞争优势相关的人力资源研究，如对组织高层精英人物的研究(Datta and Iskandar Datta, 2015；Miller et al., 2015)和战略人力资源管理(Adil, 2015；Martin et al., 2016)正逐渐向人才管理研究转换。可以说人才管理成为继以泰勒的科学管理为代表的效率模型、人事管理、人力资源管理和战略人力资源管理等理论之后主导当前劳动力管理的重要理论模式(毛艾琳，2012；陈剑，2015)。

从1998年首次出现及此后发展的20年时间里，人才管理理论发展呈现以下阶段性特征，如图0-1所示。其中1998到2011年，人才管理的研究处于萌芽期，从2011年至今处于快速发展期，但远未达到成熟期(Gallardo-Gallardo et al., 2015)。

图0-1　人才管理理论发展阶段

文献中最早出现人才管理的提法是在19世纪末20世纪初(Chambers et al., 1998b；Michaels et al., 2001)，主要出现在从业者的报告中，这一现象持续至2006年。自2006年开始，学者对人才管理的研究兴趣逐渐增加，但在这一阶段，相关研究论文较为零散，主要集中在对人才管理定义的讨论，及与战略人力资源管理的区分问题上(Lewis and Heckman, 2006)。总的来说人才管理的定义和研究框架在这一时期基本达成了一定的共识，可分为三类：第一类学者认为人才管理与一般的人力资源管理相比只有些许的差异，人才就是人力资本；第二类学者关注于人才池的概念，认为人才管理是确保组织保持人员充分流动的过程，继任者计划或人力资源规划在填补特定职位主要是管理职位问题上有着巨大的相似之处；第三类学者关注于不考虑特定职位或组织边界的人才问题，在这一类学者中又持有两种不同观点，其一是高绩效人才或高潜力人才("A"级人才的招募与开发)，其二是人人都具备才能，人力资源管理人员应帮助每个人发挥其高绩效。这三类人才管理定义代表了当时研究的一种趋势，即仅仅关注于人才管理的某一方面。

由于上述研究趋势的影响，有学者提出了人才管理是"新瓶装旧酒"的质疑(Xin et al., 2008；Sarmad et al., 2013)，因为人才管理从事的是和人力资源管理类似的活动，如招募、筛选、开发、保留以及确保人员的供给和需求，实现有效的管理。例如在Iles et al. (2010b)的论文中，基于对中国部分跨国公司的案例研究，得出人才管理在核心问题上是与人力资源管理基本类似的，两者同样都对人员管理发挥着功能性作用，都强调人才战略或人力资源战略应与公司战略相结合，以及对职位分配重要性的认可。唯一的区别就是人力资源管理的范围更广一些，能促进组织内部的平等主义；相反，人才管理却是一种对组织的分割，更注重对一部分特殊的小群体的管理。Macfarlane et al. (2012)针对英国公共部门(NHS)的研究认为人才管理等同于领导能力管理。Jones et al. (2012)则将不同类型组织纳入研究对象，发现不同类型组织对人才管理概念的理解大相径庭，有的组织认为人才管理与传统的人力资源管理几乎没有区别，而有些组织却认为人才管理具有更多战略性和系统性层面的模式，进而在实践中，人才管理的战略性表现为一种特别的、非结构化的和碎片化的特征。

在这种两极分化式的现象背后，是组织对人才管理概念本质模糊性理解所致。根据Cappelli (2008)的研究，人才管理实践在很长一段时间内都没有发挥其应有的功能，即使是在顶级的公司中也一直面临着人才的剩余和短缺之间的矛盾。在当前竞争性的商业环境下，组织对人才的不恰当管理，尤其是在人才分析问题上的谬误，无论是短期还是长期均会在个人和公司层面上产生人才漏洞。所以Cobb (2013)认为人才管理是起源于对有限人才争夺，基于战略性人力资源管理而产生的一种管理实践。

基于此，研究者提出了人才可以从两种模式上进行界定：其一是客观模式，人才是特定领域中形成的个人特征或内在能力；其二是主观模式，人才代表着拥有特殊技能或能力的某种个人或群体。对这些人才的管理得到了组织领导人的授权，以及组织的中高层管理者的支持，在本质上具有战略性的属性，并与组织战略进行整合(Barlow, 2006; Hughes and Rog, 2008)。学者的这一提法恰好也对应了当时出现的世界金融危机(2007—2009年)对组织不确定性的影响，战略性(strategic)与人才管理首次结合，即战略人才管理(strategic talent management)(Sparrow et al., 2015)。其理论焦点在于讨论组织的人才战略如何更好地与经营战略相结合，以及商业计划和运营周期如何与人才规划周期更好地联结，进而将人才管理转化成核心的企业流程，同时也能更好地应对企业面临的人才吸引方面的挑战。

Collings and Mellahi (2009)对人才管理的定义也进一步强调了人才管理过程的"战略性"，得到了较多学者的认同：人才管理包含着系统性识别组织的核心职位，从而为组织的持续竞争优势作出不同贡献的一系列活动和过程；开发高潜能和高绩效的人才池以满足这些核心职位；建立差异性人力资源架构以帮助组织将这些有竞争力的人才安置在核心职位上，从而保证其对组织的持续性承诺。可以说这一定义对战略人才管理的概念进行了清晰且精准的界定，对战略人才管理理论的发展具有开创意义和重大贡献。根据其定义，人才管理由四种模式构成：(1)人的模式，人才管理是对人的分类；(2)实践模式，人才管理的核心人力资源管理实践的表现；(3)职位模式，人才管理是对关键职位的识别；(4)战略池模式，人才管理即内部人才池和继任者计划。然而这种模式的划分仅仅只是理论模型，对于未来研究者进行理论架构提供了参考，并没有提供科学的度量方法对何种模式的选择进行指导。而事实上何种人才管理模式的选择是一个较为复杂和多环节的权衡过程，其关键在于找到明确的抉择路径，即对影响战略人才管理模式的作用机制进行全面的分析，才能使决策过程有所突破，这也正是后续的战略人才管理研究推进面临的主要挑战。

3. 战略人才管理系统研究的产生

2011年至今，人才管理研究的发展进入了快速成长期，大量实证研究百花齐放，成熟的和多样化的研究方法也随之出现，推动了人才管理研究的发展壮大(Gallardo-Gallardo et al., 2015)。正是由于实证研究的发展，多学科多重性研究的应用，使得这一阶段中对人才管理概念的定义反而并不如萌芽阶段的一致性高，而表现为人才管理概念定义的多重性和多视角。例如在策略性人力资源管理理论、国际人力资源管理理论和组织行为理论等多学科理论基础上的拓展，表现为外派人员管理、对有价值员工的联络策略和管理、心理契约研究等(Dries et al.，2012；Höglund，2012)。

通过对近年人才管理研究成果的系统性分析，Mcdonnell et al.（2017)认为当前人才管理研究由两大主流构成：一是人才管理是对高绩效和高潜能人才的管理(Gallardo-Gallardo et al.，2015)，其核心是对高绩效的定义和有效测量(Doh et al.，2011)，即劳动力差异化(workforce differentiation)现象(Huselid and Becker，2011)。人力资源差异性模型将组织中员工为实现组织目标所作出的独特性贡献与其他群体的贡献相区分，这种贡献可能与所处的职位无关，但也有人认为突出的贡献可能与一定的职位紧密联系，如知识型员工的职位或重要的人才职位等(Stirpe et al.，2014；Gelens et al.，2014)。既可以从上至下地看待这种贡献与职位的关系，也可以从下至上脱离职位来看待贡献的价值和独特性(Heyden et al.，2017)。

二是人才管理是对组织战略性职位的识别及人才管理系统的建构，其核心是强调对组织竞争优势有差异化影响力的战略性职位或者说关键职位的识别(Boudreau and Ramstad，2005；Collings and Mellahi，2009)，即战略人才管理系统研究。这一类型的研究是在战略性人力资源管理研究基础上的演化，与众多组织中对于非战略性岗位过度投资的普遍现象不同的是，该理论认为组织内的岗位具有差异性，应更加强调具有战略意义的职位。此外，战略性人力资源管理理论发展采取自下而上的方式，而人才管理则提倡自上而下的方式，认为组织中并非所有的战略性操作都高度依赖于人力资本，因此并非所有职位都需要顶级人才(A player)填充(Boxall and Purcell，2016)。可见所谓战略性(strategic)的价值在于职位(job)而非人才个人(individual)，“A”级职位的独特性也就在于其对组织施行一定战略具有格外重要的作用，而人力资本只有在参与组织战略意图的实施或占据组织的关键职位时才能发挥一定的经济价值。这一研究潮流也正是本书所关注的重点。因此，本书对战略人才管理系统的研究正是基于这一定义展开的。

战略人才管理理论的发展同样体现出多视角和跨学科性。战略人才管理实践具有两分性，人力资本理论将人才视作企业的投资，而期望理论则将人才管理视为一个双向的过程，人才个人也在对自身进行投资以期获得回报(Scullion，2014)。资源基础观认为单一的战略人才管理实践模式并不适用于所有企业，因为企业独有的历史、资产特性、技术和环境氛围等因素使得企业必须采取相匹配的人才管理模式(Tatoglu et al.，2016)。在动态能力理论框架下，高科技行业的企业为了维持竞争优势，不仅依赖于高水平人才的储备量，也依赖于企业对其治理能力，使得这些高水平人才对企业动态能力的贡献最大化(Oskar，2007；Teece，2003；邵安，2015)。供应链理论则认为，理想的人才管理体系应是任一时间段上，在组织既定的职位上都可提供适合的人力资本供给(如雇员)，即准时人力资本战略(just-in-time human capital strategy)(Makarius and Srinivasan，2017；Lah and Capperella，2009；贺建永，2012)。雇主品牌和职业管理理论解释了组织面临的人才和组织声望管理问题，基于信号理论、声望管理和战略性人力资源管理理论的概念提出了新的雇主品牌模型(Martin and Cerdin，2014b；Kucherov and Zamulin，2016；董玲，2011)。国际人才管理理论认为人才管理系统(如特定的国际人力资源管理和实践)在吸引、保留、发展和调动人才问题上发挥了重要的作用，其中人才管理战略与人力资源战略虽有较大的差异，但仍然具有内部一致性(Scullion and Collings，2006；Schuler et al.，2011；Morris et al.，2016)。

战略人才管理更为强调战略性维度，通过整合和重组组织内的知识、能力和胜任力以合理地安置人才，从而将雇员的才能与组织的战略目标进行最佳的匹配，也就是“人才乘法”(multiplication of talent)。研究者也试图发现当前组织中实施的到底是何种类型的人才管理。Silzer and Dowell (2009b)认为，人才管理的过程具备战略性的特性必须满足以下条件：其一，企业能识别和调配具有个人胜任力的人才，这类人才能增强或建立竞争优势并在识别、发展、保护组织核心能力问题上发挥关键作用；其二，企业能根据不同的战略识别不同的人才，尤其是将人才配置与组织近期和远期需求相匹配；其三，全球性搜寻人才，并采纳能进入其他国家市场并存活的人才战略。Avedon and Scholes (2010)认为，人才库可以分为四种大类：领导人才、具有战略功能的人才如技术专家和前瞻性角色、战略技术人才和战略地理性人才，企业应该开发对企业最有价值的人才库。Jones et al. (2012b)在澳大利亚企业中进行定性研究来探索企业实施的人才管理的实质，即“个人式”“明星式”或更为系统层面的战略式人才管理模式。研究发现尽管强调企业核心职位的识别能增加显著的竞争优势，但大多数企业仍然采取的是个人式的人才管理模式。

总体而言，战略人才管理系统研究作为人才管理研究的主要方向之一，在近十年间经历了快速发展，通过跨学科的理论构建和多层次的研究方法取得了一定的成果。相对于人才管理研究的其他理论视角，战略人才管理系统研究强调的是在动态环境下维持组织的持续竞争力，人才作为战略性资源和竞争优势资源的重要性也更为突出(Silzer，2010)。但目前面临的主要局限性包括：其一，尽管对战略人才管理系统的定义已形成一定的共识，但其核心构型仍然处于含混模糊状态，并没有通过相关变量进行精确的操作和测量；其二，战略人才管理系统的实证研究面临着较大的局限性，因为其理论框架尚未与其研究方法和测量方法达成一致性；其三，目前对战略人才管理系统展开的实证研究仍然主要以解释性工作为主，采用了小样本中的横截面数据，而缺乏精确的样本策略；其四，不同国家不同类型组织的研究仍受到以盎格鲁撒克逊式组织研究和美国学者(Stahl et al., 2012a)为主导的思维方式和研究方法的影响，基于本土情境的实证研究不足。这也正是如图 0-1 中所示人才管理研究尚未进入成熟发展期的原因所在。

基于上述研究背景，本书认为中国情境下企业的战略人才管理系统研究尚未得到充分的展开，企业面临管理理念变革过程中，需要从理论上明确指导如何从战略人力资源管理向战略人才管理理念转换。而从理论发展上来看，无论是理论基础还是研究方法上，都缺乏针对战略人才管理系统的概念、构成和发展的深入研究。因此，本书认为可以延续当前人才管理研究的第二大研究方向展开研究，重点是战略人才管理系统的建构问题。

(三)构型研究在战略人才管理研究中的重要地位

从目前战略人才管理系统研究的发展现状来看，大部分的研究主要从最佳的人才管理实践视角或是基于权变理论的发展。例如，最佳的人才管理实践与组织绩效最大化的关系研究(Sheehan et al., 2018)，这是一种普适观，即强调与组织的战略性商业目标保持一致的人才管理实践能促进企业提高其雇主品牌价值和竞争力，使得组织产出最大化，但忽视了不同类型组织所需不同的战略人才管理实践的事实；从权变理论视角的研究，强调人才识别、人才发展和人才管理文化对研究机构的人才管理胜任力具有显著影响(Annakis et al., 2014)，但忽视了战略人才管理实践之间的相关性；在研究方法上多数研究采用的是静态分析，而结合环境动态性进行的相关分析仍然不足。

因此，相对于普适观和权变观，构型观虽然同样从系统的角度关注战略人才管理系统型态对组织绩效的影响，但并不完全支持目前广为使用的变量间交互关系的检验方法。如表 0-1 所示，不同于普适观和权变观，构型观认为整体系统是由诸要素有机组成的，系统与要素之间存在相互制约性，只有在系统里要素的性质和功能才会得到发挥，而这一过程又受到所处系统的制约以及要素间相互影响方式的影响。因此，合理的系统结构型态能使得其整体功能超过其部分要素的加总，而不合理的结构型态则会造成组成要素间的负向作用，使得整体功能因为“内耗”而小于其部分要素的加总(张一弛、张正堂，2004)。

表 0-1　　**战略人才管理的三种理论视角**

	普适观	权变观	构型观
基本假设	变量(如人才管理实践)存在线性关系	自变量与因变量的关系取决于第三个变量	整体性
关注点	个体人才管理活动	个体人才管理活动或人才管理活动的简单组合	人才管理活动的整体性；关注协同；人才管理系统
不足之处	缺乏坚实的理论基础；忽视了人才管理实践之间的协调作用，并且否定殊途同归的假设	微观导向；忽视协同；否定殊途同归假设；过于强调匹配	复杂；缺乏实证支持

资料来源：彭娟（2013）和孙瑜（2015）。

在构型研究中，构型变量(匹配要素)的识别工作至关重要(Hienerth and Kessler，2006)。以往的构型研究主要集中在战略性人力资源管理研究领域，如刘洋（2016）、孙婷婷（2016）和井辉（2017）等人基于构型理论视角下人力资源管理系统对组织绩效影响的匹配问题分析，其构型变量主要包括组织环境、组织技术系统、组织战略、人力资本特征、人力资源管理目标、人-组织匹配等。而在人才管理领域中，相关的构型研究正处于起步阶段，仅有少量的研究关注到了构型问题，如 Ewerlin and Süß（2016）对德国企业人才管理制度的传播、构型和影响因素进行了实证分析，Morris et al.（2016）发现跨国公司依据不同企业战略强化和整合不同的人才组合构成以帮助实现竞争优势。

本书研究采用构型理论视角，在整体探求的理念指导下，以系统的“殊途同归”(equifinality)原则为假设前提，即组织内部一系列的人才管理实践活动虽然类型不同，但具有高绩效和高度一致性的特征，因环境动态变化的需要，与组织相关战略之间的恰当契合能为组织带来更高的绩效。外文文献中，战略人力资源管理(SHRM)研究中使用“fit”来界定各要素之间的匹配程度。由于战略人才管理研究是在战略人力资源管理研究基础上的延续，因此本书也使用“fit”来界定战略人才管理系统中各构型要素间的匹配程度，其中参考了国内学者相关研究中的翻译，在描述人才管理系统与组织其他管理系统间的一致关系时，“fit”翻译为“匹配”；在描述人才管理系统中人才管理实践各子系统间的一致性时，“fit”翻译为“契合”；在描述人才管理系统主体人才管理实践与其他构型要素间的一致性时，“fit”翻译为“适应”。本书主要研究内部契合和外部适应问题。战略人才管理系统中各个子系统都是系统的有机组成部分，也是战略人才管理系统的构成主体。通过战略人才管理活动各个子系统之间的相互补充和支持，形成了有效的人才系统形态，从而实现子系统内部契合(internal fit)的最大化，进而将这些人才系统与组织相应的组织战略型态和环境因素联结起来，也就是其他因素与主体因素间的外部适应(external fit)最大化(Huselid and Becker, 2011)。通过内部契合和外部适应形成了整体的战略人才管理系统构型。战略人才管理系统构型匹配关系如图 0-2 所示。通过探索中国情境下企业的战略人才管理构型问题，有助于多层面对中国企业的战略人才管理的实质、构成和发展进行系统性研究和论述，解决当前的研究空白。

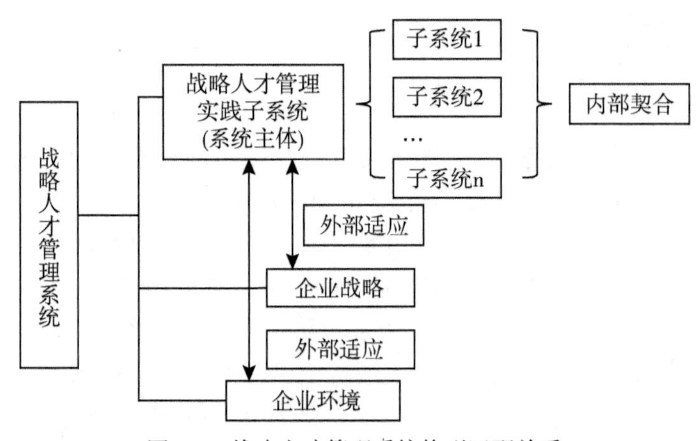

图 0-2　战略人才管理系统构型匹配关系

二、研究目标与研究意义

(一)研究目标

作为人才管理的主要研究方向之一，战略人才管理系统研究经历了近 10 年的兴起与发展历程。伴随着人才管理研究的推进，概念上的分歧已逐渐减少，人才管理与企业持续竞争优势和组织绩效的相关性研究也已取得了一定的成果，但从整体性角度探讨战略人才管理系统的研究尚有不足，尤其是针对不同类型组织构建与之相匹配的战略人才管理系统的研究仍然存在一定的缺陷。因此，本书在国内外已有文献研究分析的基础上，基于构型理论的视角，考虑到整合性的战略人才管理系统具有的特质性、复杂性、难以模仿性和路径依赖等特点，从中国本土企业的实际情境出发，探讨企业战略人才管理系统的形成和发展过程。

具体而言，本书结合中国情境下各类已实施人才管理的企业的发展特点，以探索战略人才管理系统体系结构为目标，以战略人才管理构型变量(匹配要素)为基础，深入探讨战略人才管理系统的内外部匹配关系，从而建立适合我国企业特点的多阶战略人才管理系统。在此研究的基础上，对企业战略人才管理系统的动态演进过程和调整趋势进行预测。本书的主要研究问题如下。

1. 企业战略人才管理系统模型的构建

中国大多数企业建立有人才管理体系，然而是否实现了“战略人才管理系统”还有待验证。如 Silzer and Dowell (2009a)所述，人才管理系统由五阶段组成：①反应性(reactive)；②程序化(programmatic)；③综合性的(comprehensive)；④对准的(aligned)；⑤战略性的(strategic)。在企业不同生命周期阶段，战略人才管理系统有不同阶段性表现和特征。因此，结合企业现有的人才管理实践措施和管理阶段性特征，研究不确定性环境下企业基于战略导向实施的人才管理系统构成，能为当前的战略人才管理理论研究提供新的研究视角。对于中国大部分企业而言，其所实施的人才管理体系的实质与外延并没有得到清晰和准确的界定，也就无法判断其人才管理体系处于哪一发展阶段，更无法对战略人才管理系统的构型进行探讨，这正是本书尝试构建战略人才管理系统模型的初始原因。通过质性分析的研究方法，明确当前企业中对人才管理系统的认知，区分与之相似的概念如人力资源管理和战略性人力资源管理等，并进一步构建符合中国组织情境的战略人才管理系统理论框架；随后，借助大量的问卷样本数据，开发和检验战略人才管理系统构型的测量工具，为后续进行定量分析提供研究基础。

2. 企业战略人才管理系统构型变量确认和匹配度研究

企业战略人才管理系统构型变量确认和匹配度研究是本书的重点研究问题。通过对战略人才管理系统主体和其他构成部分识别和确认，进而进行内部契合问题和外部适应问题分析。

(1)系统主体构型及内部契合问题。战略人才管理系统具有开放性和动态性，在这个系统中的体系结构具有高度复杂性，维度较多，系统内部的各个要素和单元都表现出构成结构和层次的复杂性。本书将战略人才管理系统的主体定义为战略人才管理实践活动的子系统。因为作为系统主体的实施者——人，具有一定的智能性和学习能力，能在实践活动中具有主动性和适应性，根据其目标和取向，结合所处环境的变化而进行有目的和有方向的行动。在目前已有的研究中，有学者将理想的战略人才管理实践活动划分为人才规划基础系统、人才吸引基础系统、人才开发基础系统和人才保留基础四个子系统，这四个子系统间相互连接与匹配(Tarique and Schuler, 2014b)。也有学者依据人才管理核心能力360度评估量表(Oehley and Theron, 2007)，将人才管理实践活动划分为人才管理理念、人才招聘、人才识别与分割、人才开发、员工关系、工作内容、薪酬管理、工作-家庭平衡管理等8个模块(Oehley and Theron, 2010; Alias et al., 2016; Meiring, 2013)。本书将在现有文献的基础上，结合相关量表和测量工具对我国企业的人才管理实践实施状况进行评估，通过聚类分析、因子分析等方法提出当前的企业战略人才管理实践构型。

(2)系统其他构成及外部适应问题。其一，企业内外部环境构型。组织变革的目标是帮助组织和对应的环境进行匹配，从而维持组织的生存，并且组织也会跟随相应的环境变化来自行进行组织构型的调整以适应这种变化。在人才管理的相关研究中，人才管理不仅仅是挑选和招募最佳、最有才能和最特殊员工的人力资源技术活动，也是一种在不同利益和动机的群体间政治谈判活动的过程，而且往往这个过程中充斥着矛盾。因此战略人才管理过程往往要考虑到权利、控制和背景等因素(Brink et al., 2013)。基于此观点，企业战略人才管理系统中环境因素是重要的构型变量。本研究主要从企业所处不确定性环境的三个维度来进行构型，即环境的动态性、敌对性和复杂性。其中，对于环境复杂性影响的研究中，近年人才管理理论研究逐渐关注到制度性环境因素对战略人才管理实践发展的推动作用，如国家和组织文化，以及与组织和劳动力市场相关的既有权利关系如何驱动组织人才战略、政策和实践(Sidani and Ariss, 2014, Ewerlin and Süß, 2016)。在中国情境下企业应对这种不确定性环境的影响，会与西方发达国家企业有何种不同，将是本书试图解决的问题。

其二，企业人才管理战略构型。自20世纪90年代中期以来，人才作为战略资源和竞争优势来源的重要性日益凸显，同时人力资源功能的经营战略属性不断演化，使得人才管理与经营战略间的联系越来越密切(Silzer and Dowell, 2009)。企业的经营战略、人力资源战略和人才管理战略三者间既具有一致性又存在着显著的差异性。人才管理战略由一系列人才管理政策和实践组成，既要保持与组织的其他战略的纵向对准性，也要保持各子系统间的横向对准性(Tarique and Schuler, 2014)。此外，各个企业的人才管理系统在表面上似乎没有太大的差异性，但由于经营战略、管理决策者视角和组织内生规律的不同使得各个企业的人才管理系统又具有独特性。这种独特性可能是由企业发展所处的不同生命周期阶段性所决定，也可能由于系统自身的价值目标①所决定。

① 本书认为战略人才管理系统的价值目标可以分为经济价值目标和非经济价值目标。

通过对战略人才管理系统主体和其他构成变量的识别和分析，能实现对变量间如何深入契合和匹配问题的探索，即对契合内涵的剖析、构型变量的剖析、战略人才管理系统的内外部匹配机制的剖析等。图 0-3 对本书的匹配问题研究框架进行了描述。

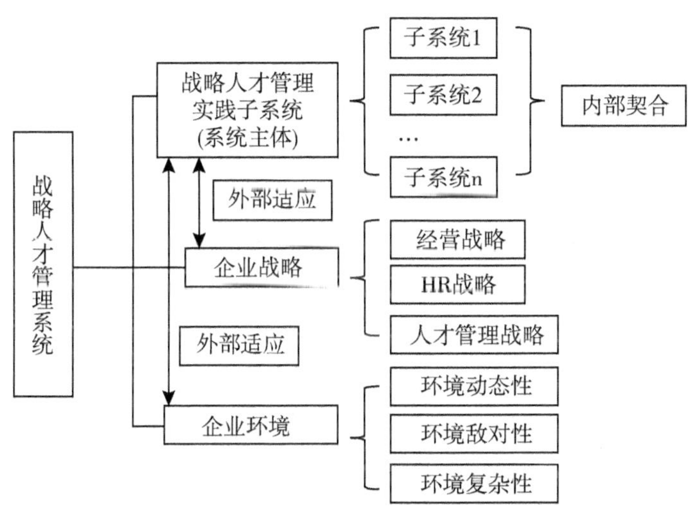

图 0-3　战略人才管理系统匹配问题研究框架

3. 基于构型观视角探究战略人才管理的演化和调整趋势

在战略人才管理系统构型变量分别建立的基础上，整合质性分析和定量分析的结果，本书将对战略人才管理系统的动态演变和调整趋势进行预测。由于环境的不确定性和企业战略的动态变化，企业战略人才管理系统会随之进行动态调整。结合企业生命周期阶段性变化的规律，有利于我们对战略人才管理系统的演化和调整规律进行预测和谈论，为后继的研究提供有益的思路和基础，也为企业构建完整的人才管理体系，实现战略人才管理提供有效的建议和指导。

（二）研究意义

战略人才管理系统是由组织开发和实施的各种系统、过程和实践的综合，以确保对人才管理的有效实施。战略人才管理系统的构建过程也是促使企业进行价值创造，从而实现可持续竞争优势的过程。通过系统性的和整体性的方法，对那些具有能为实现组织成功做出持续贡献潜力的人才进行吸引、识别、招募、开发、激励、提升和保留（Schiemann，2014；Berger and Berger，2011），即是对整个“人才生命周期”的有效管理(Schiemann, 2014)。本书是在已有研究基础上结合中国情境进行的深度而全面的研究，既是一种对战略人才管理系统的概念性研究，即“形态”研究，也是一种对组织采取“战略性变革”的结果及其演化的研究，即“转型”研究。通过对组织内部的人才管理要素进行协同管理，从而与组织的内外部环境进行匹配，构建全面和综合性的战略人才管理系统，实现组织目标。

1. 理论意义

本书研究的理论意义主要体现在以下三个方面。

第一，有助于深化对战略人才管理概念的认识，从构型观的角度全面揭示了中国情境下企业战略人才管理系统构成。目前已有的研究或强调最佳的人才管理实践对组织绩效的影响，或在一定情境条件下强调自变量、因变量与权变变量之间的关系。构型理论虽然最为复杂，但能更为全面地解释企业人才管理系统本质特征。本研究立足系统层面，从构型观视角考察了企业战略人才管理系统的构型变量及其契合性，不仅深化了对战略人才管理概念的认识，还有助于从多个理论层面揭示战略人才管理系统的实质，探索性地提出了战略人才管理系统的理论模型以及未来的演化趋势。

第二，有助于深化战略人才管理系统研究。在人才管理研究近 20 年的发展中，研究者逐渐认识到“好的系统远比好的人更为重要”①(Beechler and Woodward, 2009)，以 Collings and Mellahi (2013)为代表的学者提出的员工能力-动机-机会(AMO)理论认为，尽管核心人才是企业人才管理系统的焦点，但系统也要为人才提供机会和激励从而带来绩效最大化。尽管部分研究者强调了基于实证数据基础的人才识别技术研究，如使用 IT 技术进行的人力资本投资回报分析(Vaiman and Collings, 2013; Harris et al. , 2011)，但却有将组织人才管理活动拆分进行研究的局限性。所以本书立足构型观的指导，强调了战略人才管理活动的整体性，通过质性研究提出了当前中国企业实施战略人才管理系统元素间组合的形态，并进而在定性分析中分析各个构型要素间的综合效果和交互作用。此外，由于国内较少能找到战略人才管理的研究量表，所以本书引入了国外研究较为认可的成熟量表，能对国内现有研究中实证检验的不足予以完善。

第三，有助于丰富战略人才管理理论基础。战略人才管理系统研究源于战略性人力资源管理研究，传统的人力资源管理研究大多数是源于资源基础论

---

① Great systems are often more important than great people.

(Barney, 1991; Barney and Wright, 1998; 张徽燕等, 2012), 强调人力资源在企业赢得竞争优势中的战略性作用。但作为人力资源管理的一部分, 人才管理实践更关注人才个人, 其吸引、开发、激励、管理、奖励和保留人才等活动能为企业赢得人才资源, 进而获得持续性竞争优势(Sparrow et al. , 2014)。正如 Gallardo-Gallardo et al. (2015)所述, 跨学科成为人才管理理论发展的重要特征。本书的研究探讨了战略人才管理系统构型问题, 从环境构型、战略构型和管理实践构型三个方面较为完整地勾勒出战略人才管理系统理论模型, 这一构型研究的过程涉及人力资本价值创造和架构理论、动态能力理论、新制度主义理论、国际人力资源管理理论等多学科知识, 充实和拓展了相关学科的研究范畴和应用。

2. 现实意义

对于企业人才管理实践而言, 本书为企业管理人员明确了战略人才管理系统内涵, 为构建战略人才管理系统提供了指导方向。

第一, 企业管理人员需要意识到构建战略人才管理系统对于企业获取可持续发展优势的重要性。我国的企业处于激烈的外部环境竞争中, 既有全球化带来的竞争加剧, 也有知识经济发展的推动, 使得企业对全球范围内高质量人才的需求日益增加(Schuler et al. , 2011)。战略人才管理系统是在战略性人力资源管理基础上更精准地针对人才资源进行的管理。这一管理的新理念既有别于人力资源管理和战略性人力资源管理, 也进一步划分了人才管理的不同阶段, 使得企业可以根据实际发展情况进行人才规划和基于经营战略和人才战略进行战略人才管理系统构建。

第二, 本书将战略人才管理系统构型变量识别为环境构型、战略构型和实践构型, 探讨了构型变量间的契合性和内外部匹配问题, 将有助于企业根据所处的内外部环境动态调整经营战略和人才战略, 进而有针对性地采用人才管理实践组合。企业管理人员在进行战略人才管理系统设计时, 既要注意经营战略、人力资源战略和人才战略的一致性, 也要关注人才管理实践活动间的平衡性, 各个构型变量间的整合与相互契合, 能最大程度地发挥人才管理的优势, 从而为企业获得可持续发展优势提供有力的保障。

第三, 在不确定性环境下, 企业构建战略人才管理系统, 既要满足环境动态性要求, 调整人才需求和规划, 也要应对环境敌对性带来的挑战, 不断寻找新的竞争优势, 才可能在全球化和本土人才战中赢得主动和收益。不可忽视的是，环境复杂性要求企业必须面临异质性环境的挑战，制度性压力的存在和路径依赖的惯性，会使得率先完成战略人才管理系统构建的行业领先型企业成为其他企业的标杆，致使战略人才管理的理念在行业内扩散和传播，在某种程度上可以预计未来的企业建立战略人才管理系统具有同形性趋势。而伴随企业生命周期性阶段的发展，企业所构建的战略人才管理系统也会进行动态调整。

三、研究思路和结构安排

（一）研究思路与技术路线

通过对上述问题的解答，本书期望解释企业战略人才管理系统构型情况，从系统性的角度深入探索人才管理系统构成及各构型变量间的匹配关系，并对其演化路径进行预测。

1. 研究思路

本书的研究思路为：在文献梳理工作的基础上，首先对企业人才管理工作中存在的一系列问题进行分析及判定，对现有研究的成果和不足进行归纳和分析，从而明确本研究的理论视角和主要的研究问题。

其次，基于现有研究成果，通过构型观和系统观理论架构的指导，采用质性研究，针对企业人力资源管理者进行半结构化访谈，运用 Nvivo12 软件分析和整理数据，初步识别战略人才管理系统构型变量及其策略特征。

再次，在质性研究、专家咨询和借鉴现有成熟量表的基础上设计问卷，结合小样本预测试结果修改问卷并形成正式问卷。通过网络发放问卷进行大规模的正式调查从而获取数据。基于所获数据对前文初步识别的构型变量进行验证，并对要素间的内部契合程度和外部适应程度进行分析和判定。在这一过程中涉及的方法有：探索性因子分析、验证性因子分析、描述性统计分析、多层回归分析、聚类分析等。

复次，结合构型要素间的内外部契合程度，依据企业生命周期的不同阶段性特征，对战略人才管理系统的动态演进和调整趋势进行预测。

最后，通过静态和动态分析的结果，联系当前我国社会的宏观政策环境和劳动力市场结构变化等现实，本书提出了相应的研究结论、启示、研究局限及展望。

2. 技术路线

本书具体的技术路线如图 0-4 所示。

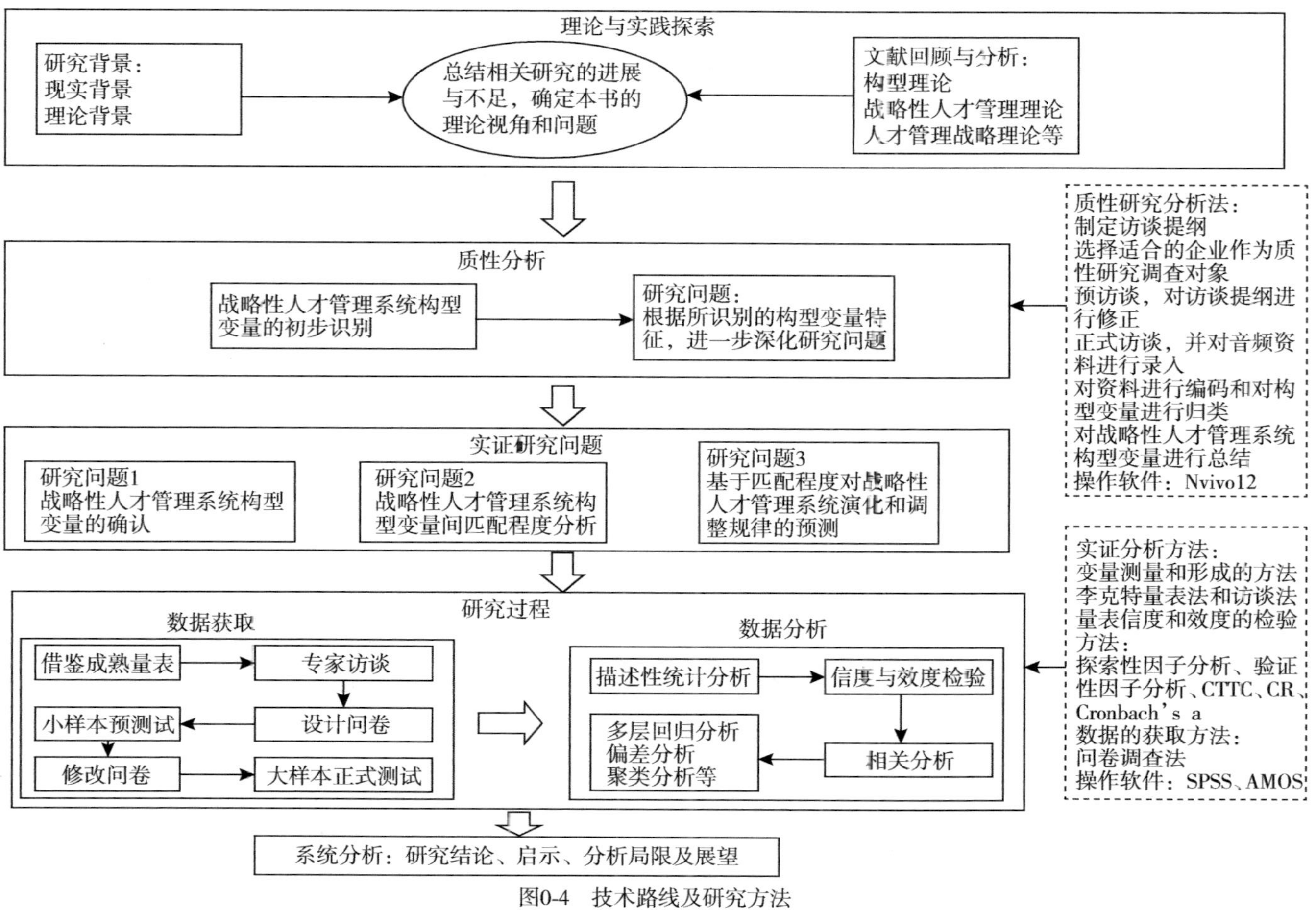

图0-4　技术路线及研究方法

(二)结构安排

对应上述研究思路和研究方法，本书的研究将以劳动经济学、管理学、新制度主义理论和微观计量经济学为基础，通过质性分析和定量分析对战略人才管理系统架构进行探讨。本书的研究内容主要分为五章，章节安排与主要内容如下。

第一章为理论基础和文献综述部分。首先是对本书所涉及的构型理论及系统研究方法、人力资本理论关于架构和价值问题、国际人力资源管理理论关于人才管理战略问题、新制度主义理论关于制度同形性问题等相关理论论述进行介绍。其次，对战略人才管理研究进展进行述评，包括战略人才管理概念的内涵及模型构建、人才管理发展阶段论及人才管理系统理论研究等。最后，是对理论研究的展望。

第二章是对战略人才管理构型变量的初步识别。国内数据库资源暂时没有与本书研究相关的数据，因此只能采用访谈的形式对中国企业进行调查获得一手数据，以满足本书的研究需求。本书将对以国外为主的有关战略人才管理研究的概念性和实证性研究文献进行梳理，挑选出研究中最常被使用和最广泛认可的人才管理工具和测度指标，并学习国内外实证研究的先进思路和方法。质性研究的访谈提纲拟参考 Iles et al.（2009）、Hartmann et al.（2010）、Iles et al.（2010c）关于中国研究的定性研究访谈提纲进行修改采用。选取有代表性的 10 家企业内多名居于中层以上管理者进行访谈，通过访谈提纲的设计、预访谈、修正和正式访谈等步骤对访谈结果进行质性分析，归纳出战略人才管理系统的构型变量的初步识别结果。

第三章是对战略人才管理系统构型变量的确认研究，即是对战略人才管理系统模型的构建以及提炼相关分析中的研究假设。在质性分析初步的模型基础上，根据问卷调查数据进行主成分分析，对战略人才管理实践的模块进行精简，提炼出适合本书研究需要的主要模块，构建战略人才管理的模型图。这部分的工作会对战略人才管理构型进行深度挖掘，为后继实证研究的展开提供支持。

第四章是战略人才管理系统各构型变量间匹配程度分析。战略人才管理系统内部契合程度分析，即战略人才管理实践活动的各子系统间的契合度分析。战略人才管理系统外部适应程度分析，即企业战略、企业环境与企业人才管理实践活动间的相互关系分析。

第五章是战略人才管理系统的演化和调整预测。结合前文对战略人才管理系统构型变量的契合性分析结果，基于企业生命周期理论的阶段性特征，对战略人才管理系统未来的演化和调整规律和趋势进行预测研究。

综上所述，本书结合中国情境下各类已实施人才管理的企业的发展特点，以形成明确的战略人才管理系统构型为目标，以战略人才管理构型变量(匹配要素)为基础，深入探讨不同维度下战略人才管理构型的理论基础及相应变量的识别和测量，从而建立适合我国组织特点的多阶战略人才管理体系。在此研究的基础上，结合企业管理模式类型和人才管理战略，验证企业战略人才管理构型变量间的匹配问题，并对未来企业人才管理系统演化路径和调整进行探讨。

四、研究方法

本书采用定性和定量研究相结合，规范和实证研究相结合的研究方法，遵循"文献阅读与理论推导—质性研究—理论构建—假设验证与实证分析—形成结论"的研究思路对上述内容展开研究。

(一)文献研究方法

在研究问题形成之前，通过前期大量搜集与人才、人才管理、新制度学派相关的国内外已有文献，梳理已有研究的发展脉络，选定本书研究的主要方向，并进一步确立研究目标和设计研究方案，整理和综述本书研究的理论依据和国内外研究动态。文献收集时采取广泛搜索与重点阅读相结合的方法，利用国内外大学的数据库资源以及谷歌学术等文献搜索平台上以"人才管理""战略人才管理"和"人才管理战略"等关键词进行广泛搜索，收集了大量文献。通过对文献的深入阅读和归纳，基本厘清了当前战略人才管理的研究现状，并在中英文文献阅读过程中反复思考现实与理论问题，找出研究缺口，提出研究问题。除了识别研究问题，在进一步对文献展开有针对性的精读后，强化了研究的可行性，在研究命题提出、变量测度、量表比较和选择及研究方法设计等方面都采用了文献研究法进行相关工作。

(二)系统研究法

系统代表了元素间的整体关系，其中各个组成元素间存在着一定的相互关系，而不是零散或是单独存在的。这种相互关系能使各元素间发生互动和相互影响，从而构成系统整体。集合性、整体性和层次性是系统具备的三个显著特征。系统研究方法就是在整体目标的前提下，以整体的视角去了解各个层次系统间的关联与互动，强调逻辑关系分析，进而能在复杂且具有动态性的环境中解决相关问题的一种研究方法。在不确定条件下，研究者对问题进行充分调查，找出研究目标和研究方案，并对这些方案加以比较，从而能在众多问题中进行最佳的决策。

本书采用系统分析方法，有利于对复杂问题进行整体和综合分析。其优势在于复杂问题或元素简单化，使问题趋于条理化和合理化，从而衍生出多个具备可行性的解决方案，作为相关决策的基础。本书采用的这种系统分析法，对企业的战略人才管理系统进行了整体性、多层次性和多角度性的综合分析，对战略人才管理系统模型进行了构建，对多个构型变量进行了相关性和匹配度的分析，探索了动态环境下企业未来战略人才管理系统演化的趋势和路径等成果。

（三）定性与定量研究相结合的方法

定性研究与定量研究方法各有其优势：定性研究能更为全面地提出问题和分析问题；定量分析则能对分析问题提供更为客观性的依据和解释力。因此，本书在文献研究的基础上，对战略人才管理系统的构型进行了质性研究。主要是采用半结构性访谈，收集本书研究所需第一手资料。在当前对人才管理相关定义模糊不清，人力资源管理与人才管理混淆的研究背景下，以访谈的形式了解企业人才管理决策实践者对于企业战略人才管理现状的认知。质性研究能从当事人的角度了解其看法，本书的被研究者是处在不同行业、不同规模、不同性质的企业中的中高层管理者，每个企业的商业模式也是不尽相同的。因此，通过质性研究能了解相关人员对本书所研究问题的主观经验和认知过程，这也是符合本书后续研究的需要的。

本书定量分析部分的数据主要通过问卷调查获得，并运用统计分析工具进行假设的检验。变量的测度主要基于国内外相关研究中较为成熟和广泛运用的量表进行开发使用，再通过小样本预测试、探索性和验证性因子分析等方法检验这些题项的信度和效度。在此基础上运用 AMOS、SPSS 等统计软件进行验证，形成战略人才管理系统的基本判断。再通过多元层次回归分析、相关分析、方差分析和聚类分析等方法进行假设检验，最后得出研究结论。

第一章　理论基础和文献综述

本书进行的战略人才管理系统研究需要在一定的理论指导下，进行系统性和探索性研究。其中本书采用了构型观和系统研究方法，以人力资本理论为指导，对战略人才管理系统的目标进行了完善，囊括了经济价值和非经济价值两种目标。以新制度主义理论的同构性理论为理论基础，为后文进行战略人才管理系统演化和调整机制分析作理论铺垫。综合上述理论，对战略人才管理系统的概念和初步理论模型进行了界定。正如前文所述，本书的战略人才管理研究是在战略人力资源管理研究基础上的延续，因此本章将对相关研究领域的研究文献进行综述并评价，在此基础上进一步展开后续研究。

第一节　研究的理论基础

一、构型理论与系统研究方法

如前文所述，战略人才管理研究起源于战略性人力资源管理。而在战略性人力资源管理研究领域中，一般包含了三种研究视角：普适观（the universalistic perspective）、权变观（the contingent point of view）和构型观（the configurational approach）（李燚，魏峰，2011；Delery，1998）。如表 0-1 所示，三种理论研究视角间在基本假设、关注点方面存在着较大的区别。人才管理研究也延续了这三种理论视角，本书依此对战略人才管理系统的相关研究予以系统性的梳理与评述。

（一）基于普适观的相关研究

普适观是人才管理研究中最为简单的理论视角，以变量（人才管理实践）间存在线性关系为基本假设，企业不论从事何种行业、使用何种竞争战略，总会有特定的人才管理战略给企业带来最佳的组织效能，研究者可以据此识别最佳实践（best practice），也称之为“高绩效工作实践”（high-performance work systems，HPWS）。研究者如 Carter（2010）、Goldsmith et al.（2010）、Groves（2011）、Rothwell（2012）等关注了企业为保留顶尖人才增加企业持续竞争优势所采用的最佳的人才管理实践。这种普适观的理论模型如图 1-1 所示。

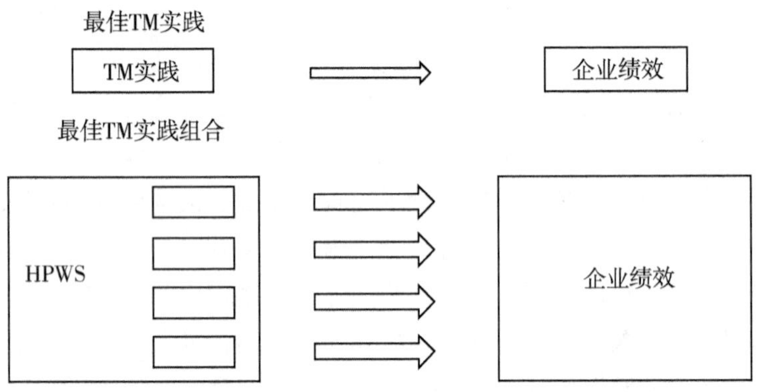

图 1-1　普适观的理论模式

Oehley and Theron（2007）基于人才管理文献的研究提出了人才管理能力的 8 个维度，如人才管理理念、吸引和招募人才、识别和区分有才能的雇员、人才发展、构建和维持积极的关系、提供有意义和挑战性的工作、公平的酬劳和奖励，以及维持工作-家庭平衡。这一实证研究和测量量表在后来的许多实证研究中获得了广泛支持和应用。Stahl et al.（2012a）通过对北美、欧洲和亚洲 37 家处于领先地位的跨国公司的人才管理过程和实践的研究，确认出这些企业使用了 7 种具有战略性的人才管理实践，即招募和配置、继任者计划、培训和发展、绩效管理、薪酬和福利、人才保留和雇主品牌等，其中招募和配置、培训和发展、人才保留管理是 3 项最佳的人才管理实践组合。

在战略人才管理研究中，普适观所支持的最佳实践和高绩效工作实践组合表现为人才招募、绩效管理、薪酬、培训和发展、战略利益等（Rao，2016），但这些实践仅仅能满足企业日常工作的需要（Helfat and Winter，2011），为企业开发动态能力提供了稳定的平台。同时这些实践组合对企业维持可持续竞争优势的作用依外部环境的动态水平而定，战略人才管理系统作为一种传导机制使得企业能做出持续的应对（Schilke，2014；Fainshmidt et al.，2016）。

（二）基于权变观的相关研究

权变观所持观点较普适观更为复杂，其认为人才管理实践与权变因素产生交互作用①(Delery and Doty, 1996)。如同在战略性人力资源管理研究中的关键作用一样，在战略人才管理研究中作为最为重要的权变要素，组织战略与人才管理活动的匹配程度是衡量人才管理活动对组织绩效影响的重要指标。只有两者实现了垂直匹配才会使得人才管理活动对组织绩效产生积极的影响。此外组织特征和组织外部环境也是重要的权变要素，如环境特征、组织文化、企业特征、企业市场定位、行业增长水平、资本密集度和技术密集度等变量(Datta et al., 2005；程德俊和赵曙明，2006；刘善仕等，2010)。这种权变观的理论模式如图 1-2 所示。

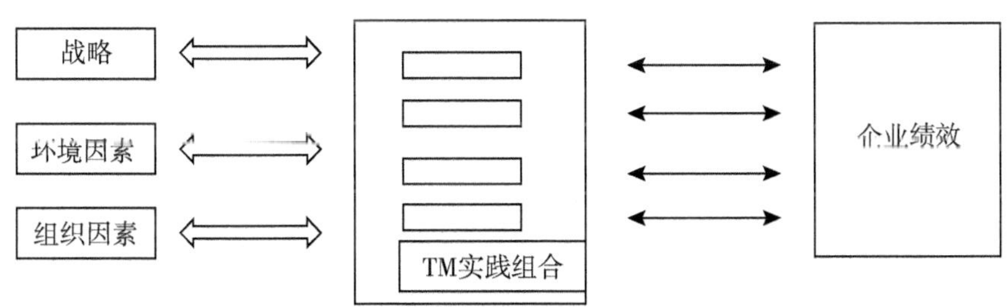

图 1-2 权变观的理论模式

权变因素研究是战略人才管理研究的重要内容，众多实证研究聚焦于寻找组织效能的权变因素。如 Kontoghiorghes (2016)研究了组织文化和员工态度对人才管理活动的影响，高绩效组织文化对人才吸引和保留活动有预测效应，而员工的满意/激励度和组织承诺度则会对这一效应产生调节作用。② Luna-Arocas and Morley (2015)研究了人才思维能力、工作满意度和工作绩效几个变量间的相关性，其中工作满意度作为中介量，人才管理战略对工作绩效有显著影响，构建综合性的人才系统并使其制度化能对工作满意度产生直接影响，对工作绩效产生间接影响。Raman et al. (2013)发现人才管理和全球性思维会影响印度信息技术行业的离岸服务商的绩效水平，而顾客关系质量则具有强的中介效应。

在权变模式下，组织为了提升自身效能，除了探索权变因素外，还需要保持权变因素间的一致性。战略人才管理研究主张，尽管组织以不同的模式实施

① 自变量和因变量之间会随着关键的权变变量的改变而变化。

② 与组织战略一致的高绩效组织文化与人才管理实践间的强相关性也会对组织高承诺和激励工作系统产生引导作用。

人才管理，但人才管理最佳匹配模式主要围绕两个维度："焦点"(focus)和"匹配"(fit)。所谓焦点是指人才管理活动要有清晰的战略指导，从而有助于组织目标的实现，例如组织的哪些部门和职位应具有优先权、人才库的来源等。所谓匹配是指确保人才管理活动支持组织战略目标，与组织文化产生共鸣(也可能产生挑战)，考虑到雇主与雇员之间的心理契约，并与现有的人力资源流程保持一致①(Garrow and Hirsh, 2008; Gallardo-Gallardo et al., 2015)。此外，权变观也强调了人才管理实践之间的互补性以及人才管理系统与特定的组织战略的契合，如果人才管理实践之间不具备综效性，并且人才管理系统与组织战略不匹配，甚至互相矛盾时，人才管理实践的效果将会受到影响，也会阻碍个人与组织绩效(Arthur, 1994)。因此，人才管理研究也延续了人力资源管理研究中的权变模式方法。

(三)基于构型观的相关研究

与权变观类似的是，构型观也强调人才管理与组织特征(如组织战略)之间匹配的重要性，同时，人才管理的系统性对组织绩效的影响也是构型观所关注的重点，也就是人才管理实践间的组合方式及其协同效应，但对协同效应的考量与权变观所支持的变量间交互作用检验方法不尽相同。可以说，构型观模式是人才管理三种研究途径中最具复杂性的模式。第一，构型观采用了整体性的研究原理来明确导致组织效能最大化的构型要素(Doty et al., 1993)。构型理论认为变量间存在非线性和较高阶的相互作用，而这无法用双变量的权变观来解释(Doty and Glick, 1994)。第二，构型观使用了殊途同归的假设，也就是说使得组织绩效最大化的组织构型并非唯一，而是多种。第三，构型观是组织内部人才管理实践间的理想化组合，既要实现内部契合(internal fit)，即水平契合，又要在人才管理各子系统与组织战略间达成外部适应(external fit)，即垂直契合，从而实现组织绩效目标。这种构型观的理论模式如图1-3所示。

目前人才管理构型研究并不多见，构型观研究仍然主要集中在战略人力资源管理领域。早期的人力资源管理研究认为组织中所有的雇员应在单一的人力资源实践的架构下进行管理(Huselid, 1995; Jackson and Schuler, 1995)，而随后的研究则认识到差异化的人力资源架构的重要性，承认特定的雇员群体可以为组织绩效作出的差异化贡献(Lepak and Snell, 1999; Lepak and Snell, 2002; Tsui et al., 1997)。其中Tsui et al. (1997)通常被视作第一个区分组织内多个

---

① "焦点"是组织人才管理措施维持战略属性的前提，"匹配"是人才管理实践保持外部一致性和内部一致性的要求，对外能连接组织需要，对内能协调整合各项人才管理措施。

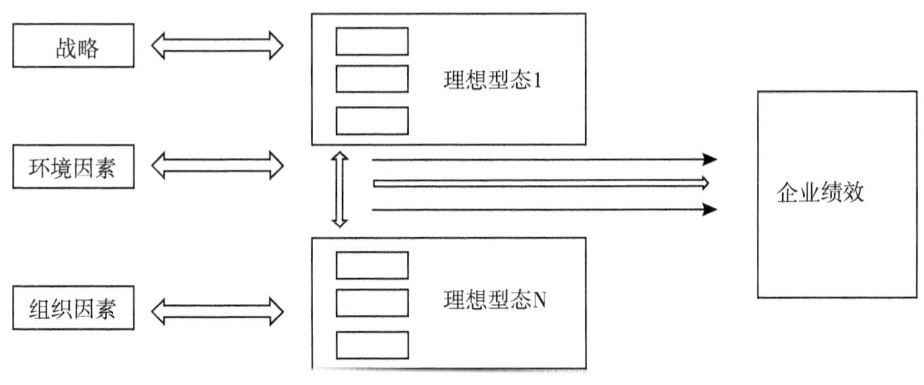

图 1-3 构型观的理论模式

人力资源(HR)系统的人,并且这些人力资源系统可能产生不同的结果(Lengnickhall and Beck, 2009)。Lepak and Snell (1999)在人力资源管理学的背景下发展了有条件的构型观点,并证明了特定的人力资源系统并非适合所有的组织情形,而是取决于人力资本的独特性。他们根据员工技能的独特性和价值以及其对组织的贡献将雇员区分为四个类别,并认为应通过差异化的人力资源架构支持独特和有价值的员工。Lepak and Snell (2002)的实证研究支持了有条件的构型的理论框架,以及不同就业节点与人力资本价值和独特性变化相关的观点。此外,他们的研究还表明似乎存在与不同工作群体相关联的资源分配和人力资源配置的明确模式。Lepak et al. (2007)在其进一步的研究中发现服务型组织中组织对核心员工部署了高投资人力资源系统,而非对一般员工的投资。

研究者也将人力资源管理构型的观点运用到人才管理研究中。Collings and Mellahi (2009)认为,任何人才管理系统的起始点都应是对企业核心职位的系统性识别,而这种识别能不同程度地增加企业持续竞争优势。人力资源管理架构(流程、系统和实践)能支持企业人才管理,并对企业绩效产生影响(Mellahi and Collings, 2010)。Stahl et al. (2012a)研究表明,擅长人才管理的公司可确保内部一致性和互补性,加强人才管理实践有利于吸引、选择、发展、评估和留住人才。此外,人才管理实践也与企业文化紧密结合(即文化匹配),并与企业的经营战略和长期目标(即战略契合)相关联。高度的内部、文化和战略契合创造了一个独特的人才管理实践系统,不仅促进了人才管理方面的卓越表现,而且促进了组织学习和知识管理。Thunnissen et al. (2013b)认为人才管理实践除了考虑与组织战略(战略契合)和内部适配相一致之外，组织和环境契合变量常常被忽视。Eva et al. (2017)的研究则发现在并不注重成本最小化的小型组织中，仆人式领导对绩效的正面影响更为显著，企业应关注和确保组织战略、组织结构与领导力之间的匹配。Fortwengel (2017)发现组织内不同的治理模式会影响组织获得内部和外部适配的能力，也就是说虽然层级结构有助于创造内部适配，但也会为获得外部适配而带来巨大的附加成本；相反，使用网络模式有利于创建外部适配，但会涉及以减少内部适配为代价的妥协。

(四)构型观与系统研究方法

人才管理相关研究中使用构型观分析能对企业人才管理系统内部的不同要素的配置情况和契合性问题进行综合性研究，弥补了权变观对人才管理系统重视的不足，相对于普适观和权变观而言更为复杂和困难，但也更为全面和合理。构型观以系统观点为起点，强调以人才管理活动之间的互补和支持来形成有效的人才系统型态，满足内部适配的最大化，进而将人才系统和相关的组织战略型态相结合，满足外部适配的最大化，最终构建了战略人才管理系统，其作用机理如图 1-4 所示。

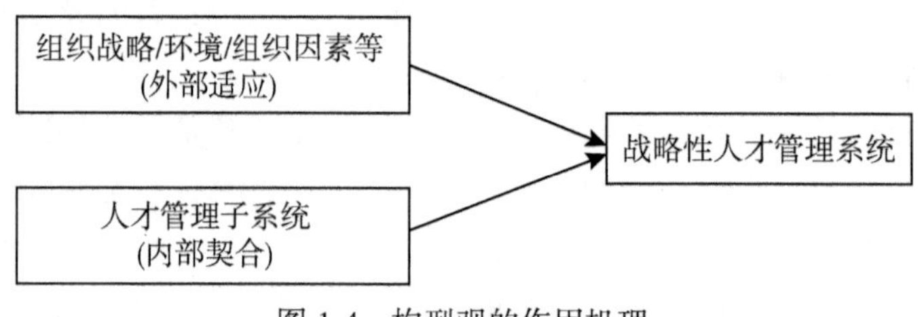

图 1-4　构型观的作用机理

这种系统观点认为任何系统都由三个基本要素构成：其一系统结构，即系统的各个部件以及相关属性；其二，系统环境与界限；其三，系统的输入和输出，即系统行为。

1. 系统结构

系统结构是对构成系统的具有相关功能的元素(或子系统)以及元素间相互关系的总称。系统中相应系统分解形成了元素和子系统，但研究元素还是子系统取决于系统结构的复杂程度和相应分析要求。同时，划分元素和子系统的过程是一个对结构的局部与整体关系不断认识和调控的过程，也伴随着相应的环境分析进行。其中在研究子系统及其相互关系时，应遵循功能一致性原则来确定子系统的范围，不从属于系统功能的元素不能包含于该子系统中。元素或子系统间的关系包括物质关系、能量关系、信息交换关系，且三者间并不完全相互独立。

2. 系统环境与界限

系统环境是系统外存在的直接或间接影响系统的所有因素的总称。环境对系统的行为和目标产生影响，反之，系统对环境具有反作用。在物质系统中，系统与环境的区分是根据基本系统结构和系统的目标来进行确定的。从一定意义上来看，这种区分和确定主要依靠分析人员或决策者，由于分析人员或决策者的主观不同将导致其采用不同的界限来进行系统环境划分。

3. 系统行为

系统行为是系统内部运行原理以及其与环境之间进行物质、能量、信息交换所采用的方式和规模，如输入、转换、输出这一整体过程。通过对系统的输入、输出能力测试可以对系统行为能力进行评价分析。但这种分析是以对系统构成予以完整描述为前提的，并做出系统的目的性研究，进而确定指定时空中系统的具体目标。在确立了目标或要求后，理想系统的部件则经过一系列高效的转换和处理，获得系统所预期的输出。以概念和符号来描述的抽象系统结构如图 1-5 所示，其中 f 是外界扰动，ε 是误差信号。

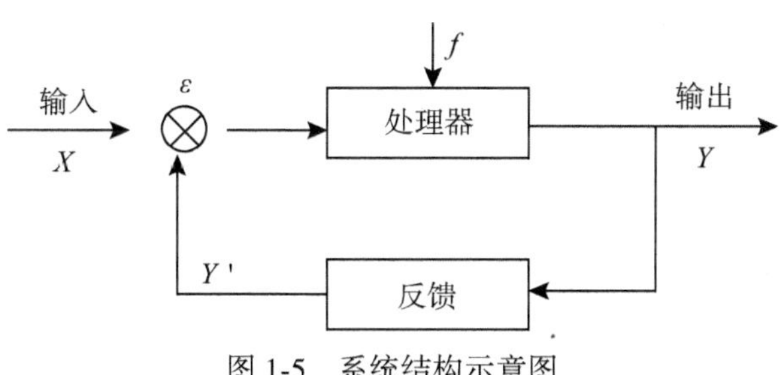

图 1-5　系统结构示意图

战略人才管理系统研究运用了系统研究方法，其三个基本要素表现为以下方面。

首先是战略人才管理系统的目标。传统的战略性人力资源管理系统的目标主要强调其经济价值，即创造价值，使得组织绩效水平实现最大化，进而获得持续竞争优势。人才管理研究是在战略性人力资源管理研究基础上的延续，同样也强调管理工作带来的经济效应，而忽视其非经济性价值，尤其是在非营利型企业和小型企业中(Thunnissen et al.，2013b)。但研究者逐渐发现经济价值并不是衡量组织长期可持续性的最佳指标(Laverty，1996；Marginson and

Mcaulay, 2010)，因为对经济价值的追求会导致组织优先考虑如何产生短期回报，实现股东财富最大化，而非组织内人力资本的附加值最大化，以及人力资本投资带来的长期可持续绩效(Goergen et al. , 2014)。因此，战略人才管理系统的构建就聚焦于人力资本投资，强调对人才个人的需求、技能和胜任力的管理。组织中的人才管理系统的目标就是确保组织能有效地运营以应对动态环境，即关注人才个体拥有何种技能和组织维持有效性所需何种技能，并能以一种灵活的、具有战略性的方式进行(Lawler III, 2017)。建立在这种能力-胜任力基础上的人才管理系统中，核心的驱动力是薪酬、招募和选择、培训和发展，重点关注于判定和发展使组织绩效不同的技能。基于此，组织才能开发与其战略一致的绩效功能，且当战略需要时具有改变这种功能的能力。

其次是战略人才管理系统的环境与界限。系统理论认为系统的行为和目标会受到环境的影响，而系统也会反作用于环境。战略人才管理系统与其他类型的系统一样都处于组织外部和内部环境之中。组织外部环境有宏观和微观之分，其中宏观环境受到政治因素、经济因素、社会因素和文化因素等的影响，微观环境受到产业竞争环境因素、劳动力市场状况因素、股东因素、顾客因素和供应商因素等的影响。组织内部环境则分为工会因素、非正式组织因素和领导风格因素等的影响。组织的内外部环境对战略人才管理系统产生的影响表现为机遇与风险并存，既能提供系统运行的机遇，也会产生相应的风险和威胁。

最后是战略人才管理系统行为。战略人才管理系统行为包括系统的输入、转换和输出的整体过程。由于组织性质等因素的影响，系统的人才管理系统行为有所差异，如张洪霞（2007)认为，一般系统的输入涉及组织使命与战略、组织文化、组织结构、人才能力和行为以及资金等因素，系统的输出涉及人力资本增值、组织忠诚、组织环境、生产率、服务等。Karatop et al.（2015)则应用模糊逻辑方法对生产型企业的人才管理系统进行了研究，并针对人才管理系统行为提出了模糊人才管理系统，如图 1-6 所示。模糊人才管理系统的输入行为包括人才个人的绩效、智商、工作经验、组织忠诚度、沟通能力、外语语言能力、IT 计算机能力等，通过模糊逻辑方法建立模糊干扰系统从而实现模糊化，输出对于组织人才管理系统的目标，即决定所需的工作水平(工作重要度水平)和个人的胜任力水平。

综上所述，战略人才管理系统就是在各项输入行为的基础上进行分析研究和加工处理，从而针对系统目的展开研究，明确指定时空中的系统目标和实现目标，进而输出相应的产品和服务。可以说战略人才管理系统是一套用于创建和管理人才知识的综合分析工具。

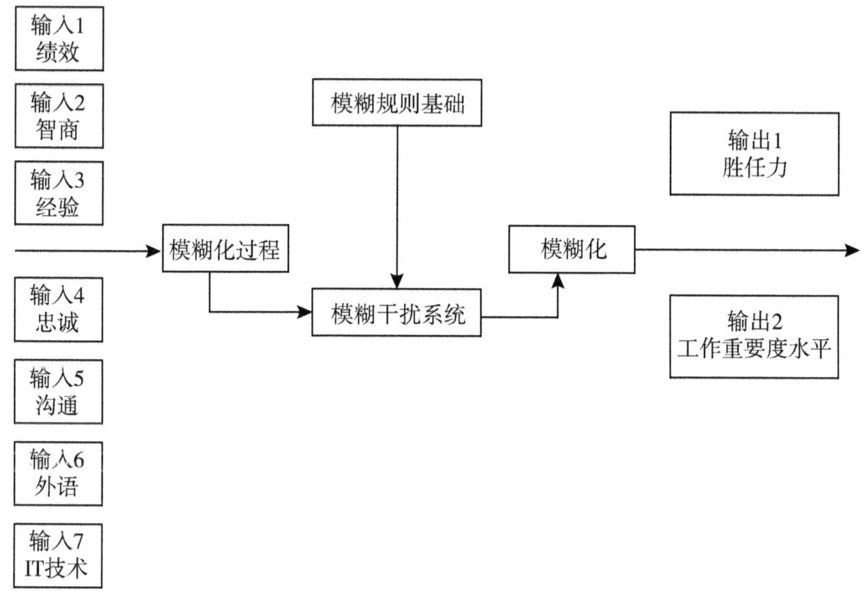

图 1-6　模糊人才管理系统

二、人力资本理论

(一)人力资本的内涵

人力资本理论(Becker, 1975)在人才管理研究领域一直以来发挥着主导影响力，这一理论被用来考核具有高水平人力资本的人才个人，从而能进一步加深对人才管理系统的理解并推动其发展，为战略人才管理研究的发展奠定了理论基础。一些学者认为人力资本是一种组织可以对其投资的资源，对于组织来说是有价值的，因为它使组织富有成效(Scott A. Snell, 1992; Lepak and Snell, 1999; Strober, 2010; Kessler and Lülfesmann, 2010)。如 Scott A. Snell (1992)指出，人力资本包括技能、经验和知识，这些对企业具有经济价值。周其仁(1996)认为，企业由所有人力资本和非人力资本间的特别市场合约组成。Lepak and Snell (1999)认为，人力资本具有价值性和稀缺性，组织中并非所有的员工都具有知识和技能，而这些知识和技能对组织而言具有不一样的战略意义。张广科 (2002)认为劳动力不等于人力资本，劳动力中由知识和技能等构成的才是人力资本。Kessler and Lülfesmann (2010)重新审视了 Becker (1975)的人力资本理论，发现雇主赞助的一般培训和特定培训之间存在着激励互补性，即提供特定培训可能导致雇主投资于一般人力资本，而一般人力资本则会减少企业特定培训引起的滞留问题。Ployhart and Moliterno（2011）不仅提出人力资本包括知识、技能、能力和其他因素外，还提出了人力资本的战略价值，这种战略价值体现为人力资本是否被用于企业特定的战略竞争目标，如多元化和国际化等经营战略（Volonté and Gantenbein，2016）。

图1-7对人力资本的概念及特性从两个维度进行了分析（Wright et al.，2014）：第一个维度是分析层次，第二个维度是关于个体特征的稳定性/延展性。在分析层次维度中，最为微观的层次是个体内（intra-individual）层次，这是指特定的个人层面的人力资本特征。例如，研究者区分了组织中专用性和一般性知识。组织专用性知识有一套独特的决定因素，即个人相对于选择投资一般性知识，是否会选择投资专用性知识。而对于"能力"的属性，则包括有多个个体水平特征，如认知能力、体力和速度等。第二层是个体（individual）层次，将个人视为人力资本本身。在这一层次中，研究的焦点从个人特征中固有的"资本"转变为这些特征如何成为组织利用的"资本"。因此，在第一层次中主要关注个人对教育的投资，以此作为扩大其人力资本的一种方式，而第二层次中更为关注的是个人特定的人力资本"投资组合"，即个人拥有各种类型的人力资本，使得每个人对组织而言都具有独特的价值。个人可能在某一个特征上具有最高级别，而在其他特征上相对较低。或者，个人可能具有高效能，因为其在许多人力资本特征上都具有中等水平，也因而被定位成具有最高的整体表现者。在这两种情况下，个体层面上最终能够为组织层面作出有意义的贡献，使得人力资本成为组织的宝贵资源。第三层则是宏观层面的组织/单位（unit）层次，人力资本指组织内部个人群体的聚合（Nyberg et al.，2014）。Wright et al.（1994）最早提出了"人力资本池"的概念，用于描述由整体劳动力组织的综合技能基础。然而这一概念过于宽泛，Ployhart and Moliterno（2011）对"人力资本池"的重新定义弥补了前人分析的不足，将人力资本定义为由于个人的知识、技能、能力和其他特征（knowledge，skills，abilities and other characteristics，KSAOs）的出现而形成的组织层面的资源，因而组织拥有的人力资本池就是由组织内部具有独特的KSAOs禀赋的个人组成。然而Ployhart and Moliterno（2011）所描述的这种组织/单位层面的人力资本资源并不仅仅是个人的加成融合，因为这种人力资本资源还受到创造它的组织过程的影响。Ployhart et al.（2014）进一步提出了从个人层面的差异到组织/单位层面的全面的人力资本概念模型。以个人层面的KSAOs为起点，以个人人力资本为基础，研究特殊人力资本在单位层面的组合方式，进而通过社会过程区分的层次间的

互补性创造了额外价值，也就是战略性人力资本，此时组织/单位层面的人力资本资源具有独特性和无法模仿性。本书所研究的战略人才管理系统正是基于组织/单位层面人力资本资源的战略性展开分析。

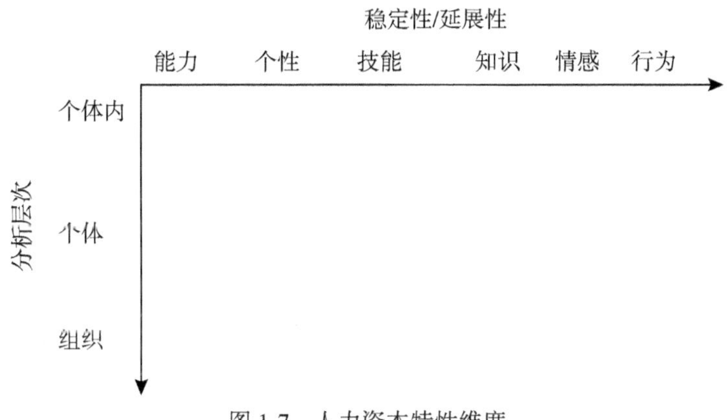

图 1-7 人力资本特性维度

（二）人力资源架构理论

Lepak and Snell（2002）运用人力资本理论建立了重要的人力资源架构（HR architecture）模型，该模型认为在任何组织中的人力资本都可以分为两大类，即战略价值和独特性，如图 1-8 所示。战略价值（strategic value）是指现有的人力资本有助于提高组织的核心竞争力和增强竞争优势所具有的潜力。因此高价值人力资本是对组织的核心业务至关重要的资产，而低价值人力资本一般是指所谓的“边缘”资产。独特性（uniqueness）是指组织的人力资本很难被替代（高度独特性），相对而言，劳动力市场上随处可见和易于复制的人力资本则具有低独特性。图 1-8 中，象限 1 的人力资本最有可能被视为组织中的核心，因为这类人力资本具有较高的战略价值，能够为组织的战略目标的实现作为贡献。当人力资本既有战略价值又具有独特性时，意味着组织最有可能围绕着知识基础来构建其经营战略（Stewart，1997）。而在这种知识-基础就业模式对应了承诺-基础的人力资源构形，这种构形比其他象限中的人力资源构形更有优势。

而在人才管理研究中，人才管理架构是组织开发和实施的系统、流程和实践的组合，以确保人才管理得到有效执行。通过假设这种架构的运作，人才管理文献间接地依靠人力资本思想来制定一系列的价值主张。在文献中学者认为价值在于组织人才所拥有的独特知识、能力、贡献、承诺、技能和能力等，有价值、稀有、可模仿和不可替代的人才，使组织能够实施价值创造战略并实现

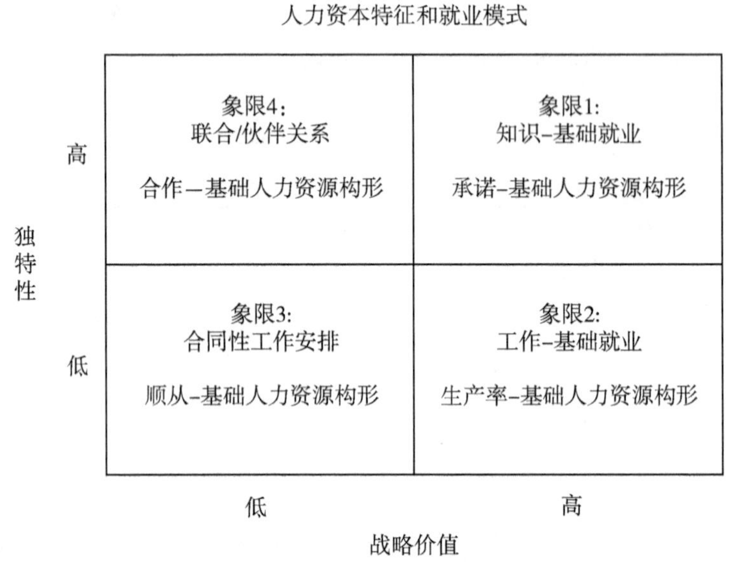

人力资本特征和就业模式

独特性		低	高
	高	象限4： 联合/伙伴关系 合作－基础人力资源构形	象限1： 知识－基础就业 承诺－基础人力资源构形
	低	象限3： 合同性工作安排 顺从－基础人力资源构形	象限2： 工作－基础就业 生产率－基础人力资源构形

战略价值

图 1-8 人力资本特征和就业模式

持续的竞争优势。有才能的员工与他们所拥有的资本区别于其他员工，这使得其能发挥作用并为其组织增加价值。有才能的员工既是组织的战略资产，又是可操作的资源，有可能为创造价值作出贡献(Sparrow and Makram，2015)。Schiemann (2014)也指出，人才架构必须有效地管理整个“人才生命周期”。然而值得注意的是，在架构问题的讨论中，存在不同的策略(如创新、以客户为中心、精益管理)，每个策略都在竞争优势方面强调不同的内部业务流程，同时，对价值至关重要的技能组合也可能在这些流程中截然不同(Lepak and Snell，1999)。表面上的架构可能在组织中看起来是相同的，但实际上，支撑它的前提通常是每个组织所独有的，并且取决于业务战略、组织决策者的见解以及组织的内在哲学(Sterling and Boxall，2013；Sparrow et al.，2014b)。

从组织层面来看，当组织利用其内部资源和功能来实施能够帮助其应对市场机遇的战略时，就会创建价值，如创造经济价值和提高组织绩效。战略人力资源管理研究中运用了架构理论来突出价值创造的轨迹。正如 Collings (2014b)所指出的，目前研究对绩效和价值的看法过于狭隘，绩效通常仅以股东回报的方式考虑，这使得人力资源系统无法有效协调个人和组织的价值生成。在人才管理的早期研究中也存在此问题，管理层确定议题，而其他的利益相关者(如员工)的观点未得到认可(Thunnissen et al., 2013a)。相反的是，那些以员工利益优先的公司通常具有较高水平的组织和员工目标一致性，员工也受到较高水平的激励(Birkinshaw et al., 2014)。在这种人力资源架构下组织会为所有的利益相关者带来更多的回报，也因而更具有持续性。

针对组织中如何在人才管理框架下创造价值，Sparrow and Makram (2015)提出了价值驱动过程的概念，指出价值创造、价值获取、价值杠杆和价值保护四个独立的过程能帮助形成有效的人才管理系统，为思考人才管理系统架构提供了有用的途径。价值创造是组织吸引、获取和积累有价值的独特人才资源并利用其创造价值潜力的过程；价值获取的过程是组织将人才资源与其他资源捆绑在一起以增加其对组织环境的依赖，从而削弱其议价能力；价值杠杆是组织开发和扩展其人才资源的捕获能力以增加新的使用价值的过程；价值保护是一个组织开发隔离机制以保护其人才资源不被其他竞争对手攫取的过程。然而作者并没有针对如何在人才管理系统构建中实现价值驱动过程进行实证检验。后续的研究者对人力管理与价值创造间的关系进行进一步研究，如Ganaie and Haque (2017)提出价值创造的过程可以由胜任力焦点、人才库、人才投资和人才导向四个指标来测量，从而将人才战略与经营战略对准，以获取更大的商业价值。Festing and Schäfer (2013)、Latukha (2017)、Ramli et al. (2018)等研究者对本国企业的人才管理过程中的价值创造过程进行了实证研究。

综上可见，人力资本理论对于人才管理研究最大的贡献在于其对人力资本内涵的界定，即将人力资本的特征从个体间、个体和组织三个层次分别进行诠释，能力、个性、知识、情感和行为等维度将人才与一般劳动力区分开来。人力资本思维有助于解释工作信息如何改变人才的潜在价值，增加面向这些具有知识能力的人才开放的权利、商业机会和社会机会。人力资本思维也可以帮助区分一般性人才和杰出人才。然而人力资本理论并没有对组织有效性的真实所在进行深入研究，也没有解释在更为系统性的组织中，不同层次的人才与组织绩效间的作用机理。人力资源架构理论源于人力资本理论，从独特性和战略价值两个方面为人才管理系统构型提出价值主张，使得组织将员工纳入利益相关者，成为“价值创造”的资源，而非传统观念中应作为成本需要最小化的项目。知识-基础框架下的价值的定义不仅仅是经济利益的最大化，如股东利益最大化和组织绩效最大化，更是人才人力资本附加值的最大化。然而战略人力资源管理系统并未解决这一问题。人才管理研究者已经发现了这一问题，并从不同的层面揭示了人才管理的潜在经济价值和非经济价值(Thunnissen et al., 2013b)，如表1-1所示。但当前的研究偏重于对便于量化研究的经济价值的分析，而对非经济价值的关注不够。战略人才管理系统的研究不仅关注的是其可能对组织创造的经济价值，也关注非经济价值。虽然本书的研究主要在组织层面，但个人层面和社会层面的价值研究仍可作为后续研究的拓展。

表 1-1 **人才管理系统的多层面分析**

	个人层面	组织层面	社会层面
经济价值	财务回报 工作安全性	营利性 组织灵活性、有效性和实效性 竞争性地位	经济状况和产业、区域或国家的国际竞争地位
非经济价值	有意义和挑战性工作 发展和社会需求 公正和平等对待	合法性	社会责任感，如社会贡献和社会道德发展等

三、新制度主义同构性理论

正如前文所述，经济价值往往是研究者关注的重点问题，而非经济价值同样也是人才管理所能带来的效应。其中组织制度合法性是人才管理系统的非经济价值，新制度主义相关理论能对合法性研究提供理论指导。从合法性机制出发，Meyer and Rowan (1977) 提出了组织被组织外部制度环境所塑造并与之趋同和相似的命题，即同构性问题(isomorphism)(也有翻译为同形性)。许多组织甚至不得不把内部实际运作结构和表面的组织正式结构分离开，通过建立缓冲区来化解制度环境要求给效率运作造成的负面影响。他们还指出，制度环境造成的同构性产生了多方面的后果：①改变了组织的正式结构；②迫使组织引入外部评估标准；③受到了稳定的环境影响；④提升了组织的合法性，也增强了组织的生存能力(费显政，2006)。

DiMaggio and Powell (1991) 认为，制度同构性是指在相同环境下，某一组织与其他组织在结构与实践上的相似性，可分为两种类型：其一是竞争性同形；其二是制度性同形。在人才管理过程中，竞争性同形和制度性同形都能预示人才管理的制度化(Ewerlin and Süß，2016)。

(一) 竞争性同形

尽管前述大量的人才管理研究认为不同的环境背景因素影响了人才管理实践的效率，但这些观点都认同前因变量，即所有组织都参与了自由开放的市场竞争。根据 Hannan and Freeman (1977) 和其他的组织生态学家的研究工作，竞争性同形是一种市场压力类型，会使得组织趋于相似性。市场竞争、生态位变迁和适度措施构成了一种系统理性，促使组织采用基于绩效评估手段的措施（Tan et al.，2013）。在一些组织的早期阶段，即使受到合法性约束，组织也会采取创新性管理措施以赢得竞争性优势。相应的，逐利性行为则会驱使其他竞争者也表现出竞争性同形，并采取相同的管理策略（Turkulainen et al.，2017）。组织参与市场竞争活动，并不仅仅是为了获取资源和客户，也是为了获得政治权利和制度合法性（既是社会的也是经济的匹配度）（Powell and DiMaggio，2012）。因此，这些参与人才竞争的组织，其组织结构和行为也会相应地改变，并因为"匹配度"的原因而变得竞争性同形。组织的人才管理实践也相应地经历了变化的过程。

（二）制度性同形

竞争性同形解释了 Weber（1976）所观察到的官僚科层制的部分过程，也许能用于解释创新的早期过程，但并不代表现代组织中的全部变化内容。制度性同形是现代组织实践变化的另一方面。这种制度性同形具有三种机制：强制性同形、模仿性过程和规范性压力（DiMaggio and Powell，1983）。

1. 强制性同形

强制性同形是场域内其他组织施加于该组织上的正式和非正式压力，这种压力是组织赖以生存的基础，也是组织所处社会的历史文化上的期望。这种压力可能是一种感知的力量，对组织参与勾结的一种劝说或是邀请（Meyer and Rowan，1977）。在某种情况下，组织改变是针对政府指令的一种直接的反应。总之，科层制组织对嵌入责任和管理权力的需求至少在形式上是正式定义的角色，但对于维持平等主义或集体主义的组织而言仍是一个难以逾越的鸿沟（Kanter，1972）。强制性机制揭示了组织"匹配度"或表面上的期望和能力以实现其组织期望。

2. 模仿性过程

模仿性过程来自不确定性。当不能清晰地理解组织管理技术时，当组织目标模糊时，或当环境充满不确定时，大部分的组织会选择模仿其他组织（Cyert and March，1963）。而被模仿的组织也许并未意识到被模仿，这一过程也许对于模仿者而言只是一个方便效仿使用的资源而已。而这一被模仿的管理模式也会无意识地进行传播，也许会通过雇员的传递或离职等间接传播，或由咨询公司和行业协会等进行精准的推介，甚至创新过程也能通过组织模型进行模仿。在既定的领域中，制度性同形的程度受到信仰体系管辖、政府体系的实质和场域构造的影响。组织也逐渐意识到它们在共享同一个价值体系，因而相互的沟通合作也更为频繁，从而这种制度同构性也更为明显(Scott，1995)。有许多学者沿着 DiMaggio and Powell(1983)的思路，进行了大量的实证分析，如 Joseph and Stanley(1989)证实了网络关系对模仿机制的重要性。他们指出，组织管理者更倾向于模仿那些与自身存在人际关系和业务联系的组织，组织之间的联系越密切，这种影响也就越大。虽然成功的组织容易成为被模仿的对象，但管理者更愿意模仿那些他们信任的组织。

3. 规范性压力

规范性压力来自管理政策与员工专业背景(如教育水平、工作经历和技术等)的结合。专业技术圈子如专业协会等能对组织和职业行为予以规划和传播。规范性机制能将特定的人群聚集在一起，并不仅仅是拥有共同的职业预期，也在一定组织范围内从事着相似的职位，职业发展方向等也极为类似(Perrow，1974)。同时，人员挑选的过程也强化了规范性同形。

虽然三种机制对于组织的制度同构性产生了影响，但并不仅仅是单一的机制发挥作用，很多情况下复杂的环境因素使得这三种机制同时对组织的制度变化产生影响。更进一步来说，即使在同一制度场域中，不同的组织受到的同构性压力的程度也是各异的(Ewerlin and Süß，2016)。

此外，在研究中，新制度主义理论框架常常与国际人力资源管理框架一致，文化因素作为一种重要的制度主义因素出现在国际人才管理研究中。如 Hartmann et al.（2010)认为，中国的西方跨国公司实行人才管理的重要挑战即是平衡人才管理政策全球整合与本土响应度之间的关系，应考虑到中国市场的本土文化等因素。Sidani and Ariss（2014)对阿拉伯海湾地区工作的 48 位人才管理相关人员，如政策制定者、政府官员、研究者、学者和人力资源专家进行了访谈，开发了概念性的研究框架，将制度性压力(如强制性、模仿性和规范性压力)与人才管理政策和实践联系起来，以及相应的人才管理结果，如员工参与度和离职问题等。文中对制度性压力如何推动组织朝“趋同性”方向发展进行了解释，也就是说，经过一段时间后，组织在人才管理政策和实践上会逐渐变得相似，因此很有可能会失去其独特的价值特征，进而面临着对组织的文化属性无法响应的风险。另一个典型的研究来自 Boussebaa and Morgan(2008)，作者以英国某跨国公司试图将其人才管理实践转移至法国分公司却以失败告终为例进行了比较案例分析。尽管英国总公司的精英和价值取向的人才管理政策在英国式管理中得到很好的运用，但在法国的文化背景下，这种在组织进入市场后采取竞争性手段进行人才识别的理念是极为不适合的，因为法国的文化中将所有高校毕业生视为具有“高潜能”的人群，并作为人才识别和挑选的依据。因此，在法国的人才管理背景中，职业发展很大程度上是资历问题，是个人在其学生时代为建立工作网络所花费的时间和精力。所以，从这个角度来看，忽视了制度性因素的差异，使得英国跨国公司实施的转移性人才管理体系是完全失败的。

（三）组织合法性与制度

新制度主义理论认为，组织是社会实体，在社会建构环境中寻求对其表现的认可(Jackson and Schuler, 1995a)。组织采用其环境所期望的行为结构和模式，因为这是恰当和理性的(DiMaggio and Powell, 1983; Meyer and Rowan, 1977)。因此，组织被其环境认可为合法性时，这种合法性也确保了组织必要资源的流动。而遵守制度化期望的合法性也至关重要，这样组织的结构和行为不一定与工作活动的要求相一致，而是与理性、有效和高效的组织设计相结合。这种组织的结构和行为被称为理性神话，因为结构和行为的效果取决于他们的集体信念，而这些信念也不一定能够被客观地进行审查(Meyer and Rowan, 1977)。如果组织偏离这些期望，他们的行为将受到惩罚。

此外，这一理论也强调了环境在企业塑造不同的管理实践期望中的作用，例如，大公司在实施正式的人力资源实践时可能会遵循不同的法律标准(Kok and Uhlaner, 2001)。而潜在应聘者则会通过比较公司的政策和实践以及组织文化等来评估公司。大型的组织迫于获取合法性和股东认可的压力通常采用更复杂的和有社会反响的人才管理和人力资源实践，此举可能对招聘成功与否产生影响，因为求职者会认为具有较高合法性的组织比合法性较低的组织更值得信赖和可靠(Johnson, 2001)。中小企业则在劳动力市场上面临合法性的劣势，因为求职者所能获取的信息是极为有限的(Krishnan and Scullion, 2016)。相应的，相较于中小企业，跨国公司面临着更大的压力，会通过采纳全球性的最佳实践措施以维持劳动力市场上的组织合法性，因为前者不断地在区域性和全球性范围内相似的人才池中参与竞争(Collings et al. , 2011a)。可见，组织规模成为影响组织采纳先进组织管理实践的重要影响因素。

如新制度主义理论所述，组织的回旋余地、组织结构和行为会变得越来越同质化。制度化结构和行为会使得面临着相同制度环境的组织逐渐同化，这一过程就是前文所述的同构性(isomorphism)。新制度主义理论对两种类型的同构性进行了区分。首先，竞争性同构假定系统理性即强调市场竞争，利基市场变化和适应性措施。可见，竞争性同构是经济必要性的结果。其次是制度性同构，由三种机制构成，即一个组织如果所依附的其他组织实施经济压力时，该组织就会面临强制性同构(DiMaggio and Powell, 1983)。这种强制性同构也可能来自社会期望或社会价值以及法规等(Scott and Meyer, 1994)。模仿性过程意味着组织模仿其他被视为更成功的组织。这一过程通常通过组织间的交换关系而得以产生，如合作或行业标杆(Sanders and Tuschke, 2007)，会导致组织从其他组织中模仿最佳的实践。此外，模仿行为也会在咨询公司的参与过程中发生，咨询公司成为组织实践扩散的中介，并且强化了模仿的过程；或者在组织人员调动抑或离职时，新的员工会带来新的理念或管理工具到新的组织中；或者通过日益增长的全球化趋势，成功的实践、组织架构和管理工具也会被模仿(David and Strang, 2006; Wu and Salomon, 2016)。规范性同构来自职业群体的专业化。规范性压力首先在正式或非正式职业网络基础上产生(如职业协会或贸易协会)；其次，职业教育、学术教育和再培训等都会带来规范性同构，大学和其他培训机构发展了规范、理念和行为模式，以及解决问题的技巧。相应地，这些规范就会在组织中广泛传播(Sanders and Tuschke, 2007)。尽管没有证据证实组织的内部效性会由于此机制而提高，但制度性同构的机制仍然在组织内运作，使得组织因顺应环境期望而失去其独特性并有可能变得相似。

新制度主义理论是解释中国组织中战略人才管理系统设立和传播的一个较为适合的理论基础，目前已有较多国家的学者采用了这一理论研究各国背景下人才管理制度扩散的机制，如 Guerci and Solari (2012)、Ewerlin and Süß (2016) 和 Latukha (2015) 等人分别对意大利、德国和俄罗斯企业的人才管理制度实施和扩散机制研究，将对本书的研究具有参考价值。在此理论基础上研究我国企业的战略人才管理系统构型是一种探索性的实证研究，对组织未来实践发展趋势也有一定的预测和指导意义。

第二节　战略人才管理系统研究文献综述

一、战略人才管理系统的内涵

(一)人才与人才管理的概念

人才与人才管理的概念到目前为止尚没有一致的定义。首先对于人才的概念，不同的学科视角有不同的定义。Gallardo-Gallardo et al. (2013)对所有的学术文献中人才定义的构成进行了归纳和总结，总的来说有两种方法来定义人才：其一是客观方法(人的特质)；其二是主观方法(人自身)。具体来看，客观方法包括与人的特质相关的能力、才能、地位、胜任力、贡献、经验、知识、绩效、潜力、思维模式、感情、行为等。主观方法通过两种观点来评估人才：第一种观点认为组织中的所有成员都应该视作人才的考察对象；第二种观点认为人才是组织中所有群体中的精英人群。Meyers and Woerkom (2014)则从五个方面对人才的概念进行评估，即天赋、力量、(元)胜任力、高潜能和高绩效。

Ulrich (2007)提出了人才方程，即人才=胜任力(完成工作的能力)×组织承诺(完成工作的意愿)×贡献(在工作中找到工作的意义和目的)。Tansley et al. (2007)认为，人才由一类能使组织绩效产生不同的人群组成，要么通过其当下的贡献，要么通过其长期表现出的高水平潜能来实现。结合以上关于人才的不同观点可以得出高效能和高生产能力是人才具有的能帮助组织目标实现的两大要素。而依据“职场”的概念，在潜力和绩效间存在着密切的关系(Lewis and Heckman，2006；Gallardo-Gallardo et al.，2013)。总之，人才的概念包括能力、才能、组织承诺、胜任力、天赋、知识以及随时能发挥并转化成高绩效的潜能。

人才管理的概念是从20世纪50年代的单一职位员工管理概念发展而来，表1-2为人才管理概念研究的演化过程，而从21世纪初到未来的一段时间，战略人才管理都将是组织人才管理的主要趋势。

表1-2 **人才管理研究的演化过程**

时间	框架	特征
21世纪初至未来	战略人才管理(strategic talent management)	受到业务和人才战略的驱动并与之密切结合 作为核心业务流程进行管理 计划周期与业务战略和运营时间表相匹配 在整个组织中根深蒂固的人才思想
21世纪	人才管理(talent management)	重点是开发和管理人才库 与人力资源项目和流程一致以满足人才需求 考虑招聘和培养需要员工所需的时间
20世纪80年代至今	战略人力资源管理(strategic human resource management)	重点是注重人力资源管理部署与管理战略规划间的动态联结 强调人力资源管理实践间的内部匹配和协同作用

续表

时间	框架	特征
20 世纪 80 年代—90 年代	人力资源规划（human resource planning）	重点是随着时间的推移规划和管理员工，包括继任者计划 规划常常涵盖了下一个 1～3 年的领导者更替和管理发展 涉及预测员工水平以满足业务需求
20 世纪 60 年代—70 年代	更换计划（replacement planning）	重点是短期的持续性和近期填补开放职位的可能 规划常常涵盖下 12 个月
20 世纪 50 年代—60 年代	单一职位员工（single position staffing）	重点是立即填补开放职位 对请求的反应方法

资料来源：本书作者整理。

自麦肯锡公司在 1997 年首次提出了"人才战"（Chambers et al.，1998b）的概念后，许多学者和专家开始注意到了人才管理。由于现代商业环境的动态竞争性，开始出现从传统的与竞争性优势资源相关的人力资源研究向人才管理研究的范式转换。过去十年间，新的研究范式提高了人才管理的重要性（Collings and Mellahi，2009）。尽管已有相当数量的人才管理研究，但在其定义和研究范围问题上仍缺乏一致意见（Lewis and Heckman，2006；Schiemann，2014；Sparrow and Makram，2015）。除此之外，对于人才管理相关的实证研究数量也不多，从不同视角来研究人才管理仍有待发展（Ariss et al.，2014；Thunnissen et al.，2013b）。

目前来看，Lewis and Heckman（2006）总结的人才管理概念的三种观点具有一定代表意义。第一种观点认为人才管理应包括人力资源部门的相关实践活动，如招聘、开发、继任者管理和职业管理。第二种观点使用人才池（talent pools）来定义人才管理。这一观点确保员工的需求得到满足，并通过职位来管理员工的个人发展。第三种观点聚焦于组织内特定岗位上的人才。这一观点又分为两个路径来讨论，第一种路径将人才定义为具有高绩效和高潜能的群体，被视为不费劲的资源，因此，对此类人员应根据其绩效水平来管理。在这一路径下，发现、雇佣和奖励高胜任力的员工是非常重要的。第二种路径是将人才管理视为一种组织文化或理念，其中员工可以被准确地评价，组织获得了竞争性优势的资源，也获得了在组织内一种战略性计划过程中评估人力资源从业者作用的机会(Hughes and Rog，2008)。从以上三种观点来看，人才在人力资源的功能中发挥了非常重要的作用，能在组织内通过管理人员获得高绩效。

(二)战略人才管理与HRM的比较

战略人才管理相对于人力资源管理提供了一种不同的管理模式和理念，更适应当今动态变化的竞争环境，但仍有不少学者对两者的区别持有质疑，认为其是新瓶装旧酒。如 Armstrong and Stephens (2005)认为，人力资源管理发挥了基础的公司层面的作用，如招募员工、员工发展和激励等，人力资源管理实践已经为公司创造了竞争优势(Schuler et al.，2011)。Doaei and Najminia (2012)认为，人力资源管理主要聚焦于人的发展。有些学者认为战略人才管理的定义与人力资源管理类似，如类似的过程，包括招募、培训和发展、继任者计划等(Aguinis et al.，2013)。如图1-9和表1-3所示，人才管理是人力资源管理的一部分，人力资源管理的每个活动都是独立的，焦点在管理功能整体上，而人才管理的功能则与“人”这一竞争优势的关键来源紧密联系。当前中国几乎所有的企业都建立了人力资源管理系统，但正如前文所述，动态的竞争环境要求组织更多地关注如何吸引杰出人才。而照搬西方人才管理理论进行中国企业的战略人才管理是否适用，目前尚没有研究予以关注和探讨，中国社会所特有的文化价值观、人际关系网、制度等在中国企业的员工关系管理中产生了较大的影响，而在西方国家企业中使用的员工管理策略是否能在中国企业适用值得进行本土情境的检验。

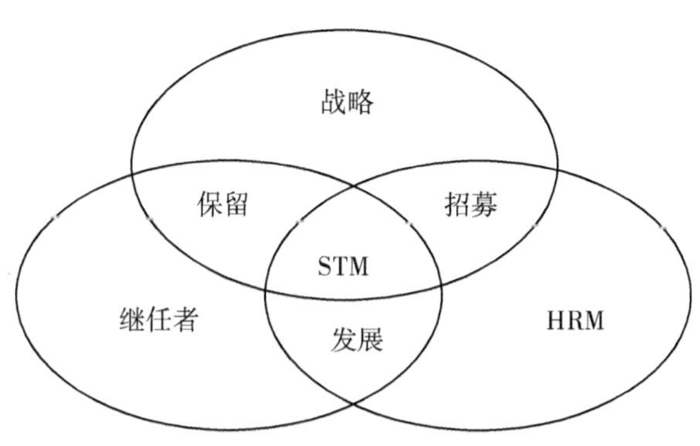

图1-9　STM与HRM的区别

资料来源：Eddie Blass (2009)

表 1-3　　　　战略人才管理与人力资源管理内容比较

是否包含 STM	人力资源活动与功能
经常包括	招募
	挑选、晋升
	人员配置、分配
	入职培训、训练
	保留计划
	构建奖励和认同机制(非薪酬)
	培训、发展、学习机会
	员工教导
	领导力和执行力教育和发展
	绩效管理
	职业规划和发展
	高潜能识别和发展
	员工多样性工作
	继任者管理和计划
	组织人才研究
	人才管理工作测量和评估
有时包括	薪酬系统，认同机制
	组织文化举措
	组织价值观举措
	组织能力发展工作
	组织结构变更
	劳动力规划
	员工参与
	员工调查
	工作与工作设计
通常不包括	劳动关系战略
	员工和劳动力谈判
	组织发展
	组织变更工作力度
	组织设计
	员工福利
	保健举措
	终止和解雇程序
	人力资源信息系统

资料来源：Rotolo（2013）

根据上述对战略人才管理与人力资源管理概念的区分比较分析，可以看出战略人才管理与人力资源管理的概念间既存在着重合之处，也有根本性的差别。可以说战略人才管理是在人力资源管理的基础上的延伸，然而相较于人力资源管理的普遍性管理，战略人才管理更强调针对组织关键性岗位的稀缺人才的个性化管理。正如 Collings and Mellahi（2009）所提出的关于人才管理概念的第四种观点：一种战略性的视角，包括识别关键职位，这些职位具有潜力能为组织赢得竞争优势产生持续的作用（Boudreau and Ramstad，2005）。基于这种战略性的视角，人才管理是组织一系列活动和过程的总称，包括系统性识别能对组织的持续竞争优势产生不同贡献的关键职位；开发由高潜能和高绩效员工构成的人才池；开发差异化人力资源架构，帮助任用有胜任力的员工来调补这些关键职位以确保其对组织的持续承诺（Collings and Mellahi，2009）。

此外，Collings and Mellahi（2009）提出了一个战略人才管理的模型，包括人才管理过程的整合和相互关联。通过系统化和整体的方法，人才管理包括吸引、识别、招募、开发、激励、提升和保留人才，这些人才具有为实现组织成功而持续贡献的潜能。为了获得竞争优势，组织也会通过雇佣合适的员工到合适的岗位上以及基于组织的战略目标开发相关的竞争力等方法来增加其生产率（Tarique and Schuler，2010）。从人才管理的战略性特征来看，可将战略人才管理区分为四种实现模式：以人为本、以实践为本、以职位为本和战略池（strategic pool）（Sparrow and Makram，2015）。随后，不同领域的学者对战略人才管理研究进行了扩展，研究者从资源-基础观、专家人才管理、供应链理论、雇主品牌和职业理论、人才管理战略类型学理论（Bowman and Hird，2014；Linden and Teece，2013；Keller and Cappelli，2013；Martin and Cerdin，2014；Tarique and Schuler，2014a）等视角对人才管理理论研究范围进行延伸。

因此，从上述战略人才管理定义的发展进程来看，战略人才管理系统来源于战略人力资源管理系统并进行延伸和发展是一个自然的过程。

（三）战略人才管理系统的概念

国内学者对战略人力资源管理系统展开了分析，提出战略人力资源管理系统以价值创造为目标，要实现组织绩效的最大化，从而帮助企业获得持续竞争优势。① 组织的内外部环境影响了战略人力资源管理系统的行为和目标。其职能主要包括：第一，当组织面临战略制定阶段时，战略人力资源管理系统发挥相应的战略决策支持作用；第二，当组织面临战略实施阶段时，战略人力资源

① 见张洪霞（2007）、孙少博（2012）等人的研究结论。

管理系统发挥变革管理作用；第三，在组织战略实施阶段，战略人力资源管理系统具有人力资本管理作用，但更为强调从投资的角度对战略人力资源管理各个子系统所需的人力资本进行管理。其中，由于战略人力资源管理系统的主要对象是全体员工，因此其子系统就有多达 12 种分类，如文化管理系统、组织管理系统、人力资源效益管理系统、人力资源信息系统、职位分析与评价系统、素质模型开发系统、人力资源战略与规划系统、人员获取与再配置系统、培训与开发系统、薪酬与福利管理系统、绩效考评系统、员工关系管理系统等(张洪霞，2007)。

相对于战略人力资源管理系统而言，战略人才管理系统的目标更为丰富，除了保留价值创造的目标外，还强调非经济价值目标，实现人力资本价值最大化。由于战略人才管理系统偏重于对满足企业关键职位需求的稀缺人才的个性化管理，因此其构成与战略人力资源管理系统相比则具有一定的特殊性。结合前文对战略人才管理与人力资源管理概念的比较分析，本书认为战略人才管理系统的构成应满足四个要素：受到业务战略的驱动、与其他管理流程相整合、作为核心业务实践进行管理和强调人才理念。本书采用 Delery and Roumpi (2017)的定义，将战略人才管理系统定义如下。

战略人才管理系统是一种综合战略管理行为，旨在通过制定吸引、培养、保留和使用具有所需技能和能力的人才，以满足当前和未来的业务需求，从而增加劳动生产率。战略人才管理系统具备以下职能特征：

第一，它是一个持续的系统化组织实践过程。

第二，它必须与组织战略保持一致，帮助实现组织战略目标。

第三，管理过程聚焦于具有高潜力的专业人才。

第四，管理的目标不仅具有经济目标，还具有非经济目标。

第五，系统内部构成要素与外部构成要素(环境、战略)之间不断进行动态调整以实现匹配。

二、战略人才管理系统构成研究

(一)战略人才管理系统发展阶段研究

上述研究对战略人才管理系统概念进行了总结，然而在企业中战略人才管理系统如何构成，其发展阶段特征如何，有待进一步研究。当前学者针对这一问题的研究进展如图 1-10 所示。

图 1-10　战略人才管理系统实施的三阶段

阶段 1 主要是关注人才管理系统和公司战略间的关联。在这一阶段，系统的任务是挑选出帮助组织实现其战略目标所需的人才类型（Boudreau and Ramstad, 2005）。组织需要决定其需要哪类人才，哪些人员应纳入人才池中。在管理层面上，当人才管理系统建立后，公司的高层应给予足够的重视和承诺以使得人才管理系统赋予战略价值。

阶段 2 中组织需要确定所需人才池的数量、规模及结构，通过建立劳动力分割系统对人才池的构成进行划分和界定。根据 Iles et al.（2010a）的研究，人才管理系统可以通过四种模式进行人才系统分割，如图 1-11 所示。

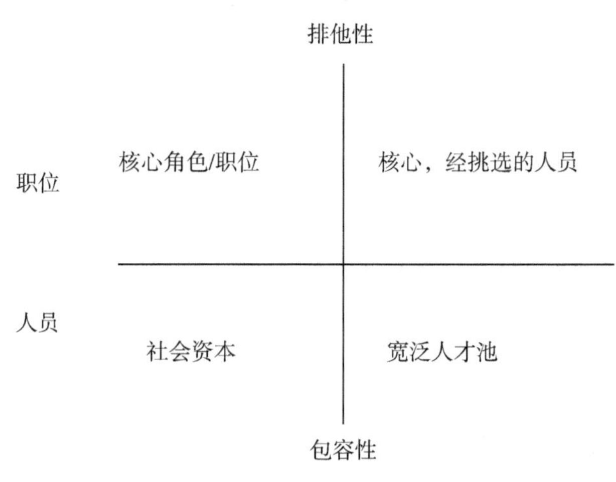

图 1-11　人才管理系统的四种模式

第一，排他性-人员（核心经挑选的人员）：人才池是由那些具有能令组织当前和未来绩效产生显著不同的能力的人才资源构成。针对这些严格挑选人员组成的人才资源，组织需要建立特定的管理政策，此外，组织也应告知所有的员工这类人才池的成员构成，以便将其作为学习的模范。

第二，排他性-职位(核心角色/职位)：人才池包含少量的人才资源，由于其在组织中占据了核心职位而入选。组织现有的政策应为这些人才资源而设立，但并不需要公开这些人才池，因为在很多情况下，在一个有效的人力资源管理系统中，组织中最有才能的人员可能就在组织中的核心职位上。

第三，包容性-人员(宽泛的人才池)：这一模式对组织员工进行了较为宽松的分割，因为其假定每个人都有内生的才能，人力资源工作最基础的挑战就是帮助某一特定人员提高其绩效。但实践中这一模式是较为少见的。

第四，包容性-职位(社会资本)：这一模式将人才团队和人才网络分割开，意味着要么作为组织内部的团队，要么是包含组织内外部人员的人才网络。组织将为团队或网络成员设计专门的管理实践措施。这代表了一部分的人才管理研究过于依赖个人导向，将人才视为人力资本的一种形式，却忽略了背景、社会资本和组织资本等与组织绩效相关的因素。

阶段3中，组织最终建立人才管理系统，并实施针对归属不同人才池人才的管理实践。目前来看，国内外的研究还主要停留在前两个阶段，即对人才战略与组织经营战略间的关系研究，如 Khan et al. (2013)认为人才管理对于实现经营战略具有重要影响，黄勋敬等(2015)提出商业银行要从战略层面对人力资源进行重新规划，以“人才先行”战略为商业银行向互联网金融战略转型提供人才支持和保障。Ratten and Ferreira (2016)对全球人才管理战略和公司管理战略间关系的探讨，认为全球人才管理正逐渐成为整合公司与企业家战略目标的流行方式，企业应持有全球化的人才管理理念来帮助企业家实现理想。还有对人才管理模式的探讨，如 Swailes et al. (2014)基于正向心理和能力模式对包容性人才管理的可能性、发展潜力和实践性进行探索，O’Connor and Crowley-Henry (2017)对排他性的人才管理实践对组织公平性及员工参与度的影响。但目前尚未见系统性的针对第三阶段的研究，即战略人才管理系统如何实施问题，而这一阶段也正是本研究所试图解决的问题，藉由构建企业战略人才管理系统的架构，探索实践构成，并结合系统输入条件达成系统输出的目标。

当前的人才管理系统研究一般包括核心竞争力的架构和人力资源信息系统或企业软件系统(Lewis and Heckman，2006)。为了在组织内开发信息系统，可以使用很多方法，其中之一即是学习管理系统(LMS)。这种学习管理系统可视作组织的整体人才管理项目的核心构成，包括招聘、绩效管理和薪酬管理。为了测量、识别、分析和理解组织中员工的能力而设计出此系统。这种系统可以合并组织的各项人才管理系统(Cairns，2010)。一旦使用这种人才管理系统，组织中所有的成员将被纳入管理系统，不论其绩效和潜能，也因而阻碍了人才的准确识别。为了避免此类问题，不同的学者和从业者也提出了许多人才管理系统建议。如前文所述的战略人才管理系统(Collings and Mellahi，2009)，还有 Berger et al. (2004)提出的人才储备模型，通过构建人才池来支持组织当前和未来的愿景，以及 Schiemann (2014)开发的人才生命周期模型，将组织与其人力资本联结。其中，人才储备模型由三部分构成：设计和建构人才储备方案、在软件包中捕捉人才储备方案以及实施整体的人才储备过程。这些模型为实施人才管理系统提供了纲领性指导。人才管理生命周期模型包括从吸引人才到保留人才的一系列活动。人才生命周期涵盖了组织与其人力资本间的相互作用和联系的各个阶段，如吸引、获得、培训和开发、管理、保留，甚至是返聘人才。

(二)战略人才管理实践活动

战略人才管理实践活动作为战略人才管理系统的主体，受到了大量研究者的关注，其子系统的划分有不同的标准。如 Oehley and Theron (2010)将人才管理过程区分为人才分析、发展与设计、实施与整合、评估与更新四个子系统，其中人才分析是指识别人才的需求与供给；发展与设计是指准备计划和环境分析；实施与整合包括人才的吸引与招募、开发、保留；评估与更新是从组织内部外部角度对人才的测量、研究和发展。Ensley et al. (2010)认为人才管理系统应包括四个模块：领导力成功概况、领导能力指标、基于情境的 360°领导力评估和人才总监。每个模块和系统都有助于对相关组织的人才管理系统进行行政和领导力评估、测评、培训和发展。Blass (2011)认为人才管理的各个模块都是围绕人才这个焦点实施的，因此招募、发展、继任者计划和保留四个模块间是紧密结合，交相呼应的。Zyl et al. (2017)认为最佳的人才管理系统包括绩效管理、安置部署和招聘、人才方针、参与和保留四个子系统。具体来看，当前研究主要将人才管理实践活动子系统划分为规划过程、招募过程、发展过程和保留过程四大模块。

1. 人才规划过程

人才规划过程主要包括吸引、获取、识别人才等。

(1)吸引人才。在许多成熟的商业环境和知识-基础的行业，人力资本变得越来越重要，通过长期的人力资源的开发获得竞争优势成为组织面临的挑战(Hamel and Prahalad，1993)。因此，吸引人才来获得竞争优势是组织当前面临的挑战。基于员工对组织的业绩来定义人才是一个关键的过程，必须要确保通过不同的渠道来吸引人才。许多公司在吸引高水平人群的工作上并不成功，只有少部分公司拥有较好的人才通道。但很多公司并不知道他们想要什么样的人(Chambers et al.，1998b)。为了吸引人才，有许多关键的领域值得注意，如组织文化(Twichell，2013)、雇主品牌、针对人才的管理开发活动(培训机会、继任计划和灵活的薪酬体系)、职业机会和公司视角等(Lynton and Beechler，2012)。

(2)招聘和识别人才。人才招聘过程的要素包括人才招聘计划和策略、劳动力分割、就业品牌、候选人、候选人关系管理、计量和分析(Cepin，2013)。

人才招聘过程聚焦于来源渠道，大部分的组织通过外包和内包来源获得人才，人才外部来源主要是咨询公司的帮助，如猎头。猎头物色人才主要是为管理层招募外部人才，包括识别、寻找和挑选具有高潜力和高绩效的个人(Smith，2004)。猎头在组织的人才招聘中具有重要的作用，尤其是组织寻找合适的管理岗人员是很困难的事情，需要花费很大的精力，这也正是组织与猎头合作的原因。另一个外部招聘的渠道是组织的人力资源部进行人力资源管理的天然属性(Dessler，2006)。人力资源部通过人才市场竞争或学徒制的方法为组织的空缺职位或根据组织下一步的计划寻找合适人选(Noe，2013)。此外，组织通过人力资源存量工具来定义和选择内部人才。人力资源存量或其他类似的工具能确保根据组织内个人的历史背景和业绩来发现其是否具有作为人才的潜能。

从大部分情况来看，考虑到经理人保留最佳绩效人才的努力程度和公司文化等因素，组织更倾向于开发内部人才，而不是从外部招聘人才。因此，组织通过记录员工的能力和职业情况来增强内部职业的流动性(Schweyer，2004)。然而，组织也会通过专业的猎头公司从外部来获取人才，公司的人力资源部也会从竞争对手公司中找寻人才(Lengnick-Hall et al.，2012)。

2. 招募过程

当前人才管理研究的一大趋势是指明组织应对高潜能的员工进行关注，根据组织的经营战略来评估和开发小规模的人才群体(Yarnall，2008)。因而产生了一系列关于人才管理的招募方法，如通过组织内员工中挑选和开发特定的人才池来发展组织人才池(Yarnall，2011)。这种人才池是一个组织内的一群具有高潜能和高绩效的个人组成的群体，他们也是一些职位下一步的接班人(Mäkel et al.，2010)。但人才池战略对于组织产出的可能影响以及这一战略相应的启示意义组织本身并不明确。由于行业的动态变化，建立人才池的潮流日渐兴起。英国人力资源协会在 2006 年的一项统计中发现，在英国实行了人才管理的公司中的 67%关注于开发高潜能的经理人(Yarnall, 2011)。许多公司努力将其拥有的人才纳入人才池。人才池通过不同的形式组成，可以由不同的成员资格组成，也可以通过一些活动来进行管理，如项目部、特殊任务和内部招募等(Tansley, 2011)。换句话说，不同的人才池可以依据不同的胜任力条件来设立，即根据不同的职业路径和发展战略而定(Stahl et al. , 2012a)，应根据组织在不同阶段的不同需求而设立不同的人才池(Smilansky, 2006)——有些组织通过开发人才池来填补其管理层职位的空缺，有些组织则将人才池用于中层职位的补充。John W. Boudreau and Ramstad (2005)用"关键人才池"的概念扩展了人才池的内涵。这一概念认为对于组织的持续成功而言不仅仅是管理层职位是关键的，较低层次的职位同样也是重要的。因此，人才池也要进行相应地扩展，并结合组织的内部和外部环境而定，这一观点也得到了较多学者的赞同(Sparrow and Makram, 2015; Stahl et al. , 2012b)。

3. 人才发展的过程

人才发展的过程是通过个人的潜能和业绩来识别其是否是人才的过程(Ross, 2013)。在公司吸引并识别了最有价值的员工后，面临的新挑战是如何继续开发这些员工以使得其能力和绩效进一步提高。尽管许多公司提供了人才优先的发展机会，但这种优先权很难长期维系。在商业竞争中，高级管理层对人才的发展工作花费了大量的时间和精力，在许多公司，人才管理工作的实际组织和实施是人力资源部的职责(Smilansky, 2015)。

从另一方面来看，人才的开发活动也不应仅仅关注于当前的工作绩效能力，也应考虑到未来的商业需求而发展必要的技能。组织为人才开发工作策划了不同的活动，包括在职活动、培训机会、职业管理、继任计划、培训、导师制、领导力发展等(JA and RM, 2003; Korach and Cosner, 2016)。

不论是从个人的胜任力还是从组织的胜任力来看，组织都应该努力将人才视为关键的成功因素予以开发(Ahmadi et al. , 2012)。一旦组织战略中纳入了人才开发，核心人员将被开发用于核心职位，以确保组织赢得竞争性优势(Collings and Mellahi, 2009)。人才的战略性发展通过组织安排中有计划的和无计划的发展活动予以开发和实现，如组织应在组织内展开综合的、统一的学习计划来推动人才发展项目，也称为人才开发的组织战略(Rothwell and Kazanas, 2003)。

4. 保留人才过程

根据 Athey (2008)的研究发现，组织人事管理的关键问题就是吸引高水平员工并保留他们。截至20世纪90年代中期，对公司而言最好的是从竞争对手处招募有才干的人员，但人们逐渐意识到尽管在大量招人，但也在以同样的速度失去人才(Cappelli，2008a)。在这些秉承以吸引和保留高质量人才为宗旨赢得竞争优势的公司，他们也有能力开展招募、雇佣和保留人才工作。这些公司称之为人才开发者。尽管吸引人才是人才管理过程中的首要任务，但保持人才队伍的稳定依赖于人才保留工作。人才保留是在组织内保留组织所需的或高水平高绩效员工的工作，因为这些员工能为组织目标的实现作出杰出的贡献(Blass，2009；Frank et al.，2004)。在赢得和保留人才及人力资本工作上的成功能帮助组织减少人员成本。

为了从人才保留战略中获得所需产出，需要采取有效的行动。关于执行人才保留战略，Schuler et al.（2011）提出要考虑以下因素：①应对人才管理的优先权予以强烈的支持和保障；②应对现有的招聘资源的质量和有效性进行评估；③招聘来源应该进行拓展；④倡导全球化人才资源；⑤应持续地关注劳动力市场变动；⑥应设计差异化的人才保留项目；⑦人才保留的目标应具体指派到经理级；⑧应根据经理在人才保留工作上的业绩进行奖励。在人才保留过程中，应将绩效管理、继任者计划、优先的机会和薪酬管理等视为重要的实践措施。

三、战略人才管理系统构型概念模型

结合前文对战略人才管理系统的目标、环境、输入和输出以及系统结构的初步分析，以及战略人才管理系统研究的现状分析，本书提出了战略人才管理系统的概念性模型图，如图1-12所示。其中最为重要的是在战略人才管理系统中存在着三个层次的对准和一致性：第一层是各个子系统间的横向对准，即内部契合，当四个子系统间互相支持就能实现人才管理战略的内部契合；第二层是人才管理战略作为整体与组织的人力资源战略间的匹配，即人才管理战略对人力资源战略的支持程度；第三层是人才管理战略与组织的经营战略间的匹配，即人才管理战略对组织经营战略的支持程度。第三层可以从两个角度来衡量：其一，当组织中人力资源战略对整体经营战略产生重要影响时，人才管理战略应支持人力资源战略，即人力资源战略在人才管理战略与经营战略间发挥调节作用；其二，若组织中人力资源仅是扮演管理者角色而非战略伙伴角色，则人才管理战略直接作用于经营战略，成为战略推动者，将个人员工行为与组织的经营目标相联结。在战略人才管理系统整体架构中，正如图1-4所示构型观的工作机理，战略人才管理系统实现了内部契合和外部适应。

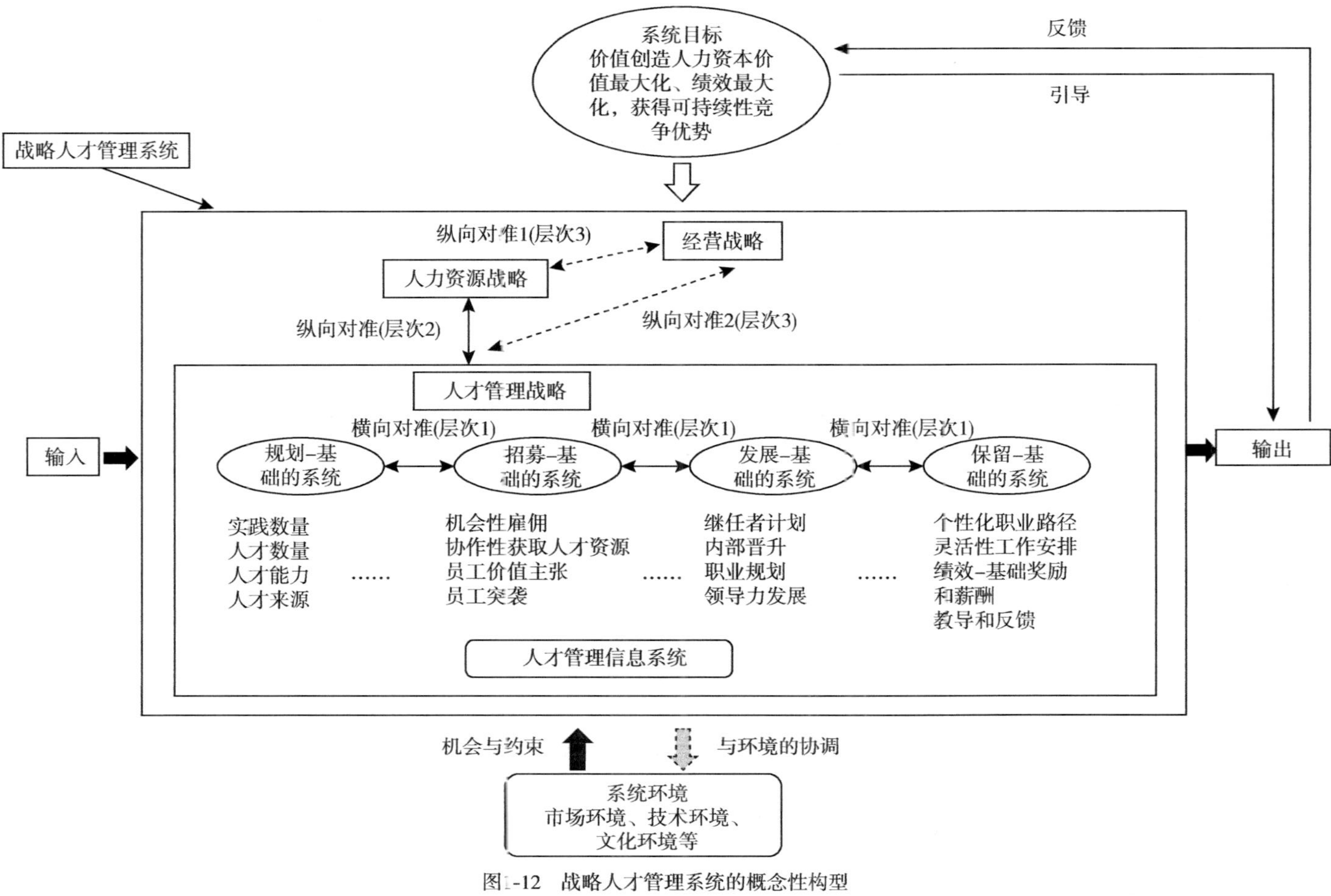

图1-12 战略人才管理系统的概念性构型

第三节 本章小结

通过对国内外构型观、人力资本理论和新制度主义同构性相关理论的回顾和梳理，可以看出各个领域的学者针对人才管理问题均有不同的见解，这主要是源于研究视角的不同。前人在人才管理研究问题上达成共识的观点主要为：①构型观不同于普适观和权变观，能解释构型变量间存在的非线性和较高阶的相互作用，这一优势在战略人力资源管理的研究中已得到体现，而战略人才管理系统研究作为延续和发展从系统性角度观察构型变量间的相互关系及组织内外部的匹配问题，是一种更为全面和深入的研究视角，更贴合实际。②人力资本的“战略价值”和“独特性”使得人才资源在知识-基础框架下的战略意义更为突出，意味着企业实施人才管理不仅为了获取经济价值的最大化，更能从战略意义上实现人力资本附加值最大化，从而赢得持续竞争优势，因此企业实施战略人才管理系统不但是经济驱动，更受到价值创造驱动和战略驱动，保持企业经营战略、人力资源和人才管理战略的一致性，这也将是本书的基本思路之一。③从新制度主义理论关于同构性问题的研究来看，学者将企业的组织形式变化与竞争环境和制度环境相联结，使得面临相似竞争压力和制度性压力的企业组织可能在某种组织结构上出现同构性演化的趋势，这一结论有助于更为全面地研究战略人才管理系统的扩散路径和方向，为中国企业在全球化背景下系统性调整构建人才管理组织结构提供了思路和指导，具有现实意义。

以此为基础，本书对战略人才管理理论发展的研究进展进行了归纳整理，提出了本书所采纳的战略人才管理定义和内涵，结合战略人才管理系统实施的三阶段特征，发现国内外的研究主要停留在前两个阶段，而目前尚没有相关研究对战略人才管理系统的构建问题进行研究，对于人才管理系统的发展和扩散也以概念性论述为主，少有实证研究。因此，本书进一步检索了国内外关于系统构型问题和人才管理变量测量的文献，初步提出了战略人才管理系统构型的概念模型图，为后续的定性分析和定量研究打好基础。

第二章　战略人才管理系统构型分析

经由众多研究证明，战略人才管理系统是成功的管理人力资源的主要驱动力，是组织成功的驱动因素(Shafieian，2014)。在组织日常实践中，这一系统将与企业经营战略相结合，二者作为整体共同实施(Morris et al.，2016)。只有深入探寻和解析战略人才管理系统本身，才能从根本上精准地掌握适合本土情境的企业战略人才管理系统内涵。本书对企业的战略人才管理系统进行构型研究，采用了系统研究方法，其原因在于战略人才管理系统的各个组成要素是相互依赖而结合成的一个整体。因此本书采取构型方法指导来分析战略人才管理系统整体时，就需要首先识别系统中各个构型变量。

本章的主要研究目的是依据前文图 1-12 所示的概念模型图，结合系统的三个基本要素①，通过质性研究的方法初步探索企业的人才管理战略与人力资源战略和经营战略间的对准关系、环境等因素对人才战略的影响，以及企业在不同战略对准条件下对战略人才管理子系统构成的选择和偏好。通过设计半结构化访谈提纲、预访谈、修正提纲、正式实施访谈等步骤进行理论模型建构，修正结论，深度挖掘企业众多纷繁复杂现象背后人才管理体系的实质，为后续进行的定性分析提供依据和铺垫。本章内容大致分为两大部分：第一是对系统构型变量识别方法的介绍，重点是如何根据深度访谈的录音资料进行转录和编码而形成合理的编码系统；第二是对数据的处理和分析，在编码的基础上，通过企业性质和人才战略特征进行分析和比较，发现不同类型企业对人力资本特征的不同要求，以及不同企业对环境、组织因素的敏感程度和反映程度。此外，在非结构化访谈环节中也增加了对于企业未来人才战略和实践变更的调查，以方便后续研究中在调查问卷中的变量设计。

---

① 系统结构、系统环境及其界限、系统的输入和输出。

第一节　构型变量识别研究方法

为了探索企业战略人才管理系统的主体及其他构型变量的具体组成，本书首先需要对系统的构型变量进行识别，因此采用定性研究方法，即通过非结构化访谈获取数据进行质性分析，以初步提出对系统构型变量的识别结论。

一、采用质性研究方法的原因

正如 Kvale（1996）对质性研究的定义：

"... attempts to understand the world from the subjects' point of view, to unfold the meaning of peoples' experiences, to uncover their lived world prior to scientific explanations."

质性研究采用了各种工具，如半结构化访谈等，来收集第一手数据，能在深度访谈的基础上发现既有问题背后新的维度。一般采取归纳法对资料进行分析，从而形成新的结论。相对于定性研究方法适用于对理论进行检测（testing），质性研究方法则适用于理论构建（building）研究（Saunders et al.，2015），能实现对事物和现象更为深入的调查和研究。其主要优点如下：首先，质性研究能简单快速地收集信息，甚至是不以书面方式表达的信息，如在访谈中可能发现组织中一些虽是偶然发生但却很重要的工作和实践活动；其次，质性研究还能为后续发放问卷进行定量研究的目的予以说明；最后，在访谈过程中，受访者可能会透露在实际工作中对现有机制的不满和意见，这些都可能作为研究人员在进行研究展望和建议时予以考虑的资料来源。

（一）选择质性研究的原因

质性研究中采取的半结构化访谈，使用了开放式的问题，尤其适合于本书这类探索性研究。在访谈中使用开放式问题不会被预先设定好的结构和预期过度限制，能通过访谈态度和内容获得对研究问题新的看法和视角。在本书研究中，战略人才管理系统研究本身是一个探索性的问题，前人已有的文献研究中所供参考的资料并不充足，而由于研究背景等的差异我国企业的战略人才管理实践实施情况尚不明确，质性研究则能从当事人的角度更为清晰地了解他们的看法。本书进行访谈和问卷调查的对象是分散于不同行业、所有制、规模的各类企业中从事与战略人才管理相关工作的专业人员，如部门经理、人力资源主管或企业负责人等，由于企业面临的环境和战略等各不相同，开放式问题的访谈能深入了解受访者的主观经验和认知，从业者的视角能为学者在进行理论研究时提供新的思路和感知，这些都是定量研究不具备的。因此，本章将通过访谈资料的整理进行理论的构建，以更为贴近实际从业者经验的角度对现有理论进行整合，以期提高理论层次。

（二）质性研究工具

Nvivo 软件是目前国际上使用较多的支持质性研究和混合研究方法的软件，它可以收集、整理和分析访谈和音频等资料，进行编码分析。使用该软件能帮助提高研究效率，有利于研究者在文献整理中搜索到有用的信息，便于进一步思考，寻找资料中隐藏的逻辑性所在。本书采用的是 Nvivo12 版本。

二、质性研究步骤

展开质性研究，首先需要确定研究思路，其次是拟定访谈提纲，并执行预访谈，随后结合预访谈结果和专家咨询意见，对访谈提纲进行修改，再进行正式访谈，最后对访谈结果进行分析整理，得出结论。

（一）研究思路

第一，展开相关研究前的准备阶段。本书通过对国内外相关文献的泛读和精读，形成了初步的研究设想，在参考了其他质性研究论文访谈提纲设定的基础上，拟定了本书的访谈提纲，请教人力资源管理工作的专业人员对访谈提纲的措辞和结构提出修改意见。

第二，进行预访谈。根据修改后的访谈提纲对熟识的企业人力资源从业人员进行预访谈，并就访谈问题设置和访谈感受与受访者进行讨论和交流，进一步对访谈提纲进行修正。

第三，正式展开访谈。预先通过电子邮件和微信等方式发送访谈提纲，与受访者约定时间地点和方式，进行一对一深度访谈。在征得受访者同意后对访谈过程进行录音，全程通过访谈了解受访者对所列问题的主观看法和感受，并进行相应的笔录。在访谈结束后，结合录音和笔录内容及时将访谈内容转为文字记录。

第四，资料数据分析。针对整理的访谈文字记录使用 Nvivo12 软件进行编码和归类。阅读材料、编码、标记节点（对于不能确定的标记为自由节点），对树状节点中的母节点和子节点进行归类。

第五，对数据进行编码分析。建构战略人才管理系统模型，应用 Nvivo12 中的矩阵和查询功能，将已经编码好的资料作为查询目标，根据搜索条件创建节点矩阵，从直观的矩阵中了解概念之间的关系（薛调等，2013）。

(二)拟定访谈提纲及预访谈

根据访谈提纲的多次征询意见和修订，本研究展开了预访谈。预访谈的目的是为后续的正式访谈进行测试和准备，主要内容包括：(1)针对访谈提纲的问题设置进行进一步的确认和修改，避免正式访谈过程中可能出现的模糊不清的问题和表述；(2)提高访谈方法和技巧；(3)结合预访谈结果对本书研究问题进行分析和整理。最终形成正式的访谈提纲(附录一)。

根据文献综述中对企业实施战略人才管理系统的环境因素、战略因素和人才管理实践相关问题模块设计的正式访谈提纲如下：

(1)受访人的个人情况及公司情况：企业性质、企业规模、受访人工作年限(职称)、从事岗位、职务级别。

(2)请简要介绍您企业近年来的发展情况。贵企业对人才的定义是什么？

(3)您认为目前企业面临的各项组织环境中，哪些环境因素对组织人才战略(人力资源战略)的影响较大？能否举例说明？

(4)能否介绍一下贵企业的人力资源战略和企业战略？是否有独立的人才管理战略？近年和未来几年中企业的商业模式是否会发生变更？是否会对企业的相关战略设定产生影响？

(5)贵企业的人才构成结构是如何设定的？是否有政策文件对人才队伍进行管理和划分？企业引才的主要标准是什么？主要从哪些渠道完成？

(6)贵企业的岗位设定是依据什么标准？如何进行人-岗匹配？

(7)目前贵企业已有的人才管理措施中，主要强调哪些方面？能否举例说明？

(8)您认为贵企业的战略人才管理实践的难点在哪里？有何建议？

访谈提纲中的8个问题可以分为三大类，问题1~3是关于受访对象的个人职业经历背景和企业发展情况和所处环境情况。通过对受访人个人情况的了解能为本书研究者对受访对象所提出的感受和意见有着主观因素的判断，而对企业基本情况和所面临环境的了解能为后续分析企业战略设定情况提供背景支持。

问题4是关于企业的战略层面，厘清企业经营战略、人力资源战略和人才管理战略间的关系。

问题5~8主要是关于企业具体的人才管理实践问题，即针对企业现有的人才管理实践的举措进行了解。

总的来看，本书为了了解企业当前对战略人才管理系统构型的认知和看法而对相关的高级管理人员进行了深入的对话和沟通。为了实现较好的访谈结果，在实施访谈过程中尽量清晰地对访谈问题予以解释和提示，从而提升访谈效果。

(三)正式访谈

本书主要对湖北武汉、宜昌等地10家企业的16名中高层管理人员进行了访谈。企业基本情况如表2-1所示，受访企业管理人员来自生产制造业、服务型行业、金融行业和互联网技术业等行业。为了明确受访企业是否具有战略人才管理系统，本书采用了Tarique and Schuler (2014b)对人才管理战略的定义，只要企业采用了以下人才管理战略之一都可称为战略人才管理系统构型研究的对象：(1)高绩效工作系统(HPWS)；(2)劳动力差异/分割；(3)人力资本理论的人才专用性和通用性区分；(4)九宫格评价矩阵。受访的10家企业都在不同程度上使用了上述的人才管理战略，因此适用于本书的访谈研究。受访人均为从事企业人力资源管理工作多年的企业中高层管理人员，对企业战略和人才管理情况有着清晰的认知。这些受访人员均为研究者自行联系，由本校校友、工作伙伴和亲戚朋友介绍，研究者通过当面或是电话访谈两种方式完成。正式访谈前已经通过电子邮件和微信等方式将访谈提纲发给了受访人进行准备。在开展访谈前，研究者向受访者告知了此次研究的主要目的、内容及用途，在征求受访者的同意后对此次访谈内容用录音笔进行录音。访谈过程中依据访谈提纲进行提问和记录，在完成访谈后，结合录音稿和笔录内容整理成文字稿。

表2-1　　**访谈人所在企业情况一览表**

编号	企业所属行业	企业性质	地域	访谈者职务	工作年限	访问时长
A	某通信公司	国有企业	武汉	人力资源部主管	27年	1小时30分钟
B	某通信公司	国有企业	武汉	办公室主任	20年	30分钟
C	某金融消费公司	外商独资企业	武汉	HRBP leader	15年	1小时
D	某金融消费公司	外商独资企业	武汉	人力资源部部长	20年	30分钟
E	某自动化制造公司	外商合资企业	武汉	HRBP 经理	10年	50分钟

续表

编号	企业所属行业	企业性质	地域	访谈者职务	工作年限	访问时长
F	某自动化制造公司	外商合资企业	武汉	产品经理	9 年	30 分钟
G	某电气自动化销售公司	外商独资企业	武汉	人力资源部经理	10 年	45 分钟
H	某电气自动化销售公司	外商独资企业	武汉	销售部经理	15 年	30 分钟
I	某混凝土材料制造公司	国有企业	武汉	综合事务部部长	20 年	20 分钟
J	某电力生产公司	国有企业	宜昌	人力资源部员工管理主任	12 年	1 小时 30 分钟
K	某电力生产公司	国有企业	宜昌	党群工作部副部长	18 年	30 分钟
L	某汽车制造公司	中外合资企业	武汉	人力资源部经理	15 年	1 小时
M	某汽车制造公司	中外合资企业	武汉	工会主席	20 年	30 分钟
N	某银行	国有企业	武汉	支行行长	25 年	30 分钟
O	某研究院	民营企业	武汉	企业负责人	22 年	30 分钟
P	某互联网科技公司	民营企业	武汉	人力资源部总监	18 年	30 分钟

（四）资料处理与编码

1. 转录

每次访谈结束后，研究者会将录音资料和现场笔录材料转录为文本书件，笔录材料如图 2-1 所示。转录完毕后，结合录音内容对文本材料进行再次核对避免遗漏和误录。

2. 资料导入

运行 Nvivo12 软件，将 16 个访谈文本记录导入，如图 2-2 所示。

文件记录导入 Nvivo12 软件后可以依次对访谈内容进行编码处理。

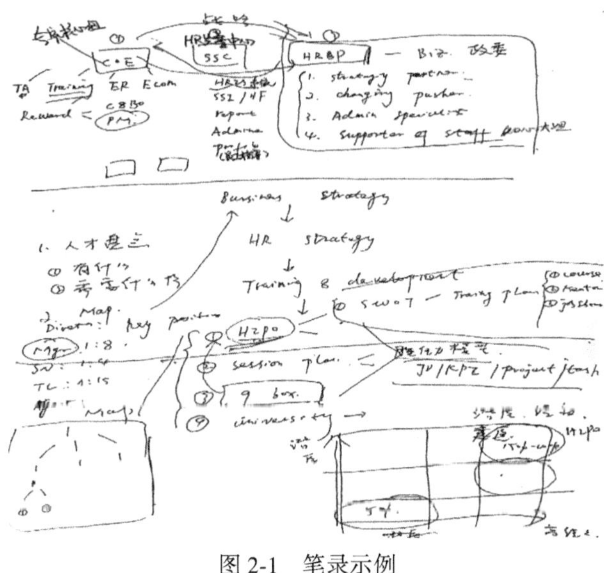

图 2-1 笔录示例

文件 主页 导入 创建 探索 共享

项目 | NCapture | 文件 | Excel | 文本文件（.txt、.csv）... | SurveyMonkey | Qualtrics | SPSS | 导入分类表...

项目 | 网络 | 数据 | 调查 | 分类

快速访问：文件、备忘录、节点
数据：文件、文件分类、外部材料
代码：节点、关系、关系类型
案例
注释
搜索
图

文件

名称	编码	参考点
访谈A	27	38
访谈B	16	19
访谈C	32	49
访谈D	20	22
访谈E	25	28
访谈F	16	18
访谈G	27	29
访谈H	15	15
访谈I	20	20
访谈J	30	34
访谈K	16	16
访谈L	29	31
访谈M	17	17
访谈N	16	17
访谈O	24	27
访谈P	25	29

图 2-2 访谈文档导入示意图

3. 编码和分组

在菜单栏中选择创建节点。初步根据问题的主题进行自由节点编制。在文本信息中依据研究问题的主题需要进行内容初步分类和拆分。本书是企业中战略人才管理系统的构型研究，因此将资料中涉及战略人才管理系统的文字段落进行初步提取。如图 2-3 所示，本研究进行了自由节点分类，共 7 项，包括企业发展情况、企业环境情况、企业战略情况、企业人才构成及引进情况、企业岗位设定情况、企业人才管理实践情况、企业人才管理实践难点及改进建议情况。

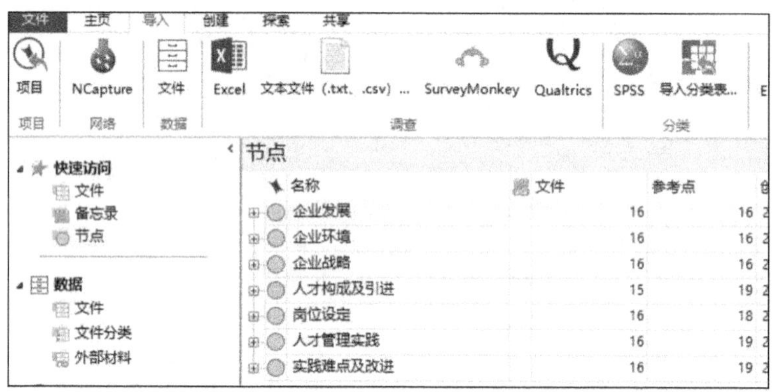

图 2-3　自由节点编码

随后进行相应的分组研究，如图 2-4 所示，将自由节点分成三组，依次为企业背景及环境、企业战略和人才管理实践问题。例如企业背景及环境组包括了企业发展节点和企业环境节点。

图 2-4　节点分组研究

最后，分类进行树状节点编码。在初步整理的自由节点中以新增节点的形式经由亲子节点关系重复进行，编整结构性的树状节点。树状节点可以表现质性研究概念间的相互关系。当此类属命名后，即可依其属性及面向来发展该类属，使该类属所涵盖的特征或归因更加丰富(郭玉霞等，2009)。在这一过程中，针对自由节点的内容以新增节点的形式进行详细的逐句编码，对相同的内容单元进一步分析和归纳，进而实现递进层次的概念归类，从而形成战略人才管理系统构型的整体框架和解释。最后，对构念进行深入剖析，在二级节点的基础上进一步进行三级节点编码，发展出核心类别。

第二节 战略人才管理系统构型变量识别结果分析

如前文所述，基于构型观和系统研究方法的指导，战略人才管理系统的主要构成模块包括战略环境、企业战略和细化的人才管理实践三个构型变量。因此，依据图 1-9 的概念模型图，在质性研究中，结合整理出的树状节点，本书对企业面临的内外部环境、企业采用的各项战略以及主要的人才管理实践进行了分析。

一、战略环境构型

战略环境因素是企业战略人才管理系统研究的重要因素。前文对战略人才管理系统研究的综述中发现人才管理与环境的相关性是显著的(Thunnissen et al., 2013b)。人才管理系统研究应在一定环境下产生经济价值和非经济价值，因此访谈中对企业实施战略人才管理的背景和环境进行了调查和了解。虽然各个企业的行业地位、盈利模式和经营方式不一，但其对人才的分类和定义基本上可以分为两大类，即要么认同“人人皆是人才”的理念，要么反对。这与人才管理研究中出现的精英-平等主义(elite-egalitarian)问题的争论相一致。许多企业的人才管理系统并不会在两者中选其一，而往往是基于问题导向(problem-based)来综合使用两种模式。大多数企业的处理方式是采纳不同的人力资源战略(实践模块)予以应对，即部分人才管理实践依据精英模式管理，部分依据平等主义模式管理。

在此背景下，研究者通过对企业面临的各种环境因素进行总结和整理，发现影响企业战略人才管理系统的环境因素主要包括四个维度，即技术环境、市场环境、政策环境及组织制度环境。如图 2-5 所示，四个环境因素被提及的人数和频次是不同的，在这 10 家企业的发展中，受到政策环境的影响最多，有

9人提及，频次有12次；其次是市场环境的影响，有9人提及，频次有10次；再次是技术环境，有8人提及，频次有10次；最后是组织制度的影响，有5人提及，频次有7次。由此可以看出，受访者普遍反映企业外部环境变化对企业的影响较大，而企业内部制度因素的影响也不可忽视。

节点

名称	文件	参考点	创
企业环境	16	16	2
组织制度	5	7	
市场竞争环境	9	10	
竞争环境	5	6	
需求变化	2	2	
技术环境	8	10	
政策环境	9	12	
监管机制	2	2	
行业政策	4	4	
金融政策	1	1	
人才政策	2	2	
贸易政策	1	1	

图2-5 企业环境因素构念

(一)政策环境

政策环境是指企业发展中面临的各项外部政策的生成、运行、发生作用的过程中一切条件的总和，如自然环境、社会经济环境、制度与文化环境、国际环境等，具有复杂性、多样性、差异性、动态性的特征(陆雄文，2013)。政策环境直接影响着企业的持续发展、生产关系优化和生产率的提高。其中政府对相关行业的宏观调控政策对企业的发展发挥着至关重要的作用。企业在特定行业中的业务经营需要遵守一定的金融、税收、贸易等与投资相关的政策指导，以及接受相应的法律法规的监督和管理，从而获得公平公正的发展环境。本书在进一步对政策环境编码中发现，行业政策、政府监管机制、人才支持政策、贸易政策和金融政策是受访者提及的具体政策类型。

(1)访谈中有些访谈者认为政策环境中的行业政策对企业产生的影响较大，如受访者C、G、L、O。

受访者C：①近几年政府对金融行业的监管持续保持高压态势，法律合规政策影响较大，银监会定期对金融行业进行合规检查，一旦有新的政策出来会及时进行调整，否则会被罚款和摘牌。

②虽然目前国家对消费金融公司的限制逐渐放开，也鼓励金融机构创新消费信贷产品，但国家的监管力度只会越来越大，我们企业必须响应监管政策，实现合规发展。相应地也需要大量相关专业人才。

受访者G：国家对智能制造行业不仅有政策倾斜更有资金层面的支持，所以我们不仅卖产品，还要引进和培养智能制造方面的人才，并提供方案。

受访者L：政府对汽车行业发布双积分政策（国务院法制办公室发布的《乘用车企业平均燃料消耗量与新能源汽车积分并行管理办法》），加强环保和新能源的支持，导向是做电动车，企业要应对就会加强人才需求变化。

受访者O：国家的政策法规是最重要的参考，因为从事的是给排水工程设计，所以必须在设计中考虑到相关的管理办法，如城市管线的管理办法、居民住宅二次供水管理办法等，还有国家的环保政策和要求。我们的设计人员必须具备这些知识。

（2）在访谈中受访者提到行业政策对企业的影响时，也提到了政府监管机制的影响，如受访者J和P。

受访者J：尤其是现在国家对国企深化改革这块要求严，各个企业也在陆续进行改革。人才队伍特别是干部队伍的建设受到中组部的任用要求，坚持高标准，企业根据国家要求不断进行改变。

受访者P：政府对互联网行业的监管越来越严，由于公司的主要业务是直播，如网站直播间播放内容含有危害社会公德的禁止内容，会违反《互联网文化管理暂行规定》，受到罚款和没收违法所得的惩罚。所以我们对主播的素质要求也非常高，如果主播触动了底线，平台会采取各种措施进行限制和惩罚。

（3）有些受访者也提到了金融政策对企业的影响，如受访者D。

受访者D：政府一刀切要求金融机构提供资金年化利率不超过36%，导致本公司2017年第四季度大幅降低利润，只有9%。利润大幅下降导致我们也不得不开始裁员，甚至过年前几天都被总部要求裁人，我们人力资源部门一直拖到过完年才开始裁员工作。

（4）在访谈中受访者G提到了贸易政策的影响。

受访者G：我们公司是代理美国某品牌的自动化设备，当前中美贸易摩擦加大，如果产品从美国进口，加征关税，则影响很大。

（5）访谈中受访者E和G则提到了人才政策的影响。

受访者E：作为跨国公司，我们关注到各地的法律和人才扶持政策，如上海的“人才30条”政策可以支持我们直接聘用世界知名大学外国应届本科及以上学历毕业生，不受两年工作经验限制，直接来上海就业等，为我们从世界范围内选取优秀毕业生提供很大的支持，也给我们提供了较好创新法治环境。

受访者 G：我们企业以销售为主，不存在研发，以前很难招到名校的学生，但武汉现在对人才引进的支持力度很大，人才回流明显，利用当地政府的扶持政策和人才支持政策能够招到更多高素质的销售人才。

(二)技术环境

技术环境是组织管理方式的重要影响因素，会对组织机构、管理思想、合作方式等都产生直接的影响。由于企业的技术进步会使得产品和服务都随之发生变化，进而影响整个社会的需求，企业也因此迎来了新的发展机会。因此对于受到技术环境影响较大的企业，例如技术密集型企业，应高度关注科技进步动态，重视技术进步可能对企业经营带来的影响，从而及时采取经营策略变革以积极应对，保持竞争优势。衡量技术环境的指标有很多，包括国家划拨的研究开发经费总额、企业所在产业的研究开发支出状况、技术开发力量集中的焦点、知识产权与专利保护、新产品开发状况、实验室技术向市场转移的最新发展趋势、信息与自动化技术发展可能带来的生产率提高前景等。本研究的受访者均为来自不同行业的企业管理人员，从管理者视角分析了技术环境对企业用人机制的影响。

共有 8 名受访者提到了技术环境因素的影响，大部分的评价都是正向的，表明企业应对技术环境变化的积极态度。

受访者 C：公司目前正由消费金融公司转型为金融科技公司，由于 AI 和区块链技术的迅速发展，呼叫中心人工大量减少，用语音机器人代替大量人工，人员会大量削减，不用培养坐席，公司要吸引的目标人才也有所调整，增加了 AI 人才的获取和培养工作。区块链能反映客户策略，详细记录每个变化，因此业务战略发生改变，转为大力发展线上业务。

受访者 E：①现在进入工业 4.0 和数字化时代，需要员工掌握现代技术。

②以工程技术业务部门为例：5 年前活跃的市场是水泥、钢铁、造纸等发展较好的重工业和以能源、资源发展相关的行业，所以人才需求主要与重工业背景相关的行业。现在中国经济结构转型，则主要发展食品、饮料、化工、食品科学等行业，关注有这些背景的人才，重点发展和招募。

访谈者 H：虽然我们以销售为主，但现在技术变化太快，要求我们销售人员必须懂技术，才能更好地满足客户的需求。

受访者 L：汽车行业技术环境变化很大，我们企业面临着汽车“四化”(电动化、智能化、网联化、共享化)的影响，既有挑战，也有商机。我们公司提出了自己的“五化”(轻量化、电动化、智能化、网联化、共享化)，由技术变革主导的新能源和无人驾驶时代即将来临。如互联网汽车、电动汽车、自动驾驶等的出现对企业影响很大，人才战略也会相应调整。新势力造车，如阿里、百度、特斯拉，对企业的影响较大。本公司目前拥有科技人员 2.2 万余人，占比达到 6.1%，可以说这个比例是相当高的。

受访者 O：我们接工程必须要拥有各项专业资质证书，如工程咨询单位市政公用工程的甲级证书、工程设计的甲级资质证书等，还有技术专利，如国内口径最大的 DN1400 取水摇臂联络管。这些都是我们的优势，也是市场准入的必备条件。

受访者 P：我们公司能成为行业领先的企业，加强技术创新是关键。目前公司拥有大量的专利，这些都是我们的核心技术形成的专利组合。现在比较热门的大数据的挖掘与运用、使用全技术链优化直播、互动娱乐、弹幕交互等，在直播行业中处于绝对的领先地位。我们也在不断引进这类专业人才帮助研发，维持公司在业内的优势。

（三）市场环境

市场环境涉及一系列影响企业产品生产和销售的外部因素，包括产品的需求因素、竞争环境和价格因素等。也有分类将企业政治环境、法律环境、经济环境、技术环境、市场社会文化环境和市场自然地理环境纳入市场环境中。① 本书研究的市场环境主要强调的是企业所面临的产品需求变化和竞争环境变化所形成的环境因素。竞争是存在于市场经济中的“看不见的手”，而所有企业的生产经营实践无不是为了获得最大的竞争优势。相对于政府调控这个“看得见的手”，市场竞争是影响企业发展的关键和内生动力。

在本研究的访谈中，受访者主要围绕着竞争环境变化和产品需求变化两个方面对企业所处的市场环境进行了描述，如受访者 A、D、G、I、L、P。

受访者 A：现在技术的发展对传统的通讯业务员冲击很大，如微信这类即时通信工具对企业的冲击很大，但我们是大国企不怕垮也不怕竞争，如手机终端业务这种竞争激烈的业务已经外包出去。我们面临的竞争主要还是同业竞争，但这种竞争程度也并不激烈，我们对竞争渴求不大。传统基础业务虽然在缩减，但我们可以做通信管道，这方面是垄断的，不可能放开。

受访者 D：集团主要追求可持续的价值创造，强调高增长性的终端市场、提升公司竞争力及降低商业模式风险以推动盈利性增长。继续保持以业务为主导的全球经营架构。所以公司的人才发展和使用根据市场的发展来指引。

---

① 百度百科和 MBA 智库百科等词条进行此种分类。

受访者 G：我们是销售型公司，人才的招聘和保留受到市场竞争性薪酬的影响较大。

受访者 I：虽然企业所从事的业务接近垄断行业，但不可能提供竞争性薪酬，也直接导致了难以招到高学历、高技能的人才。

受访者 L：市场竞争激烈直接影响了企业的人才保留策略、薪酬策略等。近几年随着新能源汽车市场的快速增长，新能源汽车行业在资本市场的重组并购加速。新能源汽车行业市场竞争加剧，行业洗牌在加速。我们是传统的汽车企业，但现在以互联网为基因的造车新势力正迅速崛起，它们不会花时间去培养人才，只能在我们这些传统车企中通过许诺高薪和企业良好远景大量挖人。我们每年都有大量的总经理以上级别的高管被挖走进入造车新企业。所以这给我们带来了挑战，我们也在大力引进来自互联网、整车、科技等各行业优秀人才组成管理团队，以用户导向为主导，发现用户的真正需求，争取吸引和留住优秀人才。

受访者 P："互联网+"形式的企业竞争相当激烈，在我们行业里熊猫 TV、虎牙直播这样的企业对优秀的主播需求很大，通过支付高额违约金从其他平台挖人的现象很多。所以公司也要通过各种方式留住人才，如签约和加大扶持力度。将开始实施"主播星计划"，投入大量资金培养优秀主播。这个计划包括发掘、培养扶持和宣传包装，公司一方面会对有潜力的主播进行系统搜索，建立专门的主播人才库，入库的主播会获得经济上的奖励；另一方面，企业也会对有潜力的主播进行系统的职业技能培养和职业道德教育，在站内资源上进行相应的倾斜和帮扶，签约程序也更为简化。

（四）组织制度环境

组织制度环境是涵盖企业全体成员的一系列行为准则，如各种章程、条例、守则、规程、程序、办法、标准等。组织制度环境中，对企业的组织指挥系统有着明确的规定，依据此规定人与人之间的分工和协调关系有着清楚的界定，各部门及其成员的权利和责任也需依次执行。在访谈中有 5 位受访者明确提出了组织制度因素对企业人才管理系统的影响，如受访者 A、C、I、J 和 N。

受访者 A：我们企业中组织因素最重要，甚至高于经济因素。一切服从组织安排，尤其是企业"一把手"的想法是影响最终管理制度实施的决定性因素。我相信在所有的国企中都会有这种现象。

受访者 C：①组织内部架构和文化是影响管理实践的重要因素。我个人认为文化基因是组织内生的一个关键变量，也就是奉行什么组织文化的问题。例如企业文化是否 open、强调诚实正直、关键领导人的风格等都会对人才战略产生影响。尤其是对口的业务部门领导人风格会直接影响企业人才管理机制。我所在部门每六个月换一个老板，来自不同国家，风格截然不同，导致对人才挑选的标准都不同，困难很大。

②对于特定行业，尤其是互联网行业变化较快，应该更为关注组织内部因素(员工构成和思想)对战略达成的影响，如我每周都会与员工进行沟通，了解其对公司推出的每项政策的想法。

受访者I：国企都是“一把手”拍板，尤其是我们公司，除了受董事长和总经理的领导风格影响外，还要直接受公司集团政策的影响，作为子公司基本没有人事自主权。

受访者J：企业内部战略发展影响较大，除了骨干专业发展外还要考虑新的业务增长点。每个企业发展到一定规模都会通过管理创新、内部机制体制改革产生内生动力，企业在创新、改革和发展过程中对人才战略产生推动的影响，根据改革发展的需要进行调整以适应改革的需要。人才队伍特别是干部队伍的建设受到中组部(中共中央组织部)的任用要求，坚持高标准，企业根据国家要求不断进行改变。

受访者N：我们银行是在3家商业银行基础上合并重组而成，直接接受省委和省政府领导，既要实现盈利，又要履行企业的社会责任。其战略制定需考虑多方面因素制衡。

二、企业战略构型

前文在对战略人才管理系统进行概念性构型时已经对企业经营战略、人力资源战略和人才管理战略间的关系进行了初步论述，从理论上来看三者存在着三个层次的关系：人力资源战略和人才管理战略分别与企业经营战略间存在纵向对准关系，即为层次3；人力资源战略与人才管理战略间存在纵向对准关系，即为层次2；人才管理战略的各子系统间存在着横向对准关系，即为层次1，各战略间的整体关系如图2-6所示。

在这一理论指导下，本研究在进行访谈中通过询问企业管理者对三种战略的认知情况来了解企业的实践中三者的实际关系。通过对访谈资料的整理，本研究提出了企业人才管理战略的构念，如图2-7所示。访谈中除了受访者E认为三者没有明确区分外，其余受访者都认为经营战略对企业的人力资源战略和人才管理战略发挥着纲领上的指导作用，人力资源战略和人才管理战略服从于企业经营战略。而对于人力资源战略和人才管理战略间的关系则没有统一的意见，有的认为两者没有区别，有的认为两者的服务对象是不一样的，虽然在实践中都归属于人力资源部管理。本书在后续的分析中将对这一问题进行深入探讨。

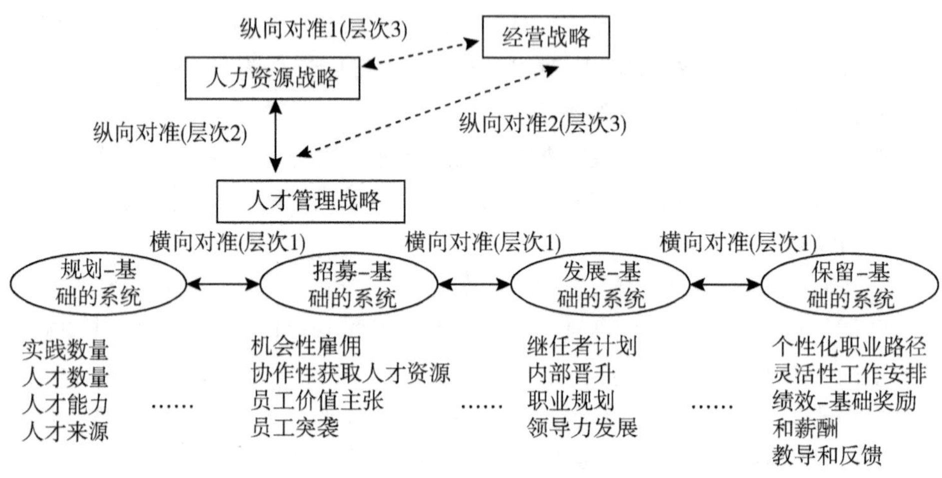

图 2-6　企业战略层级

企业战略	16	16
经营战略	13	18
人力资源战略	8	11
人才管理战略	12	15
人才规划战略	5	5
人才招募战略	3	3
人才发展战略	4	5
人才保留战略	2	2

图 2-7　企业战略要素构型

(一)组织经营战略

经营战略是一种全局性的企业经营管理计划，在这一计划的指引下，企业努力实现其经营目标，寻求长期发展。经营战略的好坏关系到企业的长远利益的实现与否，以及企业的成功或失败。企业最高管理层负责制定经营战略。主要包括经营战略思想、经营战略方针、经营战略目标、经营战略措施等方面。经营战略的类型依据不同的标准产生不同的分类，按企业经营处境划分，可以分为紧缩战略、稳定战略、发展战略。按战略性质划分，可以分为产品战略、市场战略、技术战略。大多数企业以产品、市场战略为中心，具体会实施诸如市场渗透战略、市场开拓战略、产品开发战略等(何盛明，1990)。受访者对企业的经营战略都有明确的认识，也指出了经营战略变化对人力资源战略和人才管理战略带来的挑战，如受访者 A、C、E、G、J、K、L、O 和 P。

受访者 A：当前市场进入智能服务时代，我们企业也在寻求转型升级，重点包括网络智能化、业务生态化和运营智慧化，用户能获得综合智能信息服务，提升用户体验。推进业务重构，构建“一横四纵”重点业务生态圈，如夯实基础业务，打造“一横”智能连接型业务生态圈，推出云、网、端的核心业务，强化网络生态合作，发展智慧家庭、互联网金融、新型 ICT 和物联网等综合智能信息业务。这些新业务的发展是个中长期规划的过程，也必然要求企业的人力资源部门能跟上组织战略转型的步伐。

受访者 C：现在企业商业模式会发生变化，比如由金融公司转变为金融科技公司，线下转线上，关掉门店，把合作伙伴发展成为将来能帮助推出产品的合作模式，产品结构由现金贷、商品贷转变成 high potential 系列信用卡，坚持“线上+线下”的战略。除了继续深耕线下的消费场景，还将发力线上业务，提高线上的贷款能力和服务能力。

受访者 E：组织战略从宏观上解决中长期战略，如 3 年后企业的发展方向，为达到这一远期目标应配备什么样的组织结构和人才结构，哪些是组织能力上的长势和短板。

受访者 G：本公司是集团公司，在分公司是没有战略而言的。企业内部的人力资源更多忙于事务性工作，日常工作会贯彻集团的战略，但集团层面会有战略设定。公司近几年比较稳定，所以商业模式不会变更。

受访者 J：①国家的政策体制变化会影响企业的战略规划，进而影响企业的人才战略规划。作为上市公司关注的是企业的效益和利润增长，例如在传统的骨干专业发展外还要考虑新的利润增长点，也就会有新的业务产生和发展，那么人才战略与规划也要相应的考虑增加新业务所需的人才引进、储备和培养。

②企业的定位比较单一，就是大型电力生产企业，虽然有些业务衍生，但主干不变。不会有太大调整，比较稳定。企业战略只会是原有基础上的丰富。

受访者 K：今年国家对集团战略发展定位作出了新的重大调整，在国家推出了长江经济带发展、“一带一路”建设等重大战略部署和倡议后，我们集团作为重点央企必须要发挥主动服务的作用，积极配合深度融入长江经济带、共抓长江大保护工作，保障区域可持续发展，引领清洁能源产业升级和创新发展，实现企业深化改革，使得企业能成为世界一流跨国清洁能源集团，在世界范围内通过不断创新保持全球竞争力。

受访者L：集团今年实施了电动化、智能化的“TRIPLE ONE”中期五年事业计划，战略滚动调整，在成为前三的汽车厂商的同时实现可持续发展。经济结构不断优化升级，这种变化让汽车产业身处新一轮科技革命和产业变革之中，稳中求进是公司面对巨大转型压力时的新思路。发展模式、人才、销量、利润率全面支持了公司的壮大，成为公司的发展基石。

受访者O：本公司相对于市场其他行业来说相对稳定，企业经营战略变动不大，以质量求生存，以创新求发展是我们的理念。未来几年只要市场不发生太大变化，我们企业就不会有明显的战略调整。

受访者P：互联网企业的商业模式变化很快，公司的盈利模式是多元化的。在2018年，公司将坚持精细化运营，系统化提高执行质量，经过开拓、进化、深耕、外延变现等步骤扩大盈利。其中，开拓指获取粉丝，并通过增值服务等变现；进化指提升品牌影响力，通过游戏联运、广告等手段盈利；深耕指平台功能服务的优化，以会员订阅、社区等方式积累资源；外延指跨行业联动，通过电子商务、体育竞猜等形式增加收入。此外，未来企业还将继续尝试线下嘉年华、数字产品销售、版权售卖等新的模式去完善盈利机制。

（二）人力资源战略

人力资源战略是企业在战略目标的指引下制定的一系列决策的总称，如雇佣关系、甄选、录用、培训、绩效、薪酬、激励、职业生涯管理等方面。企业通过这些管理决策，能对未来人力资源的供给与需求变化状况进行科学地分析和预测。组织需要针对人力资源获取、利用、保持和开发工作制定必要的策略，以满足组织在时间和岗位上的人力资源需求。组织和个人也因此能持续地发展，可以说人力资源战略是企业战略的重要组成部分。人力资源管理和人才管理战略在大多数企业中并没有得到清晰的界定和划分，在持有平等主义人才理念的公司，所有的员工被视为核心人才，公司着力于为员工提供更多的培训以帮助其成才，在这类公司中的管理者认为两者是同一个概念，如受访者I、J、L。

受访者I：作为集团的子公司，我们人力资源部门只负责执行集团下达的任务，日常的工作就是事务性的工作，所以虽然有针对高绩效高潜能员工的特殊政策，但都是在人力资源的大框架下进行的。

受访者J：企业有人力资源管理战略，涵盖了人才管理战略。没有独立的人才管理战略。两者是一体化的，服务于企业战略和发展。整个流程应该是企业内外部环境分析—企业问题分析—围绕企业发展战略规划人力资源发展战略—人才引进、任用、培养、提拔—优化人力资源配置以提高运转效率。

受访者 L：我们公司认为人人皆可成才，两者是一体的，人力资源战略为配套职能战略，为了匹配中期计划，人才战略也会相应调整。公司会针对人才计划和缺口为员工提供相应的培训开发战略，提高任职能力。

强调对高潜能、高绩效的精英员工进行识别和管理的公司认为人力资源战略与人才管理战略是不同的。人力资源战略关注于员工管理工作的不同维度，人力资源管理的各个功能都是相互独立的，并不仅仅关注于核心人员。而人才管理战略则不同，对于界定为人才的群体，在企业经营战略转换的过程中，针对不同的业务需要不同的人才，也就需要不同的管理战略。如受访者 C 和 E。

受访者 C：人才管理战略和人力资源战略虽然看上去很类似，我们在实践中也没有将人才管理战略独立出来，但人才管理战略的实质是评估公司的强项和弱项，然后有针对性地解决弱项。例如，我们经常会定期进行人才盘点，针对每个职位可能出现的短缺和不足进行相应的人员调整，而人力资源战略则更多强调其管理功能。当然，两者也有较多的重叠，例如员工管理，从这个意义上来说，两者没有区别。

受访者 E：我们不需要专门制定特殊的政策和规则，然后称这个为人才管理战略，相反，只要与员工发展相关的实践和措施我们都会施行，这个可能和传统的人力资源战略相似，但又有所不同，因为如果明确地对某类员工群体予以人才称号而给予特殊政策，会使其他员工感觉疏离反而发挥不了应有的绩效。

（三）人才管理战略

人才管理战略是指人才管理系统中特定的组织架构或者一系列政策和实践架构。人才管理战略的关键问题就是图 2-6 所示的对准问题，也就是人才管理战略与组织的其他战略如经营战略和人力资源战略间的匹配问题。层次 1 的水平对准描述了人才管理子系统间的匹配问题，当四个子系统间彼此互相支撑时，就实现了人才管理战略的横向对准。层次 2 中的纵向对准描述了人才管理战略整体与组织人力资源战略间的匹配问题，也就是人才管理战略在人力资源战略的支持程度问题。层次 3 是指人才管理战略与组织的经营战略间的匹配问题，即人才管理战略对经济战略的支持程度问题。其中，如果组织中的人力资源部门发挥着重要的职能作用，或者说人力资源战略对整体的经营战略具有显著作用时，人才管理战略就应该支持人力资源战略。也就是说，人力资源战略在人才管理战略与经营战略间发挥着调和作用。其次，如果组织中人力资源的作用并不突出时，人才管理战略很可能直接作用于企业经营战略。例如在一些企业中，人力资源的工作如果仅仅是一些行政性作用，而非战略伙伴作用时，人才管理的功能就成为战略的推动器，能够将个体的员工行为与组织的经营目标相结合(Tarique and Schuler，2014b)。访谈中管理者对人力资源战略和人才管理战略的区分意见不一正是来源于不同企业中人力资源的功能差异性。本书参考了Tarique and Schuler (2014b)和Vo and York (2012)对人才管理战略的划分和测量方式，将企业人才管理战略进一步编码分为人才规划战略、人才招募战略、人才发展战略和人才保留战略等4个子节点，其中人才规划战略有5人提及，人才招募战略有3人提及，人才发展战略有4人提及，人才保留战略有2人提及。

在访谈中发现，在一些企业中，人力资源部门发挥着重要的职能作用时，对人才管理战略的认知和界定相对清晰，也涉及了完整的人才管理战略形成过程，如受访者D、F、P。

受访者D：①人才管理战略是多层次的，很多企业都有人才管理部门，但战略性人才管理并没有实现。我们公司有人才管理战略，但是否是独立的不好确定。人力资源战略根据企业战略分解。因为行业内外部变化很快，只能被动地调整。技术和外部环境变化快，很难预见未来的变化，所以半年计划对我们来说都是很长时间的计划。

②战略人才管理是基于公司策略提出需要什么样的人，然后进行人才盘点、设计人才发展战略地图。如公司三年内要开设多少呼叫中心；需要多少相应的manager \ backup \ SV \ TL \ agent；核心职位出现后确定哪些人是高潜质人才；使用SWOT法确定缺点和弱点，再制定培训计划、导师计划和工作影子、继任者计划；等等。

受访者F：人才管理战略是在组织战略这个长远计划下解决短中期问题的。例如，为满足未来5年的组织结构变化，应发展多少个经理；相关团队应搭建什么样的梯队；结构是以渠道为主还是以客户为主；等等，不同的组织结构就需要不同种类的人才来满足不同需求。

从去年开始组织结构已经发生变化，以前是“区域+产品”，现在归口到渠道、区域性岗位。销售可以根据区域的特点去提供不同产品的方案，可卖的东西更多了，根据不同客户的需求提供不同的产品组合方式。

受访者P：公司非常重视人才的引进与培养发展，企业发展到今天，对人才的渴求从未停止过，真正做到了以人为本、唯才是用。在公司内部形成了引进人才、尊重人才、留住人才的文化，让每个员工发挥最大的潜能，不断创新。公司现有1000多名员工，其中有400多名研发人员，研发人员中的40%左右来自腾讯、阿里巴巴等知名企业。公司在创新方面也投入了丰富的资源和财力，每年在人才引进、人才培养方面花费近1个亿。

在一些公司中，人力资源部门主要以行政性事务为主，人力资源战略在人才管理战略与组织经营战略间的调节作用相对弱化，人才管理战略的作用更多倾向于员工个体与组织目标间的关系联结，如受访者B、J、O。这些企业大多为传统的国企和具有国企背景的企业。

受访者B：自公司化开始企业实施了三项制度改革和五项机制创新，建立现代化企业制度要求的人力资源管理体系，实现管理者职务能上能下，全员竞争上岗与公开招聘相结合的用工机制，建立以岗位工资为核心的薪酬制度，来增强企业的市场竞争力，稳定整体员工队伍，吸引和留住核心岗位人才，完善后备骨干的培养。其中设立有"跨世纪人才"工程，在公积金上给了奖励。随后在2001年左右开始人才分级（A级人才、B级人才，原先称为"人才标兵"和"劳模"）。评"三高人才"：高技能、高级管理、高潜力人才。

受访者J：我主要负责员工关系、组织机构规划、人才引进、人力资源优化配置调动、劳动合同关系等。企业人才组成分为三大块：电力生产技能人才、经营后备管理人才、新业务（电力市场、电力生产资本运营、海外市场）人才。针对这些不同类型的人才会有不同的评判标准和管理举措。例如电力生产技能人才，其评判标准是所学专业和从事专业是否一致，如电器、机械等；经营人才，会招聘金融、法务、审计等专业的学生，招聘时以管理类身份入职，部分通过内部提拔，有些员工技术成熟，还在做管理工作，如带队、内部职能管理工作，这类员工到达一定层次后会进行提拔晋升；培训师、人力资源党群等会在生产单位中选拔产生以便工作中接地气；还会从电力生产技能人才中选拔综合素质高、有发展潜能的人员转入经营管理人才队伍。

受访者O：虽然现在企业改制了，但企业目前的人才引进和管理主体还是延续以前自来水集团那套，又相对具有一定的灵活性。在我们企业中你可能还会感觉到和大多数国企一样，人员队伍相对稳定，但我们可以有相对市场水平略高的薪资水平，能够保证我们招到和留住所需人才，对于高绩效、有潜能又愿意自我提高的员工，我们也愿意提供进一步深造和提升的机会。

三、战略人才管理实践构型

通过访谈研究者能了解企业的岗位设定标准、人才构成及引进情况、人才管理实践情况，以及面临的难点和改进建议等。岗位设定情况和人才构成情况是实施具体人才管理实践的背景条件，实践的难点和改进建议是针对人才管理实践的结果做出的反馈和建议。通过编码整理，按照提及的频次排序，共有八项人才管理实践被管理者提及，频次最高的是人才培训和学习，其次是人才发展机会、人才吸引、保留计划和人才识别，最后是绩效管理、薪酬管理和继任者计划，如图 2-8 所示。

节点

名称	文件	参考点
人才管理实践	16	19
人才培训和学习	11	14
保留计划	2	5
人才识别	5	5
人才吸引	5	7
人才发展机会	6	8
绩效管理	3	3
薪酬管理	3	3
继任者计划	2	2

图 2-8　战略人才管理实践构型

从以上对人才管理战略构型的分析中可以看出，人才管理战略虽然没有在任何企业中具有独立的地位，但与人力资源战略的关系相当密切，正如受访者 D 所述：人才管理关注企业中的高潜力、高技能人才而不是人力资源管理所关注的所有员工。从范围上来看，人才管理实践可能会包括各种各样的管理实践，可以说人才管理基本上覆盖了所有的人力资源管理的功能性领域。

战略人才管理实践包含的内容众多，本次访谈的 10 家企业中仅仅提到了企业中最为常用的实践措施，涵盖范围较小，针对此次访谈所提取的代表性的实践措施，结合前文的人才管理战略，本书对人才管理实践进行了归纳，整理出四大模块。

(一) 人才规划实践模块

人才规划是指根据企业的战略规划，诊断企业现有人才资源状况，结合企业经营发展战略，并考虑未来的人才资源需求和供给状况来分析和估计，对企业的岗位编制、人员合理配置、员工教育培训、人才资源管理政策、招聘和选拔等内容进行的人才资源的职能性规划。在人力资源发挥组织战略伙伴作用的企业中，人才规划工作是一个常态性的工作，在访谈中受访者提出的人才识别实践就是人才规划工作的具体内容之一，如受访者 C 和 E。

受访者 C：在做年度计划时会使用九宫格确定高潜质、高绩效和高意愿的人才。然后定期进行人才盘点，画出人才地图，找出企业各个岗位上的缺口和可替代人选，能对组织中现有人员的使用、发展和保留继任问题有着清晰的计划和方案。

受访者 E：我们每年的人员计划都要报总部，高潜能且有高意愿的人才可以全球范围内调配，中国区的人才调往其他国家公司培训和入职都有年度计划。此外，人才管理与员工的年终绩效总和联系，对员工进行总体评估，绩效分为 1、2、3、4 四个等级，潜力水平分为 A、B、C、D 四个等级，此做法称为员工甄别流程(potential identification process)，进行人才甄别后从培训和职业发展上就会给予相应的关注和机会。管理层也会在工作会议上定期对潜力员工进行分享介绍。

(二)人才招募模块

人才招募是指组织为了吸引足够数量的具备相应能力和态度且有助于实现目标的员工而开展的一系列活动，招揽有意向的人员，参与并配合共同建立的活动、工作、任务等实践。在进行人才规划的基础上，针对短缺职位进行的人才招募工作是后续实践展开的关键。受访者 C、F、J、M 都对这一问题提出了相关意见。

受访者 C：AI 技术出现前是固定的“坐席—组长—主管—经理—总监”层次分明的人才结构，明确规定了人数；AI 技术广泛应用后可能会减少层级，也许组长会消失。相应的职能和功能也会发生变化，从培训人到培训技术性岗位，需要跟听和监测语音机器人在回答客户问题提供服务时有哪些不足，顾客提出的哪些问题是语音机器人无法解决的，需要归纳到语音机器人后台层面去解决。企业采取积极措施吸引具有 AI 技术背景的人才，一般通过校园招聘、猎头、外部机构、内推、网络等方式招募企业急需引进的人才。其中对于内推，企业奖励很大，推荐一个人会有高额奖励，如经理岗奖励 3000 到 5000 的推荐金。

受访者 F：从总体环境来看，吸引人才最关键的因素包括公司背景、发展前景、公司文化(品牌效应和企业文化)、工作吸引度和职业未来的发展。此外，公正合理的绩效评估标准也是很重要的。最后，工作环境、同事、工作难度水平等都直接影响企业对人才的吸引程度。

受访者 J：招聘应从源头上把关，招聘的标准很高。每年用统一的尺子进行衡量，如应聘者应为“985”和“211”高校毕业生，所聘人员层次人力资源部门会进行内部控制，要求至少具有研究生学历。

受访者 M：行业技术变化导致人才需求转型，企业大量吸引互联网应用、互联网技能运用方面的人才，发展电动车需要的电动化人才。招募人才的方式有五种：雇佣流程简化、对公司现有文化的宣传、构建职业创新机制、创造灵活的工作环境，以及包容和理解差异性。

（三）人才培训和发展模块

人才培训是指对人才进行教育、培训的过程。通过提供人才所需的培训能提高人才个人的职业能力和职业素养，在达到预定培训目的并通过考核后，再对人才予以相应的调薪和职业晋升等奖励。在受访的企业中部分管理者提到的继任者计划、内部晋升、企业大学等实践都属于这一模块，这也是较多企业使用的人才管理实践，如受访者 B、D、E、F、J、L 和 O 都曾提及。

受访者 B：充分发挥各级专业人才的作用，围绕公司重点专业工作，制订各专业人才年度工作计划。加强人才培养，目前我公司已举办了市场营销、IP、IT、无线与移动、核心网、光传输与接入、平台等 7 类多期专业 B 级人才培训班。

受访者 D：我们企业是行业的领先企业，为了保证业务成功和可持续性发展，必须重视员工业务能力的培养。目前企业有 500 多人的内部业务讲师团队，在员工进入企业后，会得到来自讲师团队的培训和指导，例如系统的使用、产品学习、客户沟通等，不断提高员工的业务能力。此外企业还注重对员工的情绪需求的管理，帮助员工和释放管理压力。这种培养机制，能激发各个层级员工的潜力，为各个部门选送最适合的人才，保证了人才可以源源不断地输送到企业。

受访者 E：我们公司建立有人才池，给予人才较多的福利，对于符合条件的三高（高潜力、高绩效、高意愿）人才会安排适合的培训课程。培训结束后对培训内容进行测试，对于他们的职业发展给予时间和资源的支持。

受访者 F：我们企业在培训分配上，鼓励员工 70%在岗位学习，20%是导师帮助，10%是培训课，这是公司总体的理念。不同岗位、不同管理层级的员工都有学习计划，例如基层经理、中层经理、高级经理会提供领导力的培养课程，员工可以有选择性地学习。

受访者 J：人才引入后强调人才培训。从工资总额中按照一定比例提取人力资源培养和开发专项费用，不仅总公司要形成培训计划，也要求下属公司制订计划，对人员进行培训和考核。尤其是生产员工每月至少进行一次考核，对于有些行业需要从业资格证的都会送到专门机构考证。培训后进行考核，低层级人员会通过现实表现、培训效果结合绩效考核成绩进行综合考虑、岗位提拔和晋升；中高层级管理人员则会通过公开招聘，择优进行选拔任用；高层级人员，如国家中组部干部也有不同的选拔方式。企业也建立有企业大学、企业党校对专门人员进行培训，管理人员也有管理轮训。党务方面，贯彻落实国家党建的学习和要求。实习基地，对生产技能人员建立横向纵向、各层各类技能标准，培训达标后才能上岗。新业务发展方面、人才培训方面的经验也形成了批量化经验进行传承和发展。员工的个人发展也有外语培训、专项发展等。

受访者 L：我们强调人才转型和人才赋能，即针对后备人才，把公司文化、公司特有的技术尽快向公司骨干赋能，促使其尽快成才。

受访者 O：我们的从业人员强调执业资格，鼓励员工积极参加各项执业资格考试，为取得资格证书的员工提供物质奖励，并在合适的机会出现时给予晋升。

（四）人才保留模块

人才保留工作主要是针对企业核心人才流失对企业带来的损失而采取的应对措施，这种可能的损失包括工作进度的中断、伴随员工流失产生的知识损失，以及为此招聘新员工产生的招聘、培训和适应成本等。为此，企业采取的人才保留措施包括个性化的职业路径设计、灵活的工作安排、基于绩效的奖励和薪酬管理、监管和反馈等。在访谈中，企业管理者提到了薪酬管理、绩效管理、保留计划实践正是企业人才保留的重要举措，如受访者 C、E、G 和 P。

受访者 C：为了保留关键人才，我们公司施行行业领先的薪资定位，还有 bonus 设计。薪资结构分为可控的部分与变动的部分，以及一次性成本（retention bonus）等。我们提出了“work hard work happy”的理念，且公司文化强调员工关系构建，在重大的节日和特定日子里我们会组织团建和大型的联欢会，加强公司与员工的联结关系。

受访者 E：发展员工的参与度是保留人才的重要措施，因为较高的员工参与度能为企业带来正向积极的影响。不仅能帮助员工形成清晰的工作和职业预期，还能在员工与公司间建立信任的基础。为了进一步激励员工，我们还会对核心员工进行赋权以帮助其产生责任感，为公司绩效的提高积极贡献其能力和知识。此外，我们还会给核心员工加薪、晋升、培训以及参与领导层决策的机会等。

受访者 G：留住人才不仅能够帮助我们公司提高绩效，也能帮助我们建立良好的社会声望。对于企业所需的销售精英，我们不仅提供具有竞争性的薪酬，还会提供较为舒适的工作环境和工作自主权，提升他们的工作满意度。

受访者 P：我们公司不仅为员工提供富有竞争力的福利待遇，还会与国际知名人力资源管理咨询公司合作，进一步完善以人才发展为核心的人力资源管理体系，为企业吸引和保留行业一流人才。此外，我们公司还与地方政府合作，以互联网文化娱乐为重点，形成了一整套产业生态链，不仅仅是游戏、音乐，还包括文化教育、创业创新、体育等产业，提升企业对人才的凝聚力。

第三节　本章小结

本章通过对受访的 10 家企业的 16 名中高层管理人员进行的半结构化访谈，了解了不同行业、不同性质、不同规模企业在面临复杂的环境时，企业各项战略间的对准和匹配，以及企业的中高层管理人员对于企业现行的人才管理各项实践的介绍和评价。为本书的战略人才管理系统构型研究收集到了充分的研究数据，在对访谈内容进行转录、编码和分析后，研究者能对组织现行的人才管理系统有着更为清晰的认知，也为下一步进行战略人才管理系统模型的构建、分析构型变量间的匹配关系以及对战略人才管理系统的价值研究所需开展的量化分析提供了较好的参考和证据。

一、战略人才管理系统构型变量识别结果分析

通过使用 Nvivo12 软件对此次访谈结果进行了编码分析，初步确定了企业环境、企业战略和企业人才管理实践活动三个影响因素，下一步将详细分析这三个影响因素的具体构成。

(一)企业环境因素构型

通过对访谈资料的分析，本书发现了影响企业环境的四种因素：组织制度因素、市场竞争环境因素、技术环境因素和政策环境因素。其中市场竞争环境包括需求变化因素和竞争环境因素；政策环境包括金融政策、贸易政策、监管机制、人才政策和行业政策，其可视化节点层次如图 2-9 所示。从图 2-9 中可以看出，受访者都反映了企业普遍面临的激烈竞争环境，为了满足客户需求变化和技术不断更迭，以及符合政府对行业监管的政策，企业的相关政策就必须动态地进行调整。可以说企业面临的整体环境是多层面、多角度的，具有高度的不确定性。从受访企业的情况来看，可以基本确定企业战略人才管理系统构建的过程中必然面临着不确定性的环境影响。

(二)企业战略因素构型

战略人才管理系统是一种受到战略驱动的人才管理系统，强调战略性能将人才管理系统的不同阶段予以区分，战略性是人才管理系统发展的最高阶段。不同于一般的企业战略划分，如将竞争战略分为差异化战略和成本减少战略(Porter，2012)。本书采用了国际人力资源理论中对人才管理战略的定义和界

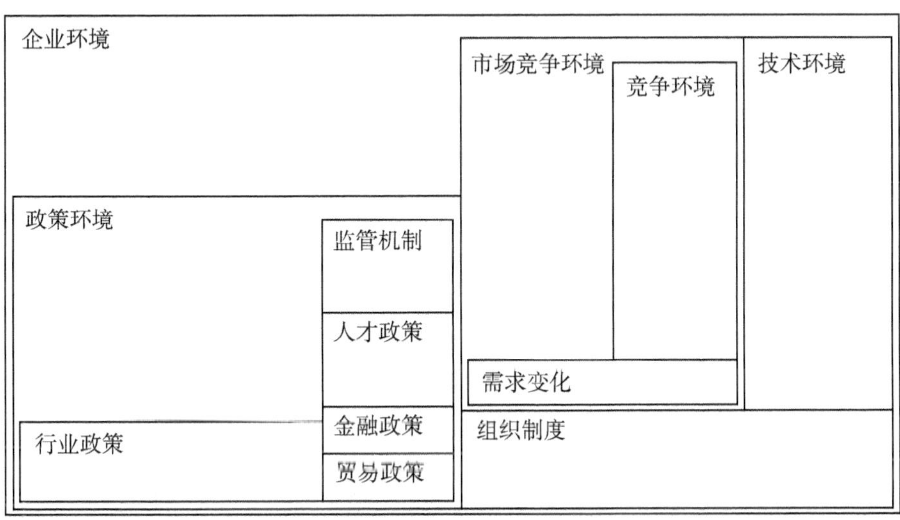

图 2-9　企业环境因素构型

定，将企业战略人才管理系统面临的战略分为经营战略、人力资源战略和人才管理战略，三者的横向和纵向对准构成了完整的企业战略架构，其中人才管理战略又可分为人才规划战略、人才吸引战略、人才发展战略和人才保留战略。其可视化节点层次如图 2-10 所示。

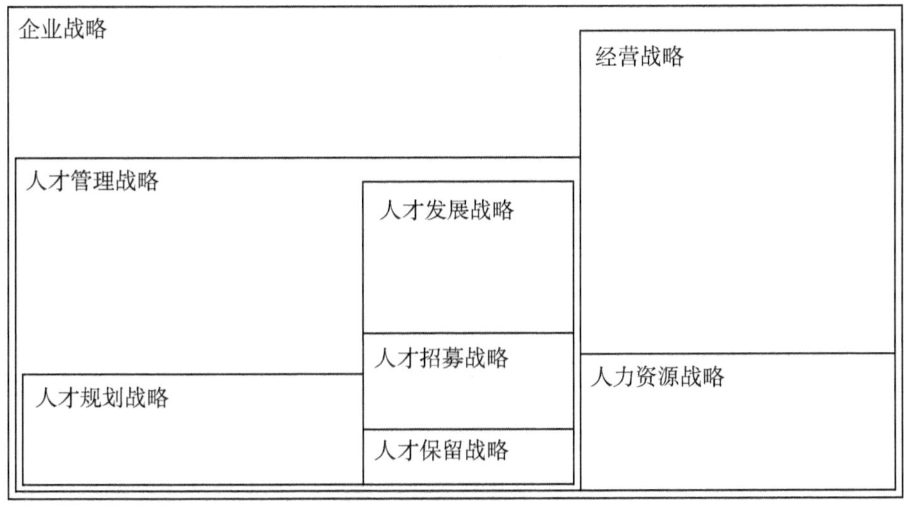

图 2-10　企业战略因素构型

(三)企业战略人才管理实践活动构型

人才管理实践活动虽然属于人力资源管理实践的一部分，其目的性和针对性是不同的，但由于各个企业的人力资源部门的职能地位差异，以及各个企业的人才理念如精英-平等主义的分歧，使得企业实践中采取的人才管理举措是多样的。由于采访数量的局限性，本书没有收集到足够的人才管理实践类型，但基于前文对人才管理战略子系统的划分，在结合访谈资料的相关内容的基础上，本书列出了企业战略人才管理实践的主要构型，其可视化节点层次如图2-11所示。当然，这一图形仅仅只是受访企业所使用的人才管理实践活动构成，并不能涵盖企业现行的大多数人才管理实践类型，还需要后续大样本数据予以完善。

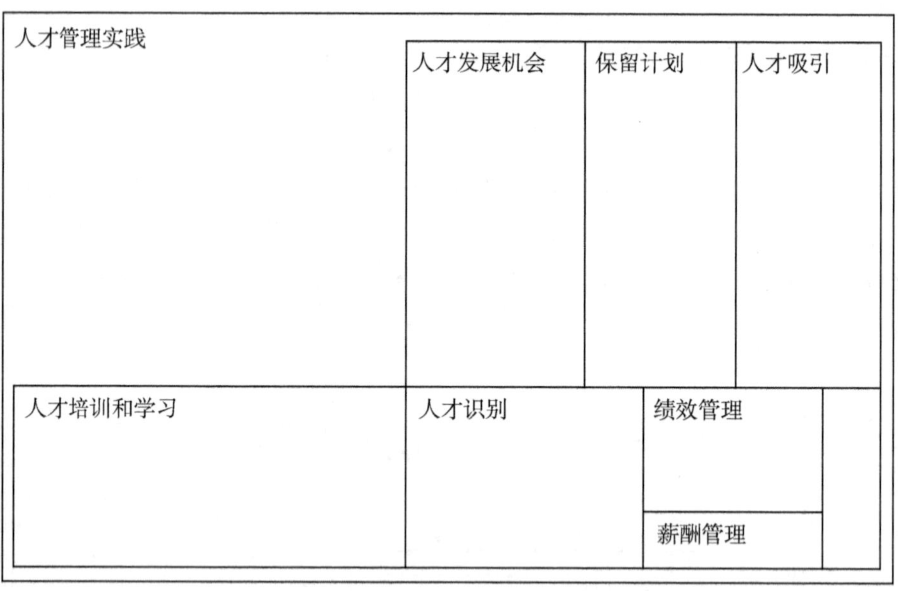

图 2-11　企业战略人才管理实践活动构型

二、企业战略人才管理系统发展面临的挑战

在访谈中研究者也就企业战略人才管理系统可能面临的问题及挑战向受访的企业中高层管理者进行了咨询和了解。主要的特点和问题总结如下。

从受访的企业基本情况来看，处于行业领先地位的国企集团和跨国公司的总部对战略人才管理系统有着较为完善的机制和举措，管理者对企业面临的环境、战略和人才管理实践有些系统性的认知，因此在访谈过程中能就访谈问题给予清晰的解答，并能对当前企业面临的现状提出意见和建议。

受访者 C 认为：企业高层针对业务变化的沟通太少，执行过程中会有偏差。如中国区高层的关键岗位都是外国人，对中国文化了解不多，所以沟通较少。而且战略从宏观到中观，从底层上传递的信息传达有所延误。而一般企业设定战略需要 1~5 年，不适合互联网金融这类行业，因为行业变化极快，要不停试错，不仅要关注外部，更多关注内部因素对战略的影响。如对员工的态度的沟通，了解其对组织新推出的战略的看法。此外战略制定到落地出了问题，针对业务变化调整战略的进度就会很慢。企业最为看重的 HIPO 人才应有打包的管理计划。

受访者 E 认为：组织层面上高潜力员工不断晋升能力和自我发展需求与组织在价值匹配提供的岗位本身质量不匹配。组织提供的岗位数量和质量在一段时间是有限的，但相比高潜力员工数量来说太少，所以不一定有机会能得到很好的职位。

个人层面上，个人发展是多层面的过程，如个人愿意沟通自己的想法或个人自我发展驱动性不强，不能达到预期，可能出现面对挑战时会有所退缩。

受访者 J：新业务方面会有高端人才的引进，目前处于探索阶段。市场资本运作方面经验丰富人才的引进需要猎头公司的帮助。关键核心人才引进以及海外业务拓展人才的管理，是在当地招人还是内部选拔输出尚是难以取舍的问题。工作还是处于探索阶段，要参考国内企业成熟的管理机制以增加企业的激励措施，帮助员工积极主动地去海外和帮助新业务发展。从企业整体来看，目前比较稳定，不太愿意去主动寻求发展。

受访者 J：企业要对人才资源进行动态分析，创新人才培养方式，人才的引进除了应届毕业生招聘，更多考虑关键人才从市场引进，如海外市场运营投资，建立完整的体制。

上述管理者的意见对本书进一步探讨战略人才管理系统构建问题提供了思路和指引，也使笔者能感知理论知识与企业实践的差距，为后续进行问卷设计提供了应对性的方案。

第三章　战略人才管理系统构型变量的确认

前文对国内外的相关理论研究进行了归纳和综述，初步提出了战略人才管理系统构型变量的概念性模型。质性研究则依据此概念模型拟定了访谈提纲，通过对访谈数据的整理，本书对企业现行的战略人才管理系统构型变量进行了识别。然而所识别的构型变量仅是基于少部分受访企业提出的，是否能具有一定的代表意义还有待进一步确认分析。根据现有文献研究提出的战略人才管理系统构型的概念模型是否适用于中国企业，也有待通过实证分析得以验证。

因此，本章将在质性研究的基础上对前文图 2-9、图 2-10、图 2-11 所提出的概念模型进行进一步修正和完善。综合运用系统理论、人力资本理论、国际人力资源理论和新制度主义相关理论，对企业战略人才管理系统构型变量间的内部契合和外部适应程度进行深层次的理论探讨，提出针对构型变量间相互匹配关系的假设，有助于下一步相关检验分析的展开。

第一节　战略人才管理系统战略构型变量确认

企业是一个处于社会背景下的经济实体。企业在其参与竞争的行业中进行人才管理需要经济有效的模式，同时也需要在其所处的社会中赢得合法性。如果企业在这两个维度上失败，则不能生存下来。如图 3-1 所示，企业的战略人才管理系统既有静态性目标，也有动态性目标。静态上来看，企业在短期目标上需要获得经济有效的劳动力，而这种获得过程同样需要满足社会合法性。而从长期的动态观点来看，经过一段时间，企业需要在其人才管理活动中获得一定程度的灵活性，管理者需要确保有足够的权力来保证管理的有效性。生存下来的企业关注的是如何构建和维持竞争优势，即人才优势，虽然对整体劳动力而言并不是必要的，但至少对于劳动力中的精英而言是必要的。对企业中的管理者而言，需要平衡组织战略间各种紧张局势和问题，包括雇主与雇员利益间的权衡。这一追求社会合法性和管理权力的过程就是战略人才管理系统的构建过程。基于上述过程的描述可以得出，企业战略人才管理系统实施过程就是从静态上和动态上满足其经济价值和非经济价值的过程，也是经济价值和非经济价值创造的过程。在这种具有双重性系统目标的指导下，战略构型要素如何组成、其内部因素的相互关系如何，将是下一步讨论的问题。

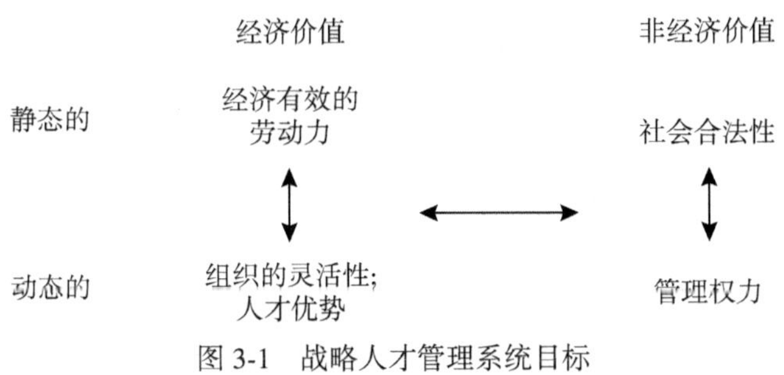

图 3-1　战略人才管理系统目标

一、战略构型变量的构成结构

战略人才管理系统并不只是与企业的其他项目和系统共存，也会支持并与之合作。如图 3-2 所示，人才管理系统的战略性体现在企业经营战略、人力资源战略和人才管理战略三种战略间存在对准关系，进而影响到战略人才管理的过程，并最终影响企业的经营结果。而这一经营结果又反过来影响到新的经营战略、人力资源战略和人才管理战略的设定。

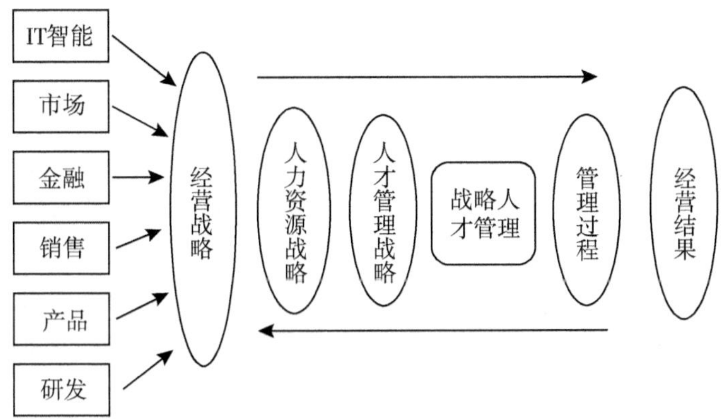

图 3-2　战略构型组成

早在 20 世纪 90 年代，研究者就已经发现人才管理与企业经营战略间的关系，他们认为人才作为战略性资源的出现能为企业带来竞争优势，而人力资源功能也在随之演化，逐渐成为企业战略业务伙伴(Glen et al.，2010)。在质性研究过程中发现，大多数企业中，管理者对企业的经营战略都有着非常清晰的认知，组织也会重点关注于如何完成战略目标。而日益激烈的市场竞争和有限的经济资源，使得组织必须对在何处进行投资作出艰难的抉择，也就必然会对人力资源战略和人才战略进行选择。组织的功能在于其结构、过程、动机和人员应与清晰的组织经营目标保持一致，任何与组织经营战略相悖的行为都不能得到组织的战略投资。因此，人力资源的功能变得越来越具有战略性，其工作的核心即是人才管理中的战略性角色(Sheehan et al.，2016)。人力资源功能的参与度被视为对组织成功作出贡献的重要因素，能调整人力资源管理战略和经营战略，以开发相应的TM实践和量度集(Minbaeva and Collings，2013；Schuler，2015)。质性研究中还发现，管理者都认同企业总体业务经营战略决定了企业的人力资源战略和人才战略的方向，但部分受访者并未能对企业人力资源战略和人才战略与企业经营战略之间的关联进行明确的说明，其根本原因还是对三者的纵向对准关系认知不清。人力资源战略与企业经营战略对准和转化的过程复杂且具有挑战性，尤其是在一些企业中，只在经营战略设定后再考虑人力资源战略。对于这一对准过程学界颇有争议，有些学者认为人力资源也应参与到企业经营战略的设定过程中(De Beer and Elliffe，1997；Sathyanarayana and Muninarayanappa，2017)，Lawler and Hundley (2008)甚至认为人才管理战略就是企业经营战略。

二、战略构型变量的内部关联性分析

正如前文所述，企业在构建战略人才管理系统的过程中，在确认了系统目标后，保持经营战略与人力资源战略和人才管理战略的纵向对准(层次3)，以及人力资源战略与人才管理战略间的纵向对准(层次2)，并在人才管理各个子系统间保持横向对准(层次1)，才能实现战略人才管理系统的构建。而这显然也是一个复杂的过程，因为不同类型的企业中存在着不同的人才管理实践和政策的组合，这些组合均能帮助企业达成战略人才管理系统目标。人才管理战略即是在人才管理系统中一系列政策和实践的组合，或者是一种特定的构型。人才管理战略中最重要的问题即是组织的经营战略、人力资源战略和人才管理战略间的一致性问题，也就是上述的三个层次的对准问题。对于这一问题的研究，能有助于本书对企业人才管理系统的战略属性界定，从而对企业战略人才管理系统进行更为精确的解释，以及将这一系统与传统的人力资源管理系统相区分。因此，对战略人才管理系统的战略构型研究主要考虑以下两个方面的问题。

第一，人才管理战略与人力资源管理战略的本质区别。这一问题既是理论研究中对人才管理及其相关概念难以达成一致意见的关键，也是在质性研究中所发现的广大从业者所面临的困惑。对这一问题的解释能为更精确地阐释战略人才管理系统的本质，并将之与战略人力资源管理系统相区分作出贡献。

第二，企业的三种战略间的对准关系。对准和一致性问题是人才管理战略的重要问题，涉及人才管理战略与组织的其他战略间的匹配程度，以及对人才管理实践和人力资源管理实践的影响。

(一)人力资源管理战略与人才管理战略

前文在引言和理论综述部分都曾讨论过人才管理领域主流的四种模式：人员、人才池、职位和实践(Collings and Mellahi, 2009, Iles et al. , 2010a)。人员模式将人才管理集中在一组核心个体上，受到管理偏见和有限理性的影响，依赖于关键管理者的记忆输出来确定谁是人才(Sparrow and Makram, 2015)；人才池模式涉及对组织绩效有不同影响的群体和个体集群的识别，并与组织公正和利益相关者理论相联系，因为这种模式认为人才管理是一种排他式行为，然而在这种模式下，当告知有才能的员工其作为“人才”的特殊地位时，则一方面具有激励效果，另一方面会创造不公平的体系，增大收入差距，并在组织内晋升少数核心的人才员工时过于强调个人绩效(Gelens et al. , 2014)；职位模式倡导组织对这些职位进行非均衡的投资，增加公司的竞争优势——确保差异化的人力资源管理架构的作用，然而对于所有的组织而言，尤其是这些全球性分布的公司来说，所面临的挑战是内部公平和持续绩效管理的问题(Minbaeva and Collings, 2013)；实践模式认为有效的人才管理需要一套复杂的人力资源管理政策和实践，同时也能够发展全球人才的技能和能力，然而在更宽泛的组织战略、制度和劳动力背景下寻求有效的人才管理也存在一些问题(Huang and Tansley, 2012)。Scullion (2014)认为组织需要一种附加地或者战略性地整合一系列人才管理实践来证明其擅长于人才管理，其中核心的人力资源管理实践应包括识别和招募人才、吸收人才到组织中、通过参与度和保留措施减少人员流失、识别核心内部人才、管理人才流动、发展员工、提供组织效能等。组织将从中选择并形成一套成熟的实践、活动和过程，这些实践构成不仅仅是一系列人力资源项目、实践和过程，它们更需要成为由业务策略驱动的更广泛系统的一部分，并且必须作为核心业务流程进行管理(Cerdin and Brewster, 2014)。因此，人才管理实践与人力资源管理实践的关系也反映了人才管理战略与人力资源管理战略的相关性。

Sparrow et al.（2014a）认为，人才管理研究领域是一个跨学科的桥梁性领域，如市场学、运营学和人力资源管理等学科都强调人力资本的思维，即承认有才能的员工能为企业带来价值增值和竞争优势，因而人才管理系统就应该设计成创造、捕获、平衡和保护这些人才资产带来的价值。相对于人力资源管理战略对组织中所有员工的关注，人才管理战略关注于在不同背景下组织中核心人员对组织的差异性贡献，并发展了一系列先进的、成熟的人力资源管理政策和实践来支持人才管理实践，以维持价值最大化。

前文也指出，在战略人力资源管理和人才管理的相关文献中认为高绩效工作系统（HPWS）、劳动力差异/分割、人力资本理论的人才专用性和通用性区分和九宫格评价矩阵等方法可用来评估企业人才管理战略的形成，质性研究的对象也是依据此标准予以筛选。其中高绩效工作系统（HPWS）就是由不同的人力资源管理实践束构成，可以视为人才管理系统的特殊类型（Sitirohaida and Azlin，2015）。劳动力差异/分割理论认为管理A级员工的人力资源实践可被视为人才管理系统的特殊类型（Boeck et al.，2017）。人力资本理论可用于分析组织和个人如何使用人才管理系统对专用性和一般性人力资本进行投资（Schuler et al.，2011）。九宫格评价矩阵中每个格子对应着特定的员工群体需要采用特殊的人才管理实践（黄玉玲，2015）。因此在战略人才管理系统中，人才管理实践来源于特殊的人力资源管理实践束，可以说，战略人才管理系统是一种关键的传导机制，人力资源管理实践能通过此机制对组织绩效产生作用。

由此，本书提出以下假设。

H1：企业的人力资源管理实践与人才管理实践正相关。

（二）战略构型变量内部的相互关联性分析

学者已证实人力资源管理与企业战略间一致性的重要性（Lepak et al.，2010），因此企业必须在人力资源管理战略-企业战略和其人才管理战略间建立清晰的联结（Schuler，2015）。关于人力资源管理和人才管理战略对准的问题，企业更有可能实现与战略成功相应的员工行为和结果，表明人才管理整体在组织中的重要性（Jiang et al.，2013）。事实上，企业经营战略和战略性实施调节了人力资源管理和企业绩效间的关系，因此凸显了组织资本的角色，如数据库、结构、系统和组织文化，这些因素对于发展企业的战略能力至关重要（Fu et al.，2017）。人力资源管理功能，如设计、实施、评估和制度化人力资源管理实践，构成了人才管理系统的核心部分，也是人才管理的基石（Soo et al.，2017）。这种功能也能确保组织上下一致的信息，从而能够提高沟通的有效性并最终加强组织的文化（Connelly et al.，2015）。人力资源管理功能的参与也被视为一个重要的机会，可以为组织的成功作出贡献，调整人力资源管理和业务战略，以开发相应的人才管理实践和度量标准。因此，可以假设在有效的人才管理系统中，人力资源管理的功能将发挥业务伙伴的作用，能够“管理”组织文化，并在整个组织中提供领导和技术人才。强有力的人力资源管理功能表现为董事会层面话语权，是高层管理团队的成员，能参与组织的战略决策(Gooderham et al.，2015)。然而在组织实践中，长期以来，人才管理被视为高级管理团队的职责，而人力资源管理功能却一直被忽视，并没有参与到组织的战略决策中，只是次要的角色。针对中国企业人力资源管理功能的相关研究也证明了这一结论，中国企业的人力资源领导者的战略伙伴角色更为弱化，人力资源功能的有效性较低，这种对人力资源功能的研究也发现中国企业中存在双速系统(two-speed system)，即小部分企业具有较为成熟的人才管理系统，而大部分企业仅仅只有非常基础的人力资源系统(Sparrow et al.，2016)。也有研究者对人才管理是否需要完整的人力资源管理功能表示怀疑，如领导者质疑人力资源管理功能是否能够把握人才管理的战略中心地位，以及人力资源管理功能也质疑其自身是否具备应对人才管理挑战的能力(Glaister et al.，2018)。

对于企业的人才管理战略，有研究认为人才管理战略支持经营战略。在人力资源能发挥战略伙伴作用的企业中，或者说人力资源对整体经营战略具有重要影响时，人才管理战略必须支持经营战略，人力资源管理战略与经营战略间的对准关系能调节人才管理战略与经营战略间的关系。而在人力资源不能发挥战略伙伴作用的企业中，人才管理战略更倾向于直接对经营战略作出贡献。例如在一些传统型企业中，人力资源主要发挥行政事务管理功能，而非战略功能，人才管理的功能则似一种战略推动器，将个体人才的行为与组织的经营目标直接相连(Tarique and Schuler，2014b)。人才管理战略的类型也依据企业实践的不同情形进行划分，如表3-1所示。

表3-1 **企业人才管理战略类型划分**

类型	特　　征	企业实践
广泛型	人才管理实践较多，人才覆盖率较高。这种战略要求人才管理实践与人才池之间存在较大程度的一致性。	具有这种人才管理战略的企业可能发挥较大的人才管理功能，对人才管理决策相对其他类型战略而言控制力更强。

续表

类型	特　征	企业实践
关联型	人才管理实践较多，但人才覆盖率较低。一小群紧密联系的优秀员工接受了大量的人才管理实践。	具有这种人才管理战略的企业的人才管理功能更倾向于对一小群优秀员工施行管理。
集中型	人才管理实践数量较少，人才覆盖率较高。在这种情形下，一大群优秀员工只能面临少量的人才管理实践。	具有这种人才管理战略的企业可能拥有较小规模的人才管理专家群体，人才管理的功能相对较弱。
有限型	人才管理实践数量较少，人才覆盖率较低。一小群优秀员工面临更少数量的人才管理实践。	具有这种人才管理战略的企业可能发挥极其小的人才管理功能，对非常小群体的优秀员工进行管理。

资料来源：本书作者整理。

基于上述论述，本书认为企业人力资源功能的测量能对企业人力资源战略性角色进行衡量，进而测量人力资源管理战略与企业经营战略间的一致性程度。这种一致性程度也会影响人力资源管理实践与人才管理实践的关系，发挥调节作用。根据人才管理实践的实施情况，进而能确定人才管理战略的类型。

由此，本书提出如下假设。

H2：人力资源管理战略与经营战略的一致性调节了人力资源管理实践和人才管理实践的关系。

H2a：一致性高的企业中人力资源管理实践与人才管理实践间的关系得到显著增强。

H2b：一致性低的企业中战略对准性不会显著影响人力资源管理实践与人才管理实践间的关系。

研究框架如图 3-3 所示。

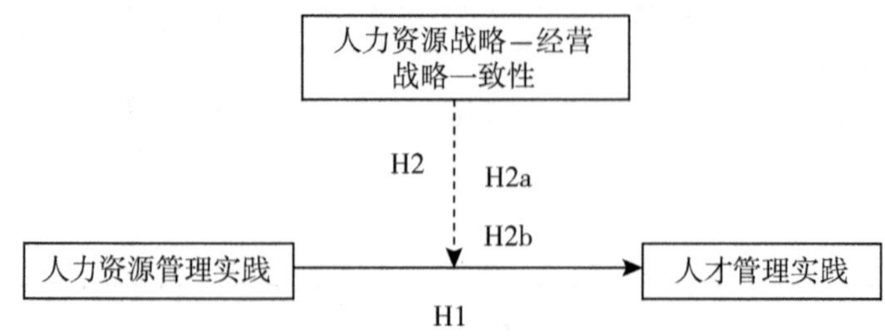

图 3-3　战略人才管理系统战略构型研究框架图

第二节　战略人才管理系统环境构型变量确认

前文的质性研究对组织面临的战略环境因素进行了识别，发现中国企业普遍面临了较大程度的不确定性环境，包括组织制度环境、技术环境、市场环境和政策环境等。这些不同的环境类型可以用环境的动态性、敌对性和复杂性来测量。

当前针对这种环境不确定性展开的研究主要包括三个方面：第一是将环境因素作为控制变量进行的研究，但在研究主题或关键词中较少列出“环境”一词(刘进，揭筱纹，2011；吴爱华，苏敬勤，2012；张雨，戴翔，2013)；第二是依据权变理论，“环境”因素作为调节变量发挥调节作用(和苏超等，2016；李召敏，赵曙明，2016；杨卓尔等，2016；黄波等，2018)；第三是成为主要变量，分析“环境”因素对组织绩效或者其他相关变量的影响(Rosenbusch et al.，2007；李雪松，2009；张丹，2018)。根据构型观的理论框架，本书中环境变量是主要的构型变量，需要对其进行复杂多维的精确解析，因而更为偏重环境因素对其他构型变量的影响研究（Kreiser and Marino，2002)，如环境不确定性对组织战略的驱动作用，环境的不确定性越高，则企业越需要构建战略调适能力来进行应对(Hrebiniak and Joyce，1985；Dan et al.，2010)。

当前对环境不确定性的研究主要从环境动态性、敌对性和复杂性三个维度展开。所谓动态性是指时间变动的情况下，环境因素随之保持基本静止或变化的速度、幅度、频度和密度(Duncan et al.，1972；Dess and Beard，1984)。当环境因素以较大的程度、较高的频率变化且难以预测时，环境动态性就越强，此种环境称之为动荡性环境，反之，则称为相对静态环境。如前文所说的企业技术环境、企业政策环境、企业市场环境等要素都表现为企业环境的动态性。环境的敌对性是指组织生存与发展所需环境的支持程度、所需资源的稀缺程度和竞争这些资源的激烈程度(Luo et al.，2001；Mearns，2010)，如人才资源、物质原料、客户资源等方面。环境的敌对性越强，企业为争夺这些稀缺资源所需承受的来自市场各方面的攻击程度就越强烈，如竞争对手、政府管制以及相关利益群体的支持等。前文所述金融公司感受到的互联网金融行业的冲击以及政府对消费金融行业出台的相关监管政策即是这种环境敌对性的表现。此外，全球化带来的人才资源争夺和“人才战”的展开也加剧了中国企业面临的环境敌对性程度。环境的复杂性是指环境因素的异质性和差异化，即对组织活动产生影响的各类因素数量的多寡、差异程度及关联度(Stevens et al.，2012；Liu and Jin, 2000)。企业面临的环境因素异质性程度越大、数量越多、相关性越高，这种环境复杂性程度就越大，企业掌控环境的难度也随之增加。中国市场环境下这种复杂性也较为显著，不仅表现为市场的区域地理特征在经济发展水平、客户群体需求、人力资源技能水平等方面的差异性，也表现为企业不同所有制模式下组织文化、管理水平、管理制度和管理理念等方面的差异性，加剧了企业环境复杂性程度。

虽然较多学者在研究中出于测量准确度和重复度等因素的考虑，只认定环境不确定性中的动态性和敌对性两个维度，研究了环境的动态性和敌对性对企业战略选择的驱动作用(Baum and Wally, 2003；李大元等, 2009；陈博, 2011；王凯，武立东, 2016)，但本书认为环境的动态性、敌对性和复杂性是衡量环境不确定性的三个重要维度。在后文的分析中会探讨企业战略人才管理系统在异质性环境中可能出现的相似性和同构性问题，因此在复杂性环境维度中确定其对组织实施人才管理战略决策的影响作用就尤为重要。此外，其他研究不仅提出了环境复杂性的量表(Miller, 1988；刘芸等, 2012)，也验证了环境复杂性对组织管理和战略决策的影响(Liu and Jin, 2000；Şener, 2012；易振威, 2015)，但复杂性环境下人才管理制度同构性的出现机制尚没有研究进行讨论，这是本书选择环境不确定性的三个维度的重要原因所在。

一、环境动态性的影响作用

环境动态性表现为顾客喜好、生产或服务技术改变的数量和不可预测性，以及在公司主要行业的竞争模式方面。在相对稳定，未来变化可以预测的环境中，企业可以持续沿用原先的部分策略和规则，并且预知企业未来发展前景，也没有较多的改革创新方面的要求。由于这种可预测性相对较高，企业需要解决的模糊性问题也相对减少，对于战略性决策的需求也相对较少。当前全球化背景下，环境动态性变动加剧使得企业必须发展相应的动态能力以适应战略发展的需要(Wilden et al., 2013)。同时战略管理决策也应随动态环境变化而不断调整，以维持竞争优势(Brozik and Zapalska, 2014)。战略人力资源管理研究发现持续变动的内外部环境以及随之而来的竞争压力会使企业必然加强人力资源柔性能力的培育，这种柔性能力①不论是高动态环境，还是低动态环境，都

① 人力资源柔性包括人力资本柔性和人力资源系统柔性，是以“柔性”为中心的战略人力资源管理新框架。后续研究中将人力资源管理柔性的维度扩展为人力资源管理实践柔性、员工技能柔性、员工行为柔性和柔性诱导型人力资源管理实践。

能具备动态适应能力并与环境变化相匹配(聂会平, 2012)。环境的动态性和复杂性在人力资源管理柔性与企业长期绩效的关系中并没有明显的调节作用，而是具有一定的不利影响，人力资源管理柔性可能消除这种不利影响，并能帮助企业提高绩效，增强持续竞争力(邹文超, 2013)。这种柔性要求企业的组织架构和相应的人力资源管理实践与环境进行动态匹配，即动态环境对人力资源管理实践和其功能具有一定的影响，这种影响是正向的还是负向的有待进一步检验。在前文的质性分析中也发现，部分互联网企业，如互联网金融公司、互联网文化企业的管理者就明确表示行业变动瞬息万变，需要更为快速的决策，基本每半年就要进行战略调整，相应的人才需求和人才管理实践也会随之变化，出现可能上半年大量需要人工客服，而下半年又使用 AI 机器人客服取代部分人工客服岗位的现象。基于上述理论和前文访谈分析的结果，本书提出如下假设。

H3：环境动态性显著影响企业人力资源功能有效性。

H4：环境动态性显著影响企业人才管理实践。

二、环境敌对性的影响作用

环境敌对性表现在价格、产品、技术和分销竞争、严格的管制限制、劳动力或原材料短缺以及不利的人口趋势(例如市场枯竭)(Miller and Friesen, 2010)。环境敌对性的对立面则是环境丰富性或包容性。企业所处的环境敌对性越高，竞争越激烈，则越难预测竞争可能采取的策略，也更难理解可能的行动。因此企业为了应对这种敌对的环境，会保持对竞争者的密切关注，积极收集竞争情报，并及时采取应对措施。采取战略性决策的企业就能相应具有较高的应对效率。在“人才战”日益激烈的大环境下，企业对人才资源的需求增加，获取稀缺人才资源的难度也在加大，企业不仅需要对人才市场做出高质量的战略决策，也要根据市场变化进行决策调整。战略性人才管理决策不仅关注的是企业自身发展需要面临的顾客偏好、产品类型和行业技术变革等方面对所需人才素养的变化，更要在新的激烈竞争环境中快速依据人才竞争本质、人才优势来源等因素的变化进行适时的战略决策调整和响应。人才管理战略、人才构成结构和人才管理实践等应与环境相匹配，从而建立战略性调整的人才管理模式和系统。

丰富性和包容性的环境中，企业面临的竞争压力较小，便于作出最优战略决策(Castrogiovanni, 1991)，并享受丰富性环境带来的收益，对战略性决策能力的需求不大。但在敌对竞争环境下，企业必须积极应对激励竞争环境下的挑战，审视和监测环境变动从而采取相应的战略行为(Porter，2012)。企业管理者会通过调整规划过程、竞争战略、组织结构和管理过程来应对环境动荡(Trevino and Kerr，2015)。中国市场上竞争敌对性环境会对企业的创新战略行为具有正向影响(冯军政，2013)。前文的质性分析中也发现竞争较为激烈的行业中，企业管理者较为关注及时根据市场产品、技术变化调整人才需求和战略，如某汽车公司依据市场客户对汽车产品电动化、智能化的偏好变化，推出“TRIPLE ONE”中期计划，以及相应智能制造和新能源材料人才的引进和管理，即是企业应对竞争敌对性环境所采取的积极应对。基于此，本书提出如下假设。

H5：环境敌对性显著影响企业人力资源功能有效性。

H6：环境敌对性显著影响企业人才管理实践。

三、环境复杂性的影响作用

环境复杂性也称为环境的异质性，关系到企业在各个市场的竞争策略、客户偏好、产品线、分销渠道等方面的差异。这些差异仅在它们需要非常不同的营销、生产和管理实践时是显著的(Miller and Friesen，2010)。Mellahi and Collings (2010)发现跨国公司的人才管理容易失败的重要原因在于企业在子公司中提拔人才存在障碍，即母公司聘用人才并将其晋升至子公司的核心高层管理团队时会受到本土公司管理层面的阻扰。制度性环境的差异性往往导致了西方发达国家跨国公司在新兴市场上的“水土不服”。跨国公司引进和采纳国际人才管理以适应当地/国家/地区的环境和挑战，如设立区域总部、与区域总部角色相关的组织合法性和捐助问题、特定区域的人才管理事项以及在区域内管理集中化和分散化的争议等(Preece et al.，2013)。

研究认为环境复杂性因素，如时间、空间和本土化竞争等可能会导致企业管理实践效果的差异性，使得企业即使在类似的制度性压力和完全内部化的条件下，也可能产生不同的管理效果(Berthod and Sydow，2013)。相应地，组织在不同环境下不能完美复制一种制度认可的结构或实践，即便这种结构或者实践的必要性不言而喻(Greenwood et al.，2015)。也有研究认为环境的复杂性形成的原因在于企业是活跃的主体，在一定范围内，会战略性地应对制度性压力(Ingram and Clay，2000)。Williamson (1991)认为在既定的环境下企业面临制度性压力时会战略性地应对，留有一定的回旋余地。她提出了企业应对制度性压力可能采取的五种对策：(1)顺从，这从本质上导致了同构性的发生；(2)妥协，也称为分离；(3)回避；(4)反抗，第三和第四种形式可视为企业对向其施压采取新的组织要素时表示不赞同和反对；(5)操纵，类似于制度创新，意味着明确地将组织朝特定方向改变的意图。这五种对策意味着组织在复杂性环境中应对类似的制度性压力反应是不同的，顺从和妥协可能导致管理结构和实践的同构性发生，而回避、反抗和操纵则可能导致异质性的发生，任何一种对策都可能是企业出于战略性考虑作出的抉择。

基于上述理论的描述，组织在复杂性环境下引入或实施新的管理实践必然面临着制度性压力的挑战，尤其对于跨国公司而言，在本土外市场上复制母公司管理结构或实践时面临的主要障碍也是来自制度性压力。由于制度限制了组织的策略制定空间，组织结构和行为因而变得更加同质化。制度化结构和行为的扩散导致了面临相同制度环境的组织的同化，这一过程称为"同构性"①(isomorphism)(Meyer and Rowan, 1977)。社会学新制度主义理论将这一同构性分为两种类型：其一是竞争性同构，强调市场竞争、利基变化和适应性措施的系统合理性，可以说，竞争性同构是经济需要的结果。其二是制度性同构，包括三种机制：(1)强制性同构，如果一个组织所依赖的其他组织施加经济压力，或者是来自于社会期望或社会价值的压力，它就会受到强制性同构的约束(Das et al., 1993)；(2)模仿性过程，意味着组织模仿其他被认为更成功的组织，这一过程通常是通过组织之间的交流关系来促进的，例如合作或标杆管理，这导致了对其他组织的最佳实践的模仿，此外，通过咨询公司的参与，模仿可以明确地发生，这些咨询公司成为加强模仿过程扩散的代理人(Sanders and Tuschke, 2007；Heyden et al., 2015)，也可通过员工调动或人员流动②或者通过成功实践、结构和手段的日益全球化实现(Alpay et al., 2008)；(3)规范性压力，规范性压力是职业群体专业化的结果，规范性压力首先在正式和非正式职业网络(如职业或行业协会)的基础上产生，其次，职业和学术教育以及进一步的培训也是规范同构的原因。大学和其他培训机构发展规范、心态和行为模式，以及解决问题的技巧，这些规范随后在组织之间传播(DiMaggio and Powell, 1983)。由于上述同构性机制的影响，组织逐渐失去其独特性，并且(可能)变得更相似。在复杂性环境中相似的制度性压力带来的竞争性同构和制度性同构都可能导致战略人才管理系统在中国企业中的传播和扩散。前文的质性分析中也发现，不论是跨国公司还是国内占据领先地位的本土企业中，对人才管理的理念都趋于一致，都肯定了对"高潜力、高绩效"人才的重视和

① 也可译作"同形性"。

② 新员工将某些理念或工具带入公司。

使用。某电信公司和某电力公司的受访者都表示曾引入麦肯锡和地方高校研究机构的管理咨询经验。外资企业进入中国市场后也会因为政府监管和企业行规等对本公司的管理制度进行调整以适应本土化情境要求。可以预见战略人才管理系统在中国企业中的发展有进一步扩散的可能性。因此，基于上述理论和质性分析的结果，本书提出以下假设。

H7：环境复杂性显著影响企业人力资源功能有效性。

H8：环境复杂性显著影响企业人才管理实践。

H9：制度性压力显著影响企业人力资源功能有效性。

H9a：强制性同形显著影响企业人力资源功能有效性。

H9b：模仿性过程显著影响企业人力资源功能有效性。

H9c：规范性压力显著影响企业人力资源功能有效性。

H10：制度性压力显著影响企业人才管理实践。

H10a：强制性同形显著影响企业人才管理实践。

H10b：模仿性过程显著影响企业人才管理实践。

H10c：规范性压力显著影响企业人才管理实践。

研究框架如图 3-4 所示。

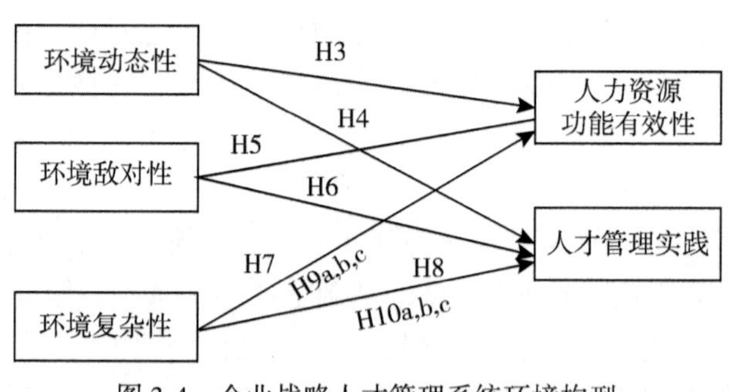

图 3-4　企业战略人才管理系统环境构型

第三节　战略人才管理系统实践构型变量确认

前文质性研究部分对企业的人才管理系统实施情况进行了分析，虽然这些受访企业都采取了不同类型的人才管理战略，但管理者对人才管理系统的战略和实践情况的认知具有较大差异。竞争意识强、盈利能力强和组织结构较为完整的企业其人才管理系统实践数量较多，人力资源的战略伙伴功能性也较为显著；反之，竞争性较低行业的企业人力资源更为强调行政管理功能，其战略人才管理系统的特征则并不突出。造成上述差异的原因可能在于受访企业处于战略人才管理发展的不同阶段。Silzer and Dowell（2009a）对战略人才管理发展进行了五阶段的解读，如反应性阶段（reactive）、程序性阶段（programmatic）、综合性阶段（comprehensive）、对准性阶段（aligned）和战略性阶段（strategic），各阶段的系统性特征如表 3-2 所示。

表 3-2　　人才管理系统的阶段性特征

阶段	定　义
5. 战略性	人才管理系统和过程： 协作性追寻共享目标，受到经营战略和人才战略的驱动 与其他人力资源系统和进程协同并整合，作为企业的核心经营实践进行管理，并发挥出其应具有的战略能力和竞争力 作为人才理念的一部分在企业中根深蒂固
4. 对准性	人才管理系统和过程： 与其他人力资源系统和进程合作和联结 与人才目标相一致，并与其他系统和进程协同工作 可能通过相似的方式和人才模式紧密联系
3. 综合性	单一人才管理系统和进程： 完全的和野蛮的发展 小心谨慎地实施人才管理以达成某种特定的项目目标 独立地关注于特定的项目目标和人才需求的单一方面
2. 程序性	单一人才管理系统和进程： 充分地设计以实现可复制性，在各种实施中都能保持一致性 包括界定的过程，如可靠的实施和传播
1. 反应性	这种人才管理模式： 着重解决短期的和即时的人才问题 通常快速地采取流行的、可用的、现成的项目来满足紧急需求 对于长期需求或构建持久的计划和过程给与较少的关注

资料来源：本书作者整理。

图 1-10 中也展示了企业战略人才管理系统实施的三阶段，其中阶段 1 是实现人才管理系统与企业战略间的联系；阶段 2 是对劳动力进行分割，形成企

业人才池战略；阶段 3 是针对所属不同人才池的人员构建不同的管理实践，从而形成战略性人才管理系统。不论是五阶段理论还是三阶段理论，都揭示了在企业的管理决策过程中必然存在影响决策差异的动机和压力，导致了人才管理系统异质性的形成。

正如前文在战略人才管理系统目标的论述中指出，企业实施战略人才管理系统不仅仅为了实现经济价值，也有非经济价值，这正是其不同于战略人力资源管理系统的重要特征。在资源-基础观的指导下，人才管理系统有助于识别和发展有价值的资源(能帮助企业应对外部威胁和机遇的资源)、稀缺的资源(受到少数竞争型企业控制的资源)、不可复制性资源(其他的企业在获取/发展这些资源时将面临成本劣势)和不可替代性资源(通过其他手段不能获取的优势)(Barney et al., 2001)，而这些资源主要来自企业的人才资产。管理者的选择以效率为动力，以价值最大化为目标，寻求选择最优化，通过系统性评估，实现决策最优化。这种价值正是前文所述的经济价值。从静态上来看是为了获取经济有效的人才，而动态上来看是企业能保持组织的灵活性和人才优势从而获得可持续性竞争优势。然而非经济价值的实现能为人才个人带来有意义和挑战性的工作，满足其个人发展和社会需求，帮助其提升社会责任感。对于企业而言最重要的是实现制度合法性，从而动态性地实现对企业的管理权力。在企业环境因素的构型研究中发现，环境动态性和敌对性可能对企业战略人才管理系统产生经济性压力，而环境复杂性则可能带来不同程度的制度性压力，进而带来制度同形性，企业在应对这种制度性压力时具有不同的战略性反应，可能顺从、妥协，或者回避和反抗，甚至直接操纵。这些不同的应对措施反映了企业实施人才管理的不同动机，基于不同动机，其人才管理实践可能有不同的组合。

一、战略人才管理实践的实施动机

在组织复杂性环境背景下，如组织的战略、价值观、使命、文化和历史等因素的影响，战略性管理决策的制定和最优化并非只是对资源的识别，还应考虑到资源在系统中的合理运用。因此，仅仅从经济动机来研究人才管理战略是不充分的，而应从多视角来对其进行丰富，如管理决策制定的制度背景、职业的特性、社会地位和财富分配的实质等(Brewster, 2015)。研究者使用新制度主义理论研究视角对上述问题展开了研究，Ahammad et al. (2017)发现在新兴市场上，本土公司相对跨国公司而言具有特定优势，因为其社会资本是系统本身固有的特征，即个人是预先社会化的，员工在内嵌于社会系统中的组织工作。这种内生的社会系统将使得跨国公司难以实现人才管理实践的转移(Fang et al., 2014)。相对于本土企业，跨国公司更愿意采取创新的人才管理实践以便保留和发展人才，而不是简单地获取人才(Mohamed et al., 2013)，具有成功的人才管理系统的公司会将商业规划与人才管理过程相整合，其人才管理实践与人力资源管理系统结合。随着这些公司的人才管理过程日益成熟，这些公司也逐渐变得相似。Tatoglu et al.（2016)发现，土耳其的外资企业初始将人才管理视为一种战略性工具，但为了应对特殊的制度环境，倾向于发挥人才管理的功用性作用已融入本土文化环境。Latukha（2015)认为俄罗斯的跨国公司虽然有更为成熟的人才管理模式，但在俄罗斯背景下并未得到充分的运用。产生这种现象的原因在于跨国公司受到比本土公司更多的来自制度性设定的影响，如更为严格的审查并在新市场环境中寻求合法性，因而难以全盘照搬母公司的人才管理模式，转而寻求全球标准化和本土环境合法性间的平衡，其人才管理模式表现为战略性与战术性动机的结合。

人才管理战略能产生规模经济，有利于接触到本土资源，帮助交易能力的提高，能根据不同的劳动力需求获取不同的人才资源并实现人力资本化。这种战略性因素驱使企业在经济衰退期倾向于采用创新性的人才管理实践以保留和发展人才，而不仅仅是获取人才(Mccartney, 2010；Mohamed et al., 2013)。成功的人才管理系统能整合商业规划和人才管理进程，将人才管理实践与人力资源管理系统中的其他组成部分相结合。采取战略性模式的人才管理核心在于支持商业和结构变革的需要，对劳动力进行规划以应对这些变革，从而实现企业战略性目标。这种战略性动机也是与前文所述的资源-基础观的假定相一致，人才资源这种竞争性资源能得到战略性人才管理系统的开发和支持，可以说这种战略性动机是内置于组织文化中的(Boxall and Purcell, 2011)。企业可以通过招募和培训与组织文化相匹配的员工来规避制度性因素带来的限制。

战术性动机来源于企业自身的制度设定。无论是跨国公司还是本土企业自身都有一套完整的制度体系和组织文化。跨国公司强调绩效和奖励体系，如较为完善和有代表性的中国高新技术产业跨国公司的人才管理系统(Fang, 2014)。然而劳动力受教育程度、职业教育的匮乏和意识形态的差异等使得西方的人才管理实践在新兴市场上难以成功地移植，除非这些管理实践实现高度本土化。为满足在新市场获得合法性的需求，跨国公司内部强的组织文化能超越国别制度限制，改变价值观，重塑环境以应对新的需求(Shiel, 2011)。本土公司植根于多年历史和文化传统，这种具有群体导向的文化特征会削弱绩效管理带来的正向影响，即使因为吸引外国公司的投资而不得不接受新的管理模式，但在根本上难以改变早已内嵌于制度上的管理方式，其人才管理倾向于短期性，管理实践受到更多本土政治性驱动以避免与传统文化产生正面冲突，较少实现系统化(Meyers et al.，2013)。战术性模式的人才管理更为满足当前的管理需要，即最有效地利用资源、开发领导力、留住员工、解决技能短缺、吸引新成员，并重新部署员工新的角色。

人才管理的战略和战术动机将决定人才管理实践的实质。人才管理实践各异，很难找到能在每个组织背景下都适用的清晰的实践组合(Groysberg et al.，2011)。因此，本书也将企业实施不同人才管理实践组合的原因归结于战略性动机和战术性动机的不同驱动作用。然而，对于是否采用本土企业和跨国公司作为比较的基准，本书有不同的看法。

中国企业人力资源管理模式与所有制类型间的研究一直以来是研究的重点方向，如张一弛（2004)对国有企业、民营企业和外资企业的人力资源管理实践进行了对比，发现外资企业在人力资源管理的基础工作以及企业内部程序公平问题上比传统国企和民营企业更有优势，而民营企业与外资企业在工作组织方式和外部人才引进问题上都显著领先于传统国有企业。王雅洁等(2014)认为，所有制在战略人力资源管理与企业绩效间有调节作用，即外资企业和民营企业运用战略人力资源管理来提高企业绩效的效果比在国有企业中显著。然而随着人力资源实践在中国的不断演化，以组织所有制为评价维度逐渐发生改变。虽然当前中国的企业所有制主要分为国有企业、私营企业、外商独资企业和中外合资企业，所有制类型对于解释人力资源实践差异性是一个潜变量，但从企业分布的情况来看，大型企业中所有制类别差别不大，从质性访谈中也发现大型国企如某电信公司往往更为重视先进管理理念的引入，不仅在20世纪90年代就引进了麦肯锡公司的管理咨询经验，还保持了较高的人才管理效率和盈利能力。近年来不少人才管理研究文献中采用了行业类型、企业规模和组织管理运营模式等变量来测量人才管理实践(Alias et al.，2016；Krishnan and Scullion，2016)，本书认为管理运营模式变量能更为直接地测量组织对先进人才管理实践的支持程度，如将企业划分为科层式组织、低成本运营式组织、高参与度式组织、全球竞争型组织和持续型组织等五种类型，后续的研究将采用此变量。

基于上述研究分析，本书提出以下假设。

H11：企业实施人才管理系统可能出于战略性动机也可能出于战术性动机。

H11a：高参与型、全球竞争型和持续型企业的人才管理实践受到战略性动机影响。

H11b：科层式和低成本型企业的人才管理实践受到战术性动机影响。

二、战略人才管理实践活动组合

虽然企业可能因为战略性或战术性的不同动机而采用不同的人才管理实践组合，但人才管理的最终目的是能为企业树立精确的雇主品牌形象，专注于对人才的长期职业发展机会的规划与管理，从而进行系统性的管理，实现战略性人才管理。例如，企业可能会为开发一项新业务而创建新的管理模式以满足顾客需求。从人才战略的角度来看，需要配备创业人员，能开展并领导新的业务。而所有的人力资源系统和进程，从人员招募到评估、发展、保留和薪酬等，都需要充分的理解和合作以实现经营战略和人才战略(招募和打造创业型人才)。在这种情况下，人才的类型需要得到精确的界定，人力资源的各个领域都需要与其他人力资源领域进行端口的识别和责任的共享。综合各项不确定性因素的影响，实现组织内各项战略的对准关系后，最终实现战略性人才管理系统。

因此，战略性人才管理系统构建的过程中，针对组织战略、组织环境和实施动机的不同，有不同的人才管理实践组合。前文提出战略人才管理系统的概念性构型中包括人才规划基础系统、人才吸引基础系统、人才开发基础系统和人才保留基础四个子系统，这四个子系统间相互连接与匹配。前文图 1-12 和表 1-3 也显示人才管理实践与人力资源管理实践中存在着一定的重合。在对人才管理系统的战略构型研究中发现人力资源管理实践和人才管理实践的关系可能受到人力资源管理战略与经营战略的一致性(人力资源的功能性)的影响，所以仅从人才规划、人才吸引、人才开发和人才保留四个模块所包含的实践集来衡量人才管理实践构型是不充分的。如果人力资源的功能性较弱，则人力资源管理实践所占的比重较大，企业的人才管理实践则偏为解决事务性工作，受到较多的战术性驱动影响；反之，则受较多的战略性动机影响。例如，研究发现中国较多的企业人才管理倾向于人力资源管理导向，企业使用标准化的模式进行绩效评估、培训，采用具有本地特色的人员引进措施，包括提供住房、职业发展、教育福利和更大的工作自主权等(Schmidt et al., 2014)。

由于战略或战术的需要，企业的人才管理实践有不同的组合。当人力资源部门的介入较少时，企业会采取通过关系网、内部团队、正式职业生涯计划、项目和跨专业团队等人才管理实践措施，可被划归为工作-基础系统。由于这类实践措施不需要太多的资源，企业的部门经理会对这类系统进行设计、管理和实施(Valverde et al.，2013)。而当人力资源功能较为成熟时，企业的人力资源经理会负责训练、指导、通过评估中心进行的招募和挑选、毕业生发展计划、继任者计划和正式的在职培训等实践措施，这些措施可划归为人力资源管理导向系统。随着全球化分工的发展，企业也会加强国际化运营的培训、国际化分工和国际化项目团队建设，从而促进知识的分享和个人文化智能的发展(Kraiger et al.，2014)，企业也能获取有价值的和难以模仿的经验，这些实践组合可划归为国际化系统。这种国际化趋势也促使企业使用更为灵活的国际用工形式来取代花费更高的传统外派人员措施，如内部借调、工作轮换和外部借调等措施，使得员工能在不同的环境下以不同的角色工作，既能发展管理型人才，也能加深企业间的社会联结(Martin et al.，2016)，这类实践划归为职业履历构建系统。本书认为工作-基础系统和人力资源管理导向系统实践偏向于组织内部人才管理事务方向，其关注点是企业内部，是一组内部导向型的人才管理实践组合，而国际化系统和职业履历构建系统实践则偏向于组织外部的人才管理事务方向，其关注点是企业外部，是一组外部导向型的人才管理实践组合。

基于上述分析，本书提出以下假设。

H12：不同管理模式的企业的人才管理实践组合选择有不同倾向。

H12a：传统组织管理模式如层级制和低成本型企业更倾向于实施内部导向型的人才管理实践组合。

H12b：新型组织管理模式如高参与型、全球竞争型和持续型企业更倾向于实施外部导向型的人才管理实践组合。研究框架如图 3-5 所示。

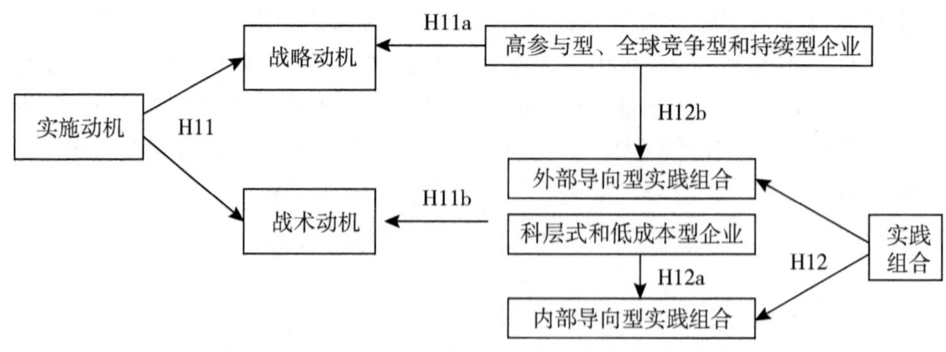

图 3-5　战略人才管理系统人才管理实践构型框架图

根据前述理论和相关论述，前文图 1-12 的战略人才管理系统研究构型的概念性模型图也相应地修正为以下内容，如图 3-6 所示。其中战略环境构型变

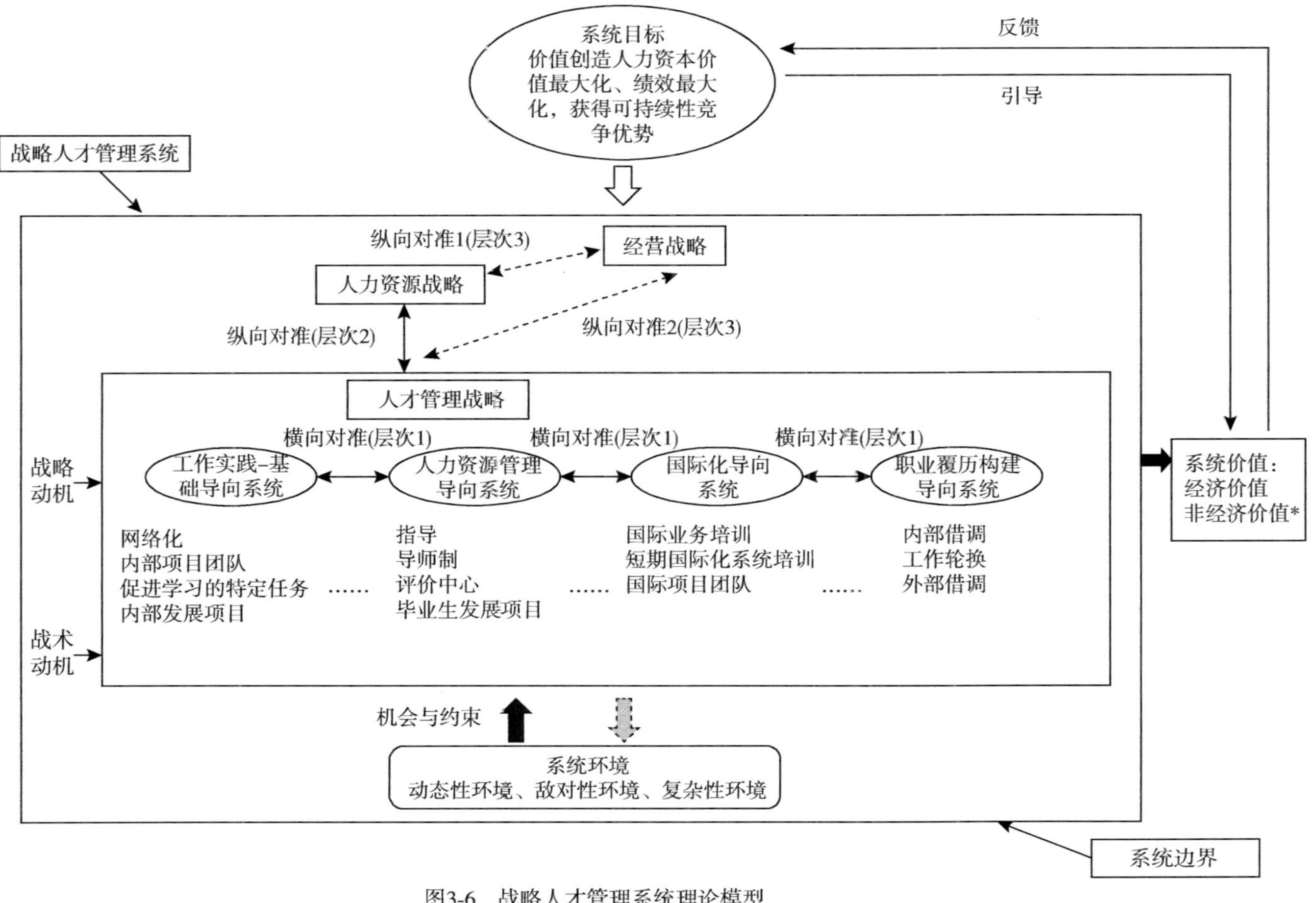

图3-6　战略人才管理系统理论模型

量被纳入战略人才管理系统框架内，被作为主要的构型变量进行分析；加入了战略动机和战术动机两种驱动力，并为了测量的需要，将战略人才管理实践活动进一步细化为四个子系统，分别为工作实践-基础导向系统、人力资源管理导向系统、国际化导向系统和职业履历构建导向系统。

第四节　本章小结

本章确认了企业战略人才管理系统的三个构型变量，结合前文的质性分析内容对相关构型变量提出了相应的假设，并对战略人才管理系统研究的概念性模型图进行了修正。

本章首先对企业战略人才管理系统的战略构型变量进行确认。企业实施战略人才管理系统在动态和静态目标的指引下，其管理过程受到企业经营战略、人力资源战略和人才管理战略的影响，进而影响企业的经营结果。因此，企业战略构型变量研究要考虑到两个问题：一是人力资源管理实践和人才管理实践的关系；二是由此产生的人力资源管理功能有效性的问题，即人力资源管理战略与企业经营战略间的对准关系，从而可以确定人才管理战略的作用。

其次是对战略环境构型变量的确认。环境因素应成为主要变量，并分析其对其他构型变量的影响，从环境动态性、环境敌对性和环境复杂性三个维度进行分析。其中，环境动态性和敌对性越强，企业可能越积极采取战略应对措施，而环境的复杂性则可能导致企业面临制度环境异质性的挑战。对于这种环境异质性，企业可能会针对不同的制度性压力进行不同的应对措施，使得企业战略人才管理系统发展可能出现创新，也可能出现同构性趋势。

最后是对战略人才管理实践构型变量的确认。导致企业实施人才管理系统出现不同阶段性特征的原因可能在于不同的驱动力，如战略驱动或者战术驱动。不同的驱动力决定了人才管理实践的实质，导致了企业的战略人才管理实践可能有不同的组合形式。

综上所述，本章中三个构型变量的确认研究过程中出现了三组可能存在的矛盾和问题：第一，企业实施战略人才管理系统具有的经济目标和非经济目标对应的经济价值和非经济价值间的矛盾。第二，在经济目标和非经济目标的指导下，企业一方面由于竞争性的要求，为凸显异质性而可能不断采取创新性手段来构建战略人才管理系统；另一方面由于制度合法性的要求，在制度性压力的影响下，企业可能要采取较为相似的人才管理系统，出现制度同构性的可能性，导致了企业战略人才管理系统的异质性和同构性的矛盾。第三，同样在经济目标和非经济目标的指导下，企业可能会因获取持续竞争优势的需要而实施战略动机，也可能会因市场异质性和固有文化传统和价值观的限制而不得不受到战术动机的影响，导致企业面临战略性动机和战术性动机的矛盾。因此，对于上述研究假设的具体的结果和趋势变动，以及三组矛盾间的权衡取舍，有待进一步检验和探讨。

第四章　战略人才管理系统匹配度诊断及测算

前文对战略人才管理系统的构型变量进行了识别和确认，本章则在此研究的基础上，通过定性分析方法对已确认的构型变量在系统内的匹配程度，如各子系统间的内部契合性和其他构型变量与实践子系统间的外部适应程度进行诊断和测算。这也是本书研究的重点问题。

第一节　战略人才管理系统匹配度诊断

由于对战略人才管理系统匹配度诊断所需数据无法直接从公开数据中获取，因此采取问卷调查的方法对战略人才管理系统主体和其他构成要素间的匹配度进行实证检验。

一、战略人才管理系统匹配度诊断的方法

为了保证调查问卷的科学性，为研究的相关变量提供有效的测量和假设检验，本书根据以下措施进行了问卷的设计。

第一，在文献研究和质性研究的基础上形成初始问卷。通过对国内外关于人才管理、不确定环境和企业战略相关文献的研读和整理，得出了本书所涉及的相关变量的测量量表，其中有部分量表在专家访谈中进行了修正。

第二，征求专家意见对量表进行修正。在初步形成的测量量表的基础上，与相关企业的中高层管理人员和人力资源管理咨询公司的专家进行讨论，征求其对量表的意见，按照企业实际情况和咨询公司实务要求进行了进一步的修改和完善。

第三，预调研。在大规模发放问卷进行正式调研之前，先在小范围的企业中进行问卷的预调研，以避免可能由于问题设置、语法和措辞等方面的原因对问卷回答者产生误导，并对回收的数据进行信度分析和效度分析，进而对调查问卷进行调整。

第四，正式调研。通过问卷的预调研和调整，形成正式问卷并进行调研，对所回收的问卷数据进行验证性评估。

二、战略人才管理系统匹配度诊断的内容

形成的正式问卷围绕着本书的研究问题展开，依据企业战略人才管理系统匹配度诊断的研究思路，使得问卷的内容设计能满足本书研究问题所需的数据要求。主要包括以下 3 大块内容(附录二)。

(1)背景说明，即本书的研究目的和意义的阐述，并保证对参与调查者的身份保密，本书所获取的数据仅供学术研究使用，其动机是尽量消除参与调查者因担心身份的限制对问题可能作出不准确回答的风险。

(2)企业基本信息，即参与调查者所在企业的规模、年限、所属行业、管理模式类型及参与调查者在该企业的工作年限。

(3)问卷主体部分，即研究所涉及的相关变量，如人力资源管理实践、人才管理实践、组织战略对准性、环境不确定性水平、人才管理实施动机等主要影响因素。对这部分变量的衡量采用李克特 5 分量表评估(1=非常不符合，2=比较不符合，3=一般符合，4=比较符合，5=完全符合)。

三、战略人才管理系统匹配度诊断的算法模型

为了对构型变量在战略人才管理系统的内部契合度和外部适应度进行检验，需要对涉及的变量进行测量，包括组织战略对准性变量、组织战略环境变量、组织人才管理实践活动变量及控制变量。

(一)组织战略对准性变量

组织战略对准性测量的是组织人力资源战略与经营战略间的对准关系，这种对准关系也影响到了人才管理战略的作用和类型。当组织的战略对准性越高，人力资源的战略性功能也越强，Sparrow et al. (2014b)认为，组织战略对准性描述了人力资源功能与组织经营战略间的关系，可以从四个方面衡量，即人力资源是否在经营战略中扮演重要角色；人力资源是否参与实施经营战略；人力资源对经营战略有所投入，并帮助经营战略的实施；人力资源全力参与经营战略的发展和实施。人力资源功能的充分发展有助于对人才管理战略层面的深入讨论(Holden and Vaiman, 2013)。本书参考了近年来对人才管理相关研究中对人力资源战略性角色测量的量表，从人力资源的战略性作用、人力资源功能有效性等方面设计了 7 个题项，如表 4-1 所示。

表 4-1　　　　组织战略对准性初始题项

测量维度	测量题项	参考来源
组织战略对准性（SA）	(sa1)人力资源管理战略与业务部门保持一致	Glaister et al.（2017）；Sparrow et al.（2014b）以及访谈
	(sa2)人力资源管理部门支持组织的经营战略	
	(sa3)人力资源管理部门在制定经营战略方向方面处于前沿位置	
	(sa4)人力资源管理部门被认为是企业管理的合作伙伴和变革的推动者	
	(sa5)人力资源管理部门参与了战略规划过程	
	(sa6)人力资源管理部门受到组织的高级管理层团队的重视	
	(sa7)人力资源管理部门的重要性与日俱增	

(二)组织战略环境变量

目前国内外关于组织战略的研究较多，量表相对较为成熟。从文献的引用情况来看，大量的研究采用了 Miller and Friesen（1983）、Miller（1988）和 Tan and Litsschert（1994）等量表。本书的研究是对于影响企业战略人才管理系统的关键构型变量的识别和分析，因此需要探寻影响这些关键变量的主要特征。Miller and Friesen（1983）为代表开发的量表是针对关键要素进行的测量，相对于全面系统测量环境量表而言，测量的题项较少，也有较高的内容效度。Miller and Friesen（1983）的环境测量量表也在我国学者(李晓，2016；李宏贵等，2018；吴松强等，2017)的研究中得到了验证，适合我国情境。因此，本书参考了 Miller and Friesen（1983），李大元等（2009）关于环境不确定性的测量量表，从环境动态性、敌对性和复杂性三个维度进行了测量(如表 4-2 所示)。

(三)组织人才管理实践活动

组织中的人力资源管理实践与人才管理实践存在着一定的关联，在人才管理系统中，人力资源管理实践并不会独立发挥作用，而是成为人才管理系统的一部分，并随不确定的组织内外部环境而调整(Foss et al.，2015)。人才管理系统通过探索人才资源的价值而获得可持续性竞争优势，而人力资源管理实践自身是无法直接帮助企业获取这些优势，因此在人力资源战略与组织经营战略保持一致性的前提下，人才管理实践得以从人才管理实践中发展而来。但由于企业面临的制度合法性要求，使得人才管理实践因战略需要或战术需要而有不同的组合。本书参考了 Mellahi et al.（2013），Tatoglu et al.（2016)关于人力资源管理实践的测量量表，从培训和发展、招聘与选择、人力资源规划和绩效评估四个维度设计了 10 个题项，如表 4-3 所示。

表 4-2　　**组织战略环境不确定性初始题项**

测量维度	测量题项	参考来源
环境动态性(ED)	(ed1)本行业的产品或服务更新很快	Miller and Friesen (1983), Miller (1988), 李大元 (2008) 以及访谈
	(ed2)竞争者行为很难预测	
	(ed3)本行业的技术进步很快	
	(ed4)顾客需求的变化情况很难预测	
环境敌对性(EH)	(eh1)竞争强度越来越激烈	
	(eh2)顾客要求越来越高	
	(eh3)我们所需的资源越来越难获取	
	(eh4)供应商力量越来越强大	
环境复杂性(EC)	(ec1)竞争者行为越来越多样化	
	(ec2)竞争者多样化行为在较多领域影响了企业的相关行为	
	(ec3)企业在产品生产方式和市场策略上迎合不同客户的多样化行为	

表 4-3　　**组织人力资源管理实践初始题项**

测量维度	测量题项	参考来源
培训和发展(TD)	(td1)培训需求分析以满足企业未来的技能需求	Mellahi et al. (2013), Tatoglu et al. (2016) 以及访谈
	(td2)职业规划	
	(td3)技能审计以满足企业当前的技能基础	
招聘和选择(RS)	(rs1)风险管理	
	(rs2)角色设计	
	(rs3)工作分析	
人力资源规划(HRP)	(hrp1)需求预测	
	(hrp2)供给预测	
绩效评估(PA)	(pa1)性格或态度测试	
	(pa2)绩效或胜任力测试	

人才管理实践的衡量有从雇员的视角进行（Zalk，2017；Björkman and Mäkelä，2013），也有从组织的视角进行（Oehley and Theron，2010；Jooyeon Son，2018；Glaister et al.，2018）。由于本书是从系统论的视角研究组织的战略人才管理系统实践，因此将采用组织视角的人才管理实践量表，参考了访谈内容进行相应的修正，从工作实践基础系统、人力资源管理式系统、国际化系统和职业履历构建系统四个维度设计了 18 个题项，如表 4-4 所示。

表 4-4　**组织人才管理实践初始题项**

测量维度	测量题项	参考来源
工作实践-基础系统（WB）	（wb1）网络化	Oehley and Theron（2010），Jooyeon Son（2018），Glaister et al.（2018）以及访谈
	（wb2）内部项目团队	
	（wb3）促进学习的特定任务	
	（wb4）内部发展项目	
	（wb5）跨学科项目工作	
	（wb6）引导式脱产培训	
	（wb7）正式的职业生涯计划	
人力资源管理式系统（HRML）	（hrml1）辅导	
	（hrml2）导师制（传帮带）	
	（hrml3）评价中心	
	（hrml4）毕业生发展项目	
	（hrml5）继任者计划	
国际化系统（IN）	（in1）国际业务培训	
	（in2）短期国际化系统培训（<12 个月）	
	（in3）国际项目团队	
职业履历构建系统（CP）	（cp1）内部借调	
	（cp2）工作轮换	
	（cp3）外部借调	

对于企业的战略动机和战术动机的测量，本书参考了有关学者对人才管理实施的战略动机和战术动机的定义和测量量表（Tatoglu et al.，2016；Vos and Dries，2013；Schiemann，2014），从战略性导向和战术性导向两个维度设计了

8 个题项，如下表 4-5 所示。

表 4-5 组织人才管理实施动机初始题项

测量维度	测量题项	参考来源
战略性导向（SO）	(so1)能在组织结构内支持变革	Tatoglu et al. (2016), Vos and Dries (2013), Schiemann (2014) 以及访谈
	(so2)能在组织的商业环境内支持变革	
	(so3)能协助组织的劳动力规划	
	(so4)能帮助实现组织的战略目标	
战术性导向（TO）	(to1)培养未来的强势领导人	
	(to2)吸引和保留核心员工	
	(to3)解决技术短缺和未来发展需要	
	(to4)将员工重新部署到其他角色	

(四)控制变量

本书还对可能影响企业人才管理系统构型的几个变量进行控制，分别为企业管理模式、企业规模以及受调查者的专业背景。相关研究表明，企业管理模式与企业人力资源功能有效性和战略对准性存在一定的相关关系(Lawler et al., 2015)，特定的管理模式如科层式组织和低成本组织代表了“逆风”(headwind)，企业人力资源需顶风而行以实现战略伙伴关系、先进的战略决策和高度的职业技能水平等。而其他的管理模式如持续型和创新型组织代表了“顺风”(tailwind)，有助于企业人力资源实现上述成果。因此，本书并未考虑组织的所有制属性，而是将管理模式作为控制变量。科层式组织编码为 1，低成本运营式组织编码为 2，高参与度式组织编码为 3，全球竞争型组织编码为 4，持续型组织编码为 5。

企业规模变量代表了企业拥有资源情况及实力状况。研究一般认为，企业规模越大，所能支配的资源越多，相应的实力可能越强，在实施人才管理系统时人力资源功能有效性可能更高，面临的模仿性压力可能较小，管理实践种类可能更多。参照目前大多数研究中对企业规模的划分标准，根据员工人数企业规模可以大致分为五个层次，员工数 100 人及以下编码为 1，员工数 101~300 人编码为 2，员工数 301~1000 人编码为 3，员工数 1001~3000 人编码为 4，员工数 3000 人以上编码为 5。

受调查者的专业背景变量代表了企业的中高层管理人员的专业背景情况。

研究认为企业人力资源管理人员所受的教育背景和专业情况会对其实施人力资源管理实践产生一定的规范性压力，可能导致管理实践的同构性现象。因此本书在调查中搜集了相关人员的专业情况，并将经济学和管理学类专业编码设为1，非经济管理类专业编码设为0。

第二节 战略人才管理系统匹配度的测算

战略人才管理系统匹配度的测算过程主要包括两部分，第一是通过小样本数据对问卷进行探索性因子分析，根据分析结果对问卷进行修正；第二是使用修正后的问卷，对大样本数据进行调查，进行验证性因子分析，为后续进行战略人才管理系统匹配度的评判提供实证支持。

一、基于小样本数据的测算

在进行大样本问卷收集数据之前，本书先进行了小样本测试。测试的主要调查对象为前期进行半结构化面谈所接触到的公司负责人、总经理、人力资源部门管理者和部门经理，并请其在圈内帮忙转发投放。通过微信电子问卷和电子邮件的形式发放，从 2018 年 3 月至 5 月间，共收回问卷 110 份，在剔除部分因有缺失值，或者选项完全一致①问卷后，得到有效问卷 83 份。根据经验惯例，进行问卷预测试的探索性因子分析需要的最低样本量是变量数的 4~10 倍。本书研究中涉及的处理变量有 6 个，83 份有效问卷符合小样本测试的要求。本书采用 SPSS20. 0 进行信度和效度检验。

小样本的信度和效度分析能筛选进行变量测量的题项，从而实现对测量量表的进一步精练，并保证量表的有效性。信度分析是衡量量表在测量时是否稳定与一致，信度值越大，说明测量的标准误就越小②。惯例上常用 Cronbach's α 系数③和总相关系数(CITC)来进行检验。进行应用性与验证性的研究时，测量或量表的信度系数大于 0. 90，表示量表的内在信度很高；如果 Cronbach's α 系数大于 0. 80 而小于 0. 90，表示量表的内在信度是可接受的；如果

① 如全部选 3 或者全部选 5。

② 信度包括内在信度和外在信度。内在信度衡量了各变量间的内在一致性，外在信度衡量的是不同时间进行测量时所获取结果保持一致性的程度。

③ α 系数值介于 0~1 之间，α 系数值越高，代表量表的内部一致性越佳。CITC 系数一般是作为 Cronbach 系数的补充。

Cronbach's α 系数大于 0.70 而小于 0.80，也可认为是可以接受的范围；Cronbach's α 系数在 0.65 和 0.70 之间是最小可接受值（吴明隆，2010）。CITC 值是指纠正项目的总相关系数，一般 CITC 值低于 0.50 的项目，就认为其收敛效度较差，CITC 值在 0.35 以上是最小可接受值。因此，本书总量表的信度系数在 0.80 以上，分量表的信度系数在 0.70 以上都是可以接受的范围，CITC 值原则上应该大于 0.35。

效度分析是衡量所要测量的特质与实际情况是否接近，主要分为内容效度和结构效度两种类型。内容效度用于检验衡量内容的适切性，这种有效程度主要通过定性的判断。本书所设计和使用的问卷题项全部来自现有文献中被广泛使用和验证的量表，并结合前文的质性分析进行了相应的修正，可以认为具具有一定的内容效度。结构效度用于检验所测的题项是否可以测度想要测的项目，因子分析方法是常用的结构效度检测方法。本书采用探索性因子分析（EFA）对问卷的结构效度进行验证以确定因子的维数。对小样本进行 KMO 和 Bartlett 球形检验来判断是否可进行因子分析。根据经验判断方法，当 KMO 值大于等于 0.70，Bartlett 球形检验值具有统计意义上的显著性，并且各题项的载荷系数均大于 0.50 时，可以将同一变量的各测量题项合并为一个因子（马庆国，2002）。本书通过 SPSS20 软件中的因子分析功能进行探索性因子分析，选用主成分分析和最大方差法旋转，提取特征根大于 1 的因子，依据以下原则进行题项的区分效度评价。

（1）1 个项目自成 1 个因子时应删除。

（2）项目在所属因子的载荷量小于 0.50 时应删除。

（3）项目在 2 个或 2 个以上因子的载荷大于 0.50，属于横跨现象，应删除。

在本书的预测试和正式测试中都是针对不同层次的变量分别进行信度和效度分析，即对“组织战略对准性”“组织战略环境不确定性”“组织人力资源管理实践”“组织人才管理实践”和“组织人才管理实施动机”五个变量分别进行信度和效度分析，而不是对所有变量集中进行评估，其原因在于本书的变量数量较多，若集中评价会使得模型过于庞大和复杂。此外，在进行系统构型中，不同层次的构型变量间的区分效度已经非常明确，不需要进行进一步验证。

（一）组织战略对准性量表信度和效度检验

为了验证组织战略对准性量表的有效性，通过对量表的各个题项的 Cronbach's α 系数、CITC 值和对应题项删除后的 Cronbach's α 系数的比较进行检验。

组织战略对准性量表分析结果如表 4-6 所示，各个题项的 Cronbach's α 系数大于 0.70，CITC 值均高于 0.50，具有较好的收敛效度，对应题项删除后的 Cronbach's α 系数均比子量表总的 α 系数要小，说明组织战略对准性各题项之间具有较好的内部对准性，不需要删除相关题项。

表 4-6　　**组织战略对准性量表 CITC 和信度表(N=83)**

测量层面	Cronbach's α	包含题项	CITC	对应题项删除后的 Cronbach's α
组织战略对准性	0.848	sa1	0.627	0.825
		sa2	0.663	0.819
		sa3	0.648	0.822
		sa4	0.610	0.828
		sa5	0.634	0.824
		sa6	0.511	0.841
		sa7	0.576	0.832

组织战略对准性的 KMO 样本测度和 Bartlett 球体检验结果如表 4-7 所示：KMO 测度值为 0.732，且 Bartlett 统计值显著性概率为 0.000，结果非常显著，因此组织战略对准性变量适合做进一步的探索性因子分析。

表 4-7　　**组织战略对准性量表 KMO 与 Bartlett 球形检验**

Kaiser-Meyer-Olkin	取样适切性量数	0.732
Bartlett 球形检验	近似卡方分布	266.360
	自由度	21
	显著性	0.000

进而进行相关题项的探索性因子分析，如表 4-8 所示，7 个题项按预期归为 1 个因子，该因子的累积解释变差为 69.424%，并且所有因子的载荷均大于 0.70 以上，非常明显这 7 个题项都是组织战略对准性的表现。因此组织战略对准性测量量表具有较好的信度和效度。

表 4-8 **组织战略对准性量表的探索性因子分析结果（$N=83$）**

测量层面	包含题项	因子载荷
组织战略对准性	sa1	0. 803
	sa2	0. 797
	sa3	0. 845
	sa4	0. 721
	sa5	0. 662
	sa6	0. 890
	sa7	0. 830

注：此为旋转后的因子载荷矩阵，旋转方法为方差最大法。

（二）组织战略环境量表信度和效度检验

组织战略环境量表分析结果如表 4-9 所示，各个题项的 Cronbach's α 系数大于 0. 70，CITC 值均高于 0. 50，具有较好的收敛效度，对应题项删除后的 Cronbach's α 系数均比子量表总的 α 系数 0. 914 要小，说明组织战略环境量表各题项之间具有较好的内部对准性，不需要删除相关题项。

表 4-9 **组织战略环境量表 CITC 和信度表（$N=83$）**

测量层面	Cronbach's α	包含题项	CITC	对应题项删除后的 Cronbach's α
组织战略环境	0. 914	ed1	0. 576	0. 911
		ed2	0. 691	0. 904
		ed3	0. 621	0. 908
		ed4	0. 755	0. 901
		eh1	0. 646	0. 907
		eh2	0. 748	0. 901
		eh3	0. 617	0. 909
		eh4	0. 577	0. 910
		ec1	0. 650	0. 907
		ec2	0. 733	0. 903
		ec3	0. 747	0. 902

组织战略环境量表的 KMO 样本测度和 Bartlett 球体检验结果如表 4-10 所示：KMO 测度值为 0. 872，且 Bartlett 统计值显著性概率为 0. 000，结果非常显著，因此组织战略环境变量适合做进一步的探索性因子分析。

表 4-10　　**组织战略环境量表 KMO 与 Bartlett 球形检验**

Kaiser-Meyer-Olkin	取样适切性量数	0. 872
Bartlett 球形检验	近似卡方分布	553. 069
	自由度	55
	显著性	0. 000

进而进行相关题项的探索性因子分析，如表 4-11 所示，共得到 3 个特征根大于 1 的因子，因子的累积方差解释率为 73. 638%。由表 4-11 可以看出，每个测量项的负荷因子都超过 0. 5，具有一定的区分效度，不需要删除题项。表明这些测量项目是由 3 个因子组成，分别为动态性环境、敌对性环境和复杂性环境。事实上该量表已经较为成熟，已得到多次检验，这一分析结果与预期一致。

表 4-11　　**组织战略环境量表的探索性因子分析结果（$N=83$）**

测量层面	包含题项	因子载荷		
组织战略环境	ed1	0. 838	0. 042	0. 187
	ed2	0. 680	0. 370	0. 319
	ed3	0. 721	0. 228	0. 182
	ed4	0. 717	0. 410	0. 290
	eh1	0. 268	0. 722	0. 215
	eh2	0. 385	0. 739	0. 358
	eh3	0. 446	0. 524	0. 190
	eh4	0. 129	0. 829	0. 251
	ec1	0. 186	0. 194	0. 868
	ec2	0. 372	0. 239	0. 779
	ec3	0. 433	0. 211	0. 727

注：此为旋转后的因子载荷矩阵，旋转方法为方差最大法。

(三)组织人力资源管理实践量表信度和效度检验

组织人力资源管理实践量表分析结果如表 4-12 所示，各个题项的 Cronbach's α 系数大于 0.70，CITC 值中除 pa2 项外均高于 0.50，具有较好的收敛效度，对应题项删除后的 Cronbach's α 系数均比子量表总的 α 系数 0.928 要小，说明组织战略环境量表各题项之间具有较好的内部一致性，pa2 项的 CITC 值仍高于最低可接受的 0.35，且删除后的 Cronbach's α 系数并没有使子量表的总 α 系数大幅增加，因此暂时保留，不需要删除相关题项。

表 4-12　　**组织人力资源管理实践量表 CITC 和信度表(*N*=83)**

测量层面	Cronbach's α	包含题项	CITC	对应题项删除后的 Cronbach's α
组织人力资源管理实践	0.928	td1	0.723	0.921
		td2	0.720	0.921
		td3	0.735	0.920
		rs1	0.716	0.921
		rs2	0.795	0.918
		rs3	0.786	0.917
		hrp1	0.822	0.915
		hrp2	0.817	0.916
		pa1	0.640	0.925
		pa2	0.477	0.922

组织人力资源管理实践量表的 KMO 样本测度和 Bartlett 球体检验结果如表 4-13 所示：KMO 测度值为 0.894，且 Bartlett 统计值显著性概率为 0.000，结果非常显著，因此组织人力资源管理实践变量适合做进一步的探索性因子分析。

表 4-13　　**组织人力资源管理实践量表 KMO 与 Bartlett 球形检验**

Kaiser-Meyer-Olkin	取样适切性量数	0.894
Bartlett 球形检验	近似卡方分布	649.892
	自由度	45
	显著性	0.000

进而进行相关题项的探索性因子分析，如表 4-14 所示，共得到 4 个特征根大于 1 的因子，因子的累积方差解释率为 73.832%。由表 4-14 可以看出，每个测量项的负荷因子都超过 0.5，具有一定的区分效度，不需要删除题项。表明这些测量项目按预期归为 4 个因子，分别为培训和发展实践、招聘和选择实践、人力资源规划实践和绩效评估实践。

表 4-14　**组织人力资源管理实践的探索性因子分析结果（N=83）**

测量层面	包含题项	因子载荷			
组织人力资源管理实践	td1	0.783	0.284	0.239	0.093
	td2	0.825	0.230	0.274	0.137
	td3	0.813	0.268	0.257	0.111
	rs1	0.193	0.860	0.301	0.169
	rs2	0.357	0.808	0.226	0.212
	rs3	0.271	0.525	0.003	0.230
	hrp1	0.339	0.198	0.714	0.283
	hrp2	0.302	0.223	0.775	0.319
	pa1	0.389	0.307	0.113	0.737
	pa2	0.229	0.388	0.259	0.827

注：此为旋转后的因子载荷矩阵，旋转方法为方差最大法。

（四）组织人才管理实践量表信度和效度检验

组织人才管理实践量表分析结果如表 4-15 所示，各个题项的 Cronbach's α 系数大于 0.70，CITC 值中除 wb2、wb4、wb5、in1 和 in2 项外均高于 0.50，具有较好的收敛效度，对应题项删除后的 Cronbach's α 系数均比子量表总的 α 系数 0.899 要小，说明组织战略环境量表各题项之间具有较好的内部一致性，wb2、wb4、wb5、in1 和 in2 项的 CITC 值虽略低于 0.50，但仍高于最低可接受的 0.35，且删除后的 Cronbach's α 系数并没有使子量表的总 α 系数大幅增加，因此暂时保留，不需要删除相关题项。

组织人才管理实践量表的 KMO 样本测度和 Bartlett 球体检验结果如表 4-16 所示：KMO 测度值为 0.842，且 Bartlett 统计值显著性概率为 0.000，结果非常显著，因此组织人才管理实践变量适合做进一步的探索性因子分析。

表 4-15　　组织人才管理实践量表 CITC 和信度表（N=83）

测量层面	Cronbach's α	包含题项	CITC	对应题项删除后的 Cronbach's α
组织人才管理实践	0.899	wb1	0.574	0.892
		wb2	0.413	0.897
		wb3	0.554	0.893
		wb4	0.450	0.896
		wb5	0.496	0.895
		wb6	0.520	0.894
		wb7	0.709	0.888
		hrml1	0.563	0.893
		hrml2	0.586	0.892
		hrml3	0.554	0.893
		hrml4	0.669	0.890
		hrml5	0.525	0.894
		in1	0.472	0.896
		in2	0.484	0.896
		in3	0.533	0.894
		cp1	0.665	0.890
		cp2	0.624	0.891
		cp3	0.558	0.893

表 4-16　　组织人才管理实践量表 KMO 与 Bartlett 球形检验

Kaiser-Meyer-Olkin	取样适切性量数	0.842
Bartlett 球形检验	近似卡方分布	1011.662
	自由度	153
	显著性	0.000

进而进行相关题项的探索性因子分析，如表 4-17 所示，共得到 4 个特征根大于 1 的因子，因子的累积方差解释率为 72.305%。由表 4-17 可以看出，每个测量项的负荷因子都超过 0.5，具有一定的区分效度，不需要删除题项。

可以认为组织人才管理实践可以分为四个实践模块，即以工作-基础的管理实践、人力资源管理式实践、国际化业务实践和职业履历构建实践。

表 4-17　　组织人才管理实践的探索性因子分析结果（$N=83$）

测量层面	包含题项	因子载荷			
组织人才管理实践	wb1	0.715	0.143	0.086	0.256
	wb2	0.698	0.155	0.154	0.200
	wb3	0.793	0.025	0.253	0.253
	wb4	0.831	0.072	0.093	0.055
	wb5	0.699	0.376	0.004	0.066
	wb6	0.759	0.199	0.153	0.008
	wb7	0.645	0.404	0.242	0.254
	hrml1	0.021	0.778	0.022	0.364
	hrml2	0.095	0.763	0.036	0.334
	hrml3	0.016	0.669	0.402	0.142
	hrml4	0.368	0.544	0.488	0.027
	hrml5	0.108	0.817	0.077	0.070
	in1	0.132	0.015	0.905	0.005
	in2	0.148	0.152	0.890	0.255
	in3	0.075	0.285	0.873	0.128
	cp1	0.368	0.208	0.257	0.680
	cp2	0.349	0.113	0.186	0.801
	cp3	0.312	0.072	0.092	0.856

注：此为旋转后的因子载荷矩阵，旋转方法为方差最大法。

（五）组织人才管理实施动机量表信度和效度检验

组织人才管理实施动机量表分析结果如表 4-18 所示，各个题项的 Cronbach's α 系数大于 0.70，CITC 值中除 so2 外均高于 0.50，具有较好的收敛效度，对应题项删除后的 Cronbach's α 系数均比子量表总的 α 系数 0.808 要小，说明组织战略环境量表各题项之间具有较好的内部一致性，so2 项的 CITC 值虽小于 0.50，但高于最小值 0.35，可以先保留，不需要删除相关题项，待探索性因子分析后再予决定。

表 4-18　　**组织人才管理实施动机量表 CITC 和信度表（*N*=83）**

测量层面	Cronbach's α	包含题项	CITC	对应题项删除后的 Cronbach's α
组织人才管理实施动机	0.808	so1	0.568	0.781
		so2	0.499	0.790
		so3	0.640	0.755
		so4	0.553	0.735
		to1	0.652	0.765
		to2	0.754	0.745
		to3	0.774	0.740
		to4	0.681	0.761

组织人才管理实施动机量表的 KMO 样本测度和 Bartlett 球体检验结果如表 4-19 所示：KMO 测度值为 0.800，且 Bartlett 统计值显著性概率为 0.000，结果非常显著，因此组织人才管理实施动机变量适合做进一步的探索性因子分析。

表 4-19　　**组织人才管理实施动机量表 KMO 与 Bartlett 球形检验**

Kaiser-Meyer-Olkin	取样适切性量数	0.800
Bartlett 球形检验	近似卡方分布	278.643
	自由度	28
	显著性	0.000

进而进行相关题项的探索性因子分析，如表 4-20 所示，共得到 2 个特征根大于 1 的因子，因子的累积方差解释率为 60.622%。由表 4-20 可以看出，每个测量项的负荷因子都超过 0.5，具有一定的区分效度，不需要删除题项。表明这些测量项目按预期归为 2 个因子，分别为战略性动机和战术性动机。

表 4-20　　**组织人才管理实施动机的探索性因子分析结果($N=83$)**

测量层面	包含题项	因子载荷	
组织人才管理实施动机	so1	0.684	0.155
	so2	0.587	0.324
	so3	0.700	0.121
	so4	0.716	0.068
	to1	0.159	0.752
	to2	0.103	0.889
	to3	0.055	0.894
	to4	0.084	0.828

注：此为旋转后的因子载荷矩阵，旋转方法为方差最大法。

经过 6 个变量的小样本测试和分析，在本书所列的概念模型中涉及的主要构型变量的测量题项经过删减，由最初的 65 项改为 61 项，在一定程度上精炼了调查问卷(见附录 B)，提高了量表的信度和效度，可以进行正式的大样本调查。

二、基于大样本数据的测算

大样本数据调研时应考虑到样本总体的确定和选择。首先，对于正式调研的对象，仍然选择的是企业的负责人、人力资源管理部门的中高层管理者和部门经理，以确保问卷数据的真实性。其次，问卷的发放方式，以网络电子问卷和电子邮件的形式，主要有两个途径收集数据：(1)通过老师、同学或亲友的关系发放电子问卷和电子邮件。(2)委托某人力资源服务公司在相关软件园企业和服务企业中发放问卷。在 2018 年 4 月至 9 月的时间内，累积共收到反馈问卷 420 份，剔除无效问卷①，最终获得有效问卷 310 份。

(一)基于大样本数据的描述性分析

1. 样本企业的地域分布

由于调查条件和时间的限制，此次调研没有指定特定区域的企业，而是随

① 无效问卷包括：(1)有空项问卷；(2)对某一题项选择几乎完全一致如全部选 3 或者全部选 4；(3)受调查者职位为非管理者，如专业技术人员。

机性的发放问卷。虽然大样本调查的地域分布覆盖了湖北等 14 个省以及直辖市，具体的分布如图 4-1 所示，其中湖北企业仍占据主要的比例 33%，由于问卷的调查样本数量有限，导致调查结果可能有一定的偏差，但仍具有一定的代表性。

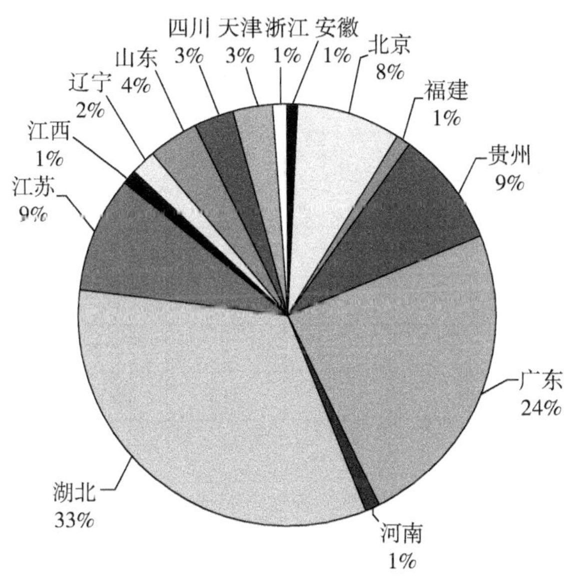

图 4-1　企业的地域分布情况

2. 样本企业的行业性质

本次大规模问卷发放涉及了不同的行业①，其分布情况如表 4-21 所示。制造业、信息传输、软件和信息技术服务业的数量相对较多，累积百分比为 58.0%。其他样本企业广泛分布于电力、热力、燃气及水生产和供应业(12.5%)、租赁和商务服务业(12.2%)、建筑业(4.5%)、金融业(4.2%)、房地产业(3.2%)、批发零售业(2.9%)、交通运输业(1.9%)和其他(0.6%)。总体来看，本书的样本企业虽然没有通过随机抽样获得，但样本企业仍具有一定的行业代表性。

① 参照国家统计局 2017 年国民经济行业分类(GB/T 4754-2017)标准。

表 4-21　　　　　　　　**样本企业的行业分布**

行业	频率	百分比	累积百分比
制造业	103	33.0	33.0
信息传输、软件和信息技术服务业	78	25.0	58.0
电力、热力、燃气及水生产和供应业	39	12.5	70.5
租赁和商务服务业	38	12.2	82.7
建筑业	14	4.5	87.2
金融业	13	4.2	91.3
房地产业	10	3.2	94.6
批发零售业	9	2.9	97.4
交通运输、仓储和邮政业	6	1.9	99.4
其他	2	0.6	100.0
合计	312	100.0	

3. 样本企业的管理模式

本书在前文中已经阐述了采取企业管理模式替代企业所有制性质的原因，对于管理模式，在问卷中界定为 5 种类型：(1)科层式组织：官僚式，自上而下。(2)低成本运营式组织：薪酬最低化，低成本为主。(3)高参与度式组织：参与型，扁平式，高职业承诺度。(4)全球竞争型组织：复杂性工作，择优录取员工，低职业承诺度。(5)持续型组织：灵活的，兼顾财政和可持续性目标。样本企业的管理模式分布情况如图 4-2 所示。大部分的企业认为自身的管理模式属于低成本运营式组织(126 家，40.6%)或者科层式组织(96 家，31%)，也有一定数量的企业认为自身的管理模式属于全球竞争型组织(51 家，16.5%)，其余企业为持续型组织(23 家，7.4%)或者高度参与型组织(14 家，4.5%)。

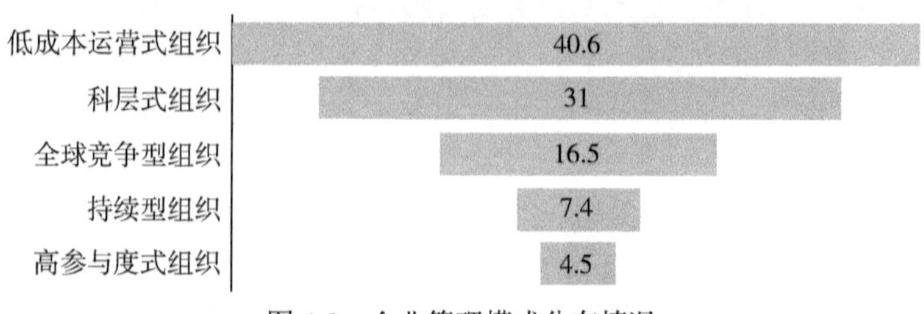

图 4-2　企业管理模式分布情况

4. 样本企业的企业规模

本次调查的企业规模[①]分布如图 4-3 所示，员工数在 101～300 人的企业（133 家，42.6%）和员工数在 301～1000 人的企业（113 家，36.2%）所占的比重较大。员工数在 100 人及以下的企业有 26 家，占比为 8.3%，员工数在 2000 人以上的企业有 23 家，占比为 7.4%，员工数在 1001～2000 人的企业有 17 家，占比为 5.4%。

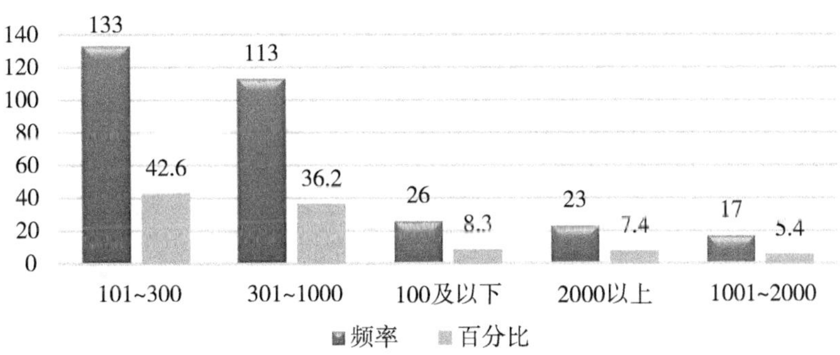

图 4-3　企业规模分布情况

5. 受调查人员情况

在问卷中针对受调查者的个人情况进行调查，其原因在于：其一，甄别问卷填写者的职位，只有对企业情况较为熟悉的中高层管理者才能较为准确地对企业的战略、人力资源管理和人才管理实践的实施情况作出判断，因此选项中选择一般管理人员、专业技术人员或者一线生产经营人员的问卷都将被剔除。其二，对从事企业管理类职位的人员专业背景进行调查，从事企业中高层管理

① 参照国家统计局《统计上大中小微型企业划分办法(2017)》的标准，将我国的企业划分为大型、中型、小型、微型等四种类型。又由于各个行业的企业划型标准不同，如金融业以资产总额为指标，房地产开发经营业以营业收入或资产总额为指标，建筑业以营业收入或资产总额为指标。在以从业人员数量为指标的行业中，工业企业从业、交通运输业、邮政业从业人员人员数 $X\geqslant1000$ 人为大型企业，$300\leqslant X<1000$ 人为中型企业，$20\leqslant X<300$ 人为小型企业，$X<20$ 为微型企业。信息传输业从业人员人数 $X\geqslant2000$ 人为大型企业，$100\leqslant X<2000$ 人为中型企业，$10\leqslant X<100$ 人为小型企业，$X<10$ 人为微型企业。其他行业略。由于本书研究的是企业战略性人才管理系统的构型，而微型企业可能不太会有这种制度，基本可以排除掉。因此依据上述标准适当修改，提出 5 种标准。

职位的人员的专业背景在一定程度上可能会影响到管理制度实施的规范性，①因此在大样本调查中对管理人员的专业背景的调查可以作为分析企业感知的制度性压力的参考。从调查的数据来看，管理人员的专业背景如表 4-22 所示，具有管理学相关专业背景的管理人员的数量达到 130 人，占比 41.7%，具有经济学相关专业背景的管理人员的数量为 80 人，占比 25.6%，也有较多管理人员来自中文(48 人，15.4%)、计算机(16 人，5.1%)、历史(12 人，3.8%)、英语(7 人，2.2%)和其他专业(19 人，6.1%)。

表 4-22　**受调查人员专业分布情况**

	频率	百分比	累积百分比
管理学	130	41.7	41.7
经济学	80	25.6	67.3
中文	48	15.4	82.7
其他	19	6.1	88.8
计算机	16	5.1	93.9
历史	12	3.8	97.8
英语	7	2.2	100.0
合计	312	100.0	

6. 样本的一般统计性描述

大样本分析中对全部有效数据进行数据检视，能依据各题项的描述统计量判断出题目的优劣，此外使用结构方程模型进行检验也要求数据服从正态分布，判断是否存在异常值。② 下文中分别对组织战略对准性、组织战略环境、人力资源管理实践、人才管理实践和人才管理实施动机的各个题项进行描述统计和正态分布检验，如表 4-23、表 4-24、表 4-25、表 4-26、表 4-27 所示。

① 前文在新制度主义制度同构性分析中已提出，管理人员的专业背景可能对企业所感知的规范性压力产生影响。

② 题目质量的高低的标准是题项平均数应趋于中间值，在数据中如出现极端的平均数或有不正常的偏态和峰度，则难以反映题目的集中趋势。如果标准差<0.75，说明受试者的回答差异性小，题项的鉴别度低。如果偏态系数接近于正负 1，说明偏态明显。如果峰度的绝对值低于 10，偏度的绝对值低于 3，则可以判断数据基本服从正态分布。

表 4-23 组织战略对准性量表的统计学描述和正态分布性

测量维度	题项	最小值	最大值	均值	标准差	偏度	峰度
组织战略对准性	sa1	1	5	4.03	0.985	−0.870	0.466
	sa2	1	5	3.52	1.087	−0.165	−0.876
	sa3	1	5	3.64	0.987	−0.308	−0.330
	sa4	1	5	3.25	1.188	−0.067	−0.767
	sa5	1	5	3.38	1.054	−0.233	−0.390
	sa6	1	5	3.22	1.107	−0.148	−0.436
	sa7	1	5	3.59	1.056	−0.505	−0.165

表 4-24 组织战略环境量表的统计学描述和正态分布性

测量维度	题项	最小值	最大值	均值	标准差	偏度	峰度
组织战略环境	ed1	1	5	3.38	1.157	−0.473	−0.352
	ed2	1	5	3.39	1.117	−0.443	−0.257
	ed3	1	5	3.45	1.203	−0.359	−0.694
	ed4	1	5	3.49	1.114	−0.413	−0.495
	eh1	1	5	3.67	1.061	−0.594	−0.056
	eh2	1	5	3.43	1.055	−0.419	−0.190
	eh3	1	5	3.31	1.130	−0.219	−0.481
	eh4	1	5	3.66	1.075	−0.527	−0.071
	ec1	1	5	3.47	1.066	−0.238	−0.342
	ec2	1	5	3.63	1.012	−0.479	0.010
	ec3	1	5	3.55	1.009	−0.229	−0.438

表 4-25 组织人力资源管理实践量表的统计学描述和正态分布性

测量维度	题项	最小值	最大值	均值	标准差	偏度	峰度
组织人力资源管理实践	td1	1	5	3.30	1.102	−0.390	−0.231
	td2	1	5	3.31	1.126	−0.311	−0.485
	td3	1	5	3.52	1.084	−0.419	−0.270
	rs1	1	5	3.45	1.078	−0.366	−0.278
	rs2	1	5	3.42	1.054	−0.261	−0.283
	rs3	1	5	3.17	1.210	−0.096	−0.877
	hrp1	1	5	3.54	1.075	−0.393	−0.367
	hrp2	1	5	3.36	1.097	−0.229	−0.499
	pa1	1	5	3.39	1.179	−0.343	−0.637
	pa2	1	5	3.43	1.079	−0.320	−0.379

表 4-26　　组织人才管理实践量表的统计学描述和正态分布性

测量维度	题项	最小值	最大值	均值	标准差	偏度	峰度
组织人才管理实践	wb1	1	5	3. 58	1. 149	−0. 462	−0. 502
	wb2	1	5	3. 43	1. 088	−0. 333	−0. 484
	wb3	1	5	4. 02	1. 058	−1. 078	0. 835
	wb4	1	5	4. 02	1. 006	−1. 030	0. 977
	wb5	1	5	3. 64	1. 061	−0. 588	−0. 102
	wb6	1	5	3. 46	1. 113	−0. 314	−0. 568
	wb7	1	5	3. 84	1. 085	−0. 807	0. 146
	hrml1	1	5	3. 61	0. 975	−0. 459	0. 057
	hrml2	1	5	3. 50	1. 001	−0. 273	−0. 269
	hrml3	1	5	3. 58	1. 117	−0. 589	−0. 238
	hrml4	1	5	3. 42	1. 085	−0. 381	−0. 323
	hrml5	1	5	3. 37	1. 071	−0. 162	−0. 717
	in1	1	5	3. 45	1. 130	−0. 373	−0. 440
	in2	1	5	3. 77	1. 192	−0. 638	−0. 534
	in3	1	5	3. 69	1. 155	−0. 667	−0. 222
	cp1	1	5	3. 83	1. 078	−0. 644	−0. 372
	cp2	1	5	4. 00	1. 047	−0. 810	−0. 136
	cp3	1	5	3. 91	1. 109	−0. 845	−0. 017

表 4-27　　组织人才管理实施动机量表的统计学描述和正态分布性

测量维度	题项	最小值	最大值	均值	标准差	偏度	峰度
组织人才管理实施动机	so1	1	5	3. 51	1. 042	−0. 423	−0. 084
	so2	1	5	3. 55	0. 957	−0. 319	0. 067
	so3	1	5	3. 52	1. 069	−0. 346	−0. 373
	so4	1	5	3. 39	1. 082	−0. 278	−0. 441
	to1	1	5	3. 19	1. 165	−0. 184	−0. 640
	to2	1	5	3. 39	1. 132	−0. 239	−0. 554
	to3	1	5	3. 50	1. 151	−0. 354	−0. 573
	to4	1	5	3. 40	1. 155	−0. 374	−0. 498

从上述表格的描述性统计数据可以看出，标准差都已超过 0.75，题项平均数趋于中间值，反映出问卷的受试者回答差异性大，题项的鉴别度高。峰度的绝对值都低于 10，偏度的绝对值都低于 3，可以判断数据基本服从正态分布，适合进行下一步分析。

（二）基于大样本数据的验证性因子分析

对大样本数据实施验证性因子分析（CFA）是依据特定的理论观点对潜在变量和观测变量之间的关系进行合理假设，并通过统计检验来评估这种假设适当合理性，以及结构模型是否与实际数据相符。因此，通过探索性因子分析建立了量表的结构效度，再通过验证性因子分析克服探索性因子分析的不足，验证此结构效度的适切性与真实性。本书采用 AMOS17.0 软件对各个变量进行验证性因子分析，通过数据与测量模型的拟合分析，检验各个变量的因子结构是否与先前的构想相符，这也是结构方程模型（SEM）的一种。主要包括聚敛效度检验①，即检验同一构面因素的外显指标的内部一致性是否高；以及区别效度检验②，即检验同一构面内测量指标的相关是否高于构面间测量指标的相关。

根据结构方程理论，应以多个指标来综合衡量某个模型的好坏程度或者说是否可以接受，因此本书使用如下拟合指标：χ^2，χ^2/df，RMSEA，TLI，CFI，IFI 和 NFI，其中χ^2/df 是基于拟合函数的绝对拟合指数，如果 $2<\chi^2/df<5$ 则认为模型可以接受，$\chi^2/df\leqslant 2$ 表示拟合很好。RMSEA 为近似误差均方根，如果 RMSEA<0.1，则可认为模型拟合较好，若 RMSEA<0.05，则表示模型具有非常好的拟合。相对拟合指标 TLI，CFI，IFI 和 NFI 都是较为理想的相对拟合指数，如果这些指数值≥0.9，表示模型可接受，而这些指标值越接近于 1，表示模型的拟合度越好（侯杰泰，温忠麟，成子娟，2006；温忠麟，侯杰泰，马什赫伯特，2004）。

1. 组织战略对准性量表信度效度检验

按照前文对组织战略对准性量表获得的小样本数据所做的探索性因子分析结果，对本书的组织战略对准性构型变量提出了构想图，如图 4-4 所示。

再依据 SEM 的建模要求，将大样本数据与构想模型进行拟合，并用 AMOS17.0 软件对模型进行验证。得到了组织战略对准性结构与各参数的标准化解，如表 4-28 和图 4-5 所示。从表 4-28 可以看出，S.E 的值均为正数，没

---

① 一般使用平均方差抽取量（AVE）和因子的建构信度来测量收敛效度。如果 AVE 大于 0.50，表示构建的变量具有收敛效度。

② 各因子之间的两两相关系数加减两倍标准误（即相关系数的 95%置信区间）均不包含 1，则说明具有明显的区分效度。

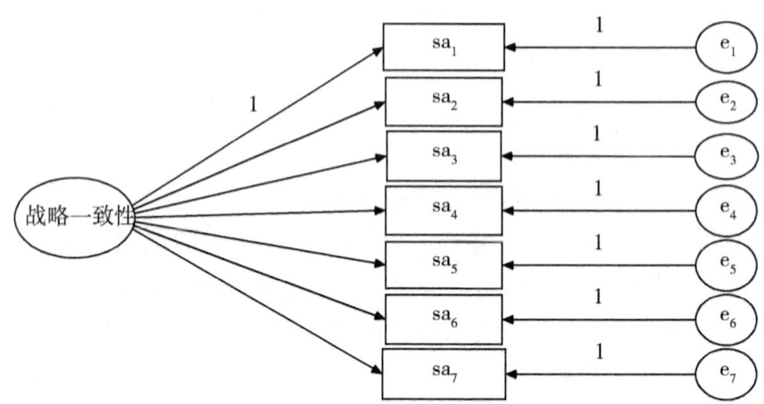

图 4-4　组织战略对准性构想模型

有超出可接受范围，各路径系数均在 P<0. 001 的水平上通过了显著性检验，模型拟合结果显示χ^2 值为 67. 704，自由度为 14，χ^2/df 为 4. 836，小于 5；NFI 为 0. 970，TLI 为 0. 969，CFI 为 0. 979，IFI 为 0. 961，均大于 0. 9；RMSEA 为 0. 082，小于 0. 1。因此，该模型拟合效果较好。建构信度 C. R 值均高于 0. 50，信度可以接受。潜变量的 AVE 值为 0. 526，高于标准值 0. 50，具有一定的收敛效度，且区分效度明显。

表 4-28　　　　**组织战略对准性测度模型拟合结果(N=310)**

路径	标准化路径系数	AVE	路径系数	S. E	C. R	P
sa1 <--- 战略对准性	0. 706	0. 526	1. 000			
sa2 <---战略对准性	0. 805		1. 259	0. 098	12. 856	***
sa3 <---战略对准性	0. 833		1. 183	0. 089	13. 226	***
sa4 <---战略对准性	0. 719		1. 228	0. 106	11. 599	***
sa5 <---战略对准性	0. 665		1. 009	0. 094	10. 784	***
sa6 <---战略对准性	0. 779		0. 716	0. 097	7. 366	***
sa7 <---战略对准性	0. 527		0. 801	0. 093	8. 610	***
χ^2	67. 704		TLI	0. 969	IFI	0. 961
df	14		CFI	0. 979	NFI	0. 970
χ^2/df	4. 836		RMSEA	0. 082		

注：***表示 P<0. 001。

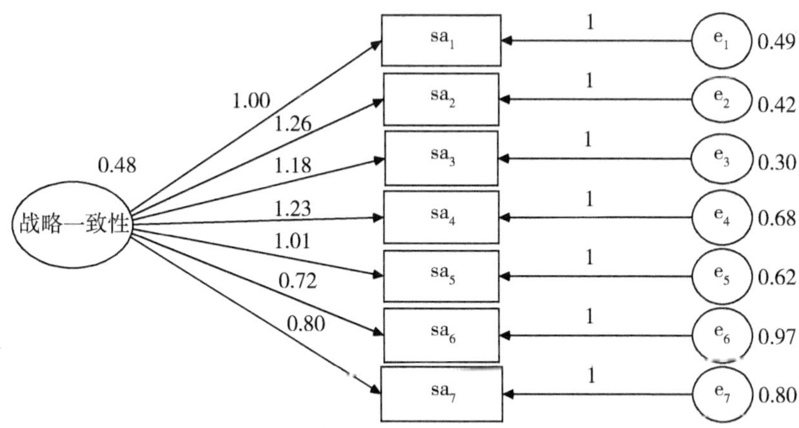

图 4-5　组织战略对准性结构与各参数系数

2. 组织战略环境量表信度效度检验

按照前文对组织战略环境量表获得的小样本数据所做的探索性因子分析结果，对本书的组织战略环境构型变量提出了构想图，如图 4-6 所示。

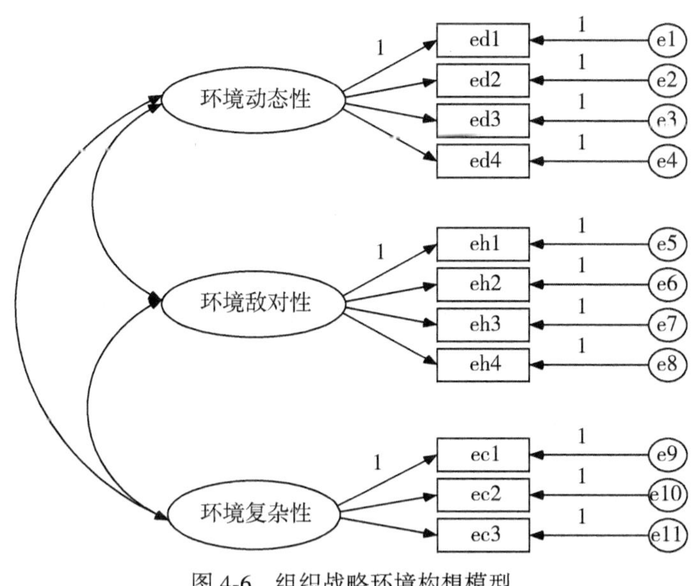

图 4-6　组织战略环境构想模型

再依据 SEM 的建模要求，将大样本数据与构想模型进行拟合，并用

AMOS17.0 软件对模型进行验证。得到了组织战略环境结构与各参数的标准化解，如表 4-29 和图 4-7 所示。从表 4-29 可以看出，S.E 的值均为正数，没有超出可接受范围，各路径系数均在 $P<0.001$ 的水平上通过了显著性检验，模型拟合结果显示 χ^2 值为 161.704，自由度为 41，χ^2/df 为 3.944，小于 5；NFI 为 0.938，TLI 为 0.903，CFI 为 0.953，IFI 为 0.954，均大于 0.9；RMSEA 为 0.085，小于 0.1。因此，该模型拟合效果较好。建构信度 C.R 值均高于 0.50，信度可以接受。潜变量的 AVE 值均高于标准值 0.50，具有一定的收敛效度，且区分效度明显。

表 4-29　　**组织战略环境测度模型拟合结果（$N=310$）**

路径	标准化路径系数	AVE	路径系数	S.E	C.R	P
ed1 <---环境动态性	0.553	0.549	1.000			
ed2 <---环境动态性	0.830		1.450	0.148	9.775	***
ed3 <---环境动态性	0.717		1.350	0.149	9.066	***
ed4 <---环境动态性	0.830		1.446	0.148	9.774	***
eh1 <---环境敌对性	0.637	0.503	1.000			
eh2 <---环境敌对性	0.743		1.159	0.105	11.030	***
eh3 <---环境敌对性	0.634		1.059	0.109	9.706	***
eh4 <---环境敌对性	0.717		1.141	0.106	10.733	***
ec1 <---环境复杂性	0.818	0.726	1.000			
ec2 <---环境复杂性	0.891		1.034	0.056	18.570	***
ec3 <---环境复杂性	0.845		0.978	0.057	17.306	***
χ^2	161.704		TLI	0.903	IFI	0.954
df	41		CFI	0.953	NFI	0.938
χ^2/df	3.944		RMSEA	0.085		

注：***表示 $P<0.001$。

3. 组织人力资源管理实践和人才管理实践量表信度效度检验

按照前文对组织人力资源管理实践和人才管理实践量表获得的小样本数据所做的探索性因子分析结果，对本书的组织人力资源管理和人才管理实践构型变量提出了构想图，如图 4-8 和图 4-9 所示。

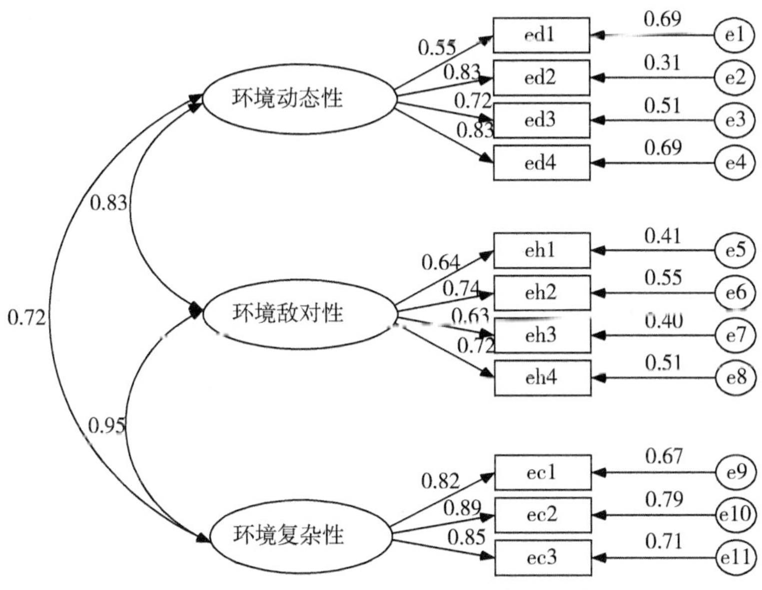

图 4-7 组织战略环境结构与各参数系数

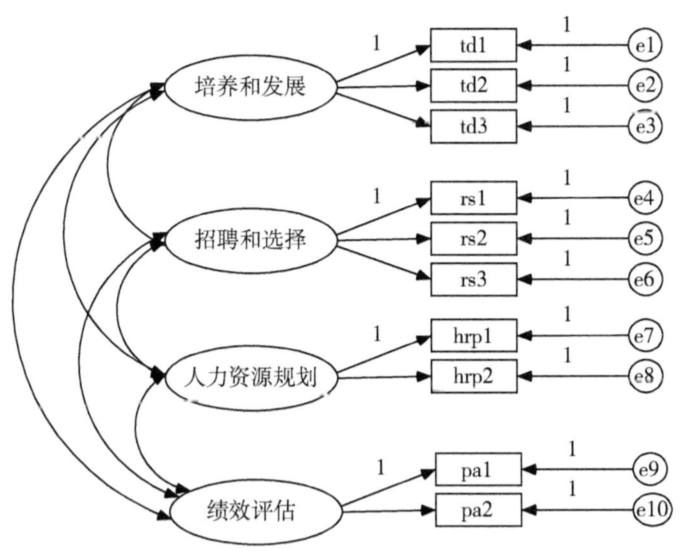

图 4-8 组织人力资源管理实践构想模型

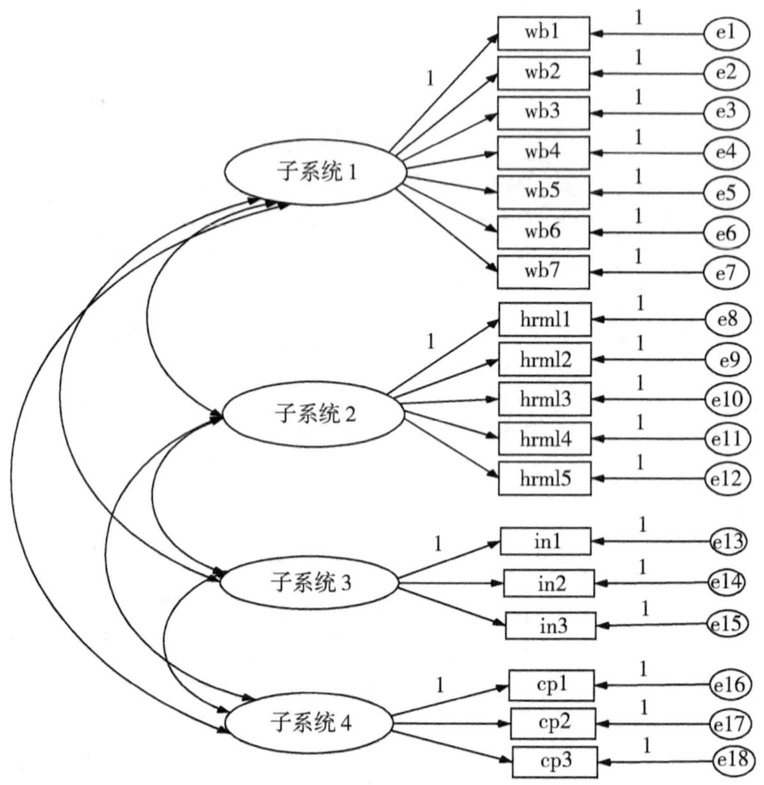

图 4-9　组织人才管理实践构想模型

再依据 SEM 的建模要求，将大样本数据与构想模型进行拟合，并用 AMOS17.0 软件对模型进行验证。得到了组织人力资源管理实践和人才管理实践构成与各参数的标准化解，如表 4-30、表 4-31 和图 4-10、图 4-11 所示。从表 4-30 可以看出，S.E 的值均为正数，没有超出可接受范围，各路径系数均在 $P<0.001$ 的水平上通过了显著性检验，模型拟合结果显示 χ^2 值为 124.961，自由度为 29，χ^2/df 为 4.309，小于 5；NFI 为 0.918，TLI 为 0.901，CFI 为 0.928，IFI 为 0.928，均大于 0.9；RMSEA 为 0.076，小于 0.1。因此，该模型拟合效果较好。建构信度 C.R 值均高于 0.50，信度可以接受。潜变量的 AVE 值均高于标准值 0.50，具有一定的收敛效度，且区分效度明显。

从表 4-31 可以看出，S.E 的值均为正数，没有超出可接受范围，各路径系数均在 $P<0.001$ 的水平上通过了显著性检验，模型拟合结果显示 χ^2 值为 557.538，自由度为 129，χ^2/df 为 4.322，小于 5；NFI 为 0.918，TLI 为 0.901，CFI 为 0.928，IFI 为 0.928，均大于 0.9；RMSEA 为 0.082，小于 0.1。

因此，该模型拟合效果较好。建构信度 C. R 值均高于 0. 50，信度可以接受。潜变量的 AVE 值均高于标准值 0. 50，具有一定的收敛效度，且区分效度明显。

表 4-30　　**组织人力资源管理实践测度模型拟合结果（N=310）**

路径	标准化路径系数	AVE	路径系数	S. E	C. R	P
td1 <---培养和发展	0. 870		1. 000			
td2 <---培养和发展	0. 903	0. 747	1. 060	0. 049	21. 560	***
td3 <---培养和发展	0. 818		0. 925	0. 051	18. 226	***
rs1 <---招聘和选择	0. 817		1. 000			
rs2 <---招聘和选择	0. 891	0. 726	1. 068	0. 055	19. 281	***
rs3 <---招聘和选择	0. 847		1. 164	0. 065	17. 823	***
hrp1 <---人力资源规划	0. 899	0. 835	1. 000			
hrp2 <---人力资源规划	0. 928		1. 053	0. 041	25. 574	***
pa1 <---绩效评估	0. 846	0. 608	1. 000			
pa2 <---绩效评估	0. 708		0. 766	0. 071	10. 851	***
χ^2	124. 961		TLI	0. 901	IFI	0. 928
df	29		CFI	0. 928	NFI	0. 918
χ^2/df	4. 309		RMSEA	0. 076		

注：***表示 $P<0.001$。

表 4-31　　**组织人才管理实践测度模型拟合结果（N=310）**

路径	标准化路径系数	AVE	路径系数	S. E	C. R	P
wb1 <---子系统 1	0. 539		1. 000			
wb2 <---子系统 1	0. 558		0. 981	0. 127	7. 736	***
wb3 <---子系统 1	0. 836		1. 428	0. 146	9. 797	***
wb4 <---子系统 1	0. 739	0. 513	1. 201	0. 131	9. 198	***
wb5 <---子系统 1	0. 749		1. 284	0. 139	9. 270	***
wb6 <---子系统 1	0. 548		0. 986	0. 129	7. 642	***
wb7 <---子系统 1	0. 875		1. 534	0. 153	9. 995	***

续表

路径	标准化路径系数	AVE	路径系数	S. E	C. R	P
hrml1 <---子系统 2	0. 535		1. 000			
hrml2 <---子系统 2	0. 728		1. 39	0. 157	8. 900	***
hrml3 <---子系统 2	0. 838	0. 536	1. 794	0. 188	9. 529	***
hrml4 <---子系统 2	0. 784		1. 629	0. 176	9. 244	***
hrml5 <---子系统 2	0. 741		1. 520	0. 169	8. 985	***
in1 <---子系统 3	0. 731		1. 000			
in2 <---子系统 3	0. 921	0. 733	1. 329	0. 083	15. 932	***
in3 <---子系统 3	0. 904		1. 263	0. 080	15. 753	***
cp1 <---子系统 4	0. 753		1. 000			
cp2 <---子系统 4	0. 905	0. 730	1. 168	0. 071	16. 431	***
cp3 <---子系统 4	0. 897		1. 225	0. 075	16. 304	***
χ^2	557. 538		TLI	0. 935	IFI	0. 948
df	129		CFI	0. 946	NFI	0. 953
χ^2/df	4. 322		RMSEA	0. 082		

注：***表示 $P<0.001$。

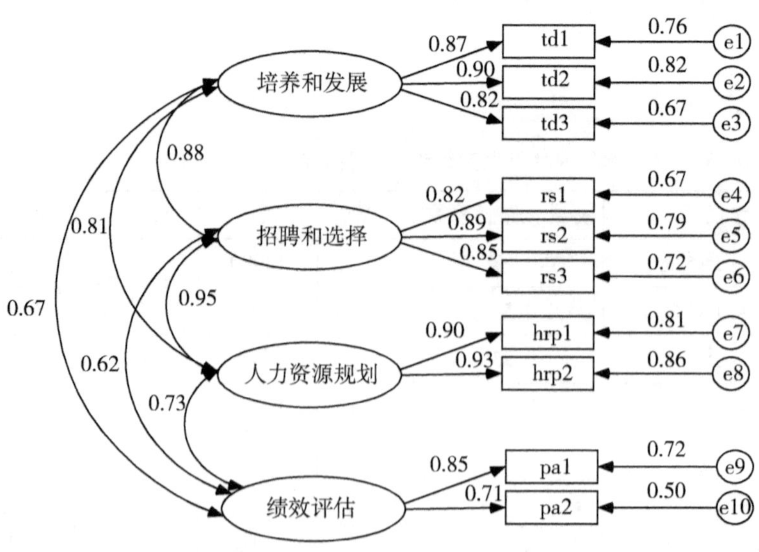

图 4-10　组织人力资源管理实践结构与各参数系数

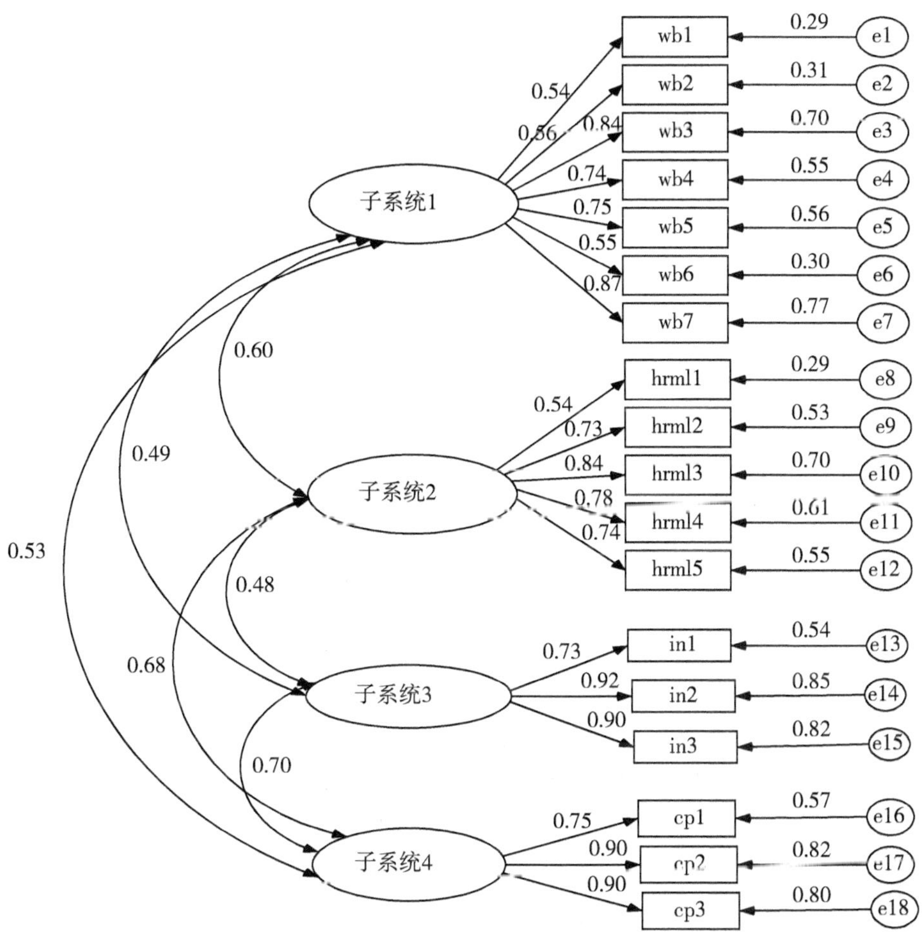

图 4-11　组织人才管理实践结构与各参数系数

4. 人才管理实施动机量表信度效度检验

按照前文对人才管理实施动机量表获得的小样本数据所做的探索性因子分析结果，对本书的人才管理实施动机变量提出了构想图，如图 4-12 所示。

再依据 SEM 的建模要求，将大样本数据与构想模型进行拟合，并用 AMOS17.0 软件对模型进行验证。得到了组织人才管理实施动机测度模型拟合结果和标准化解，如表 4-32 和图 4-13 所示。

从表 4-32 可以看出，S.E 的值均为正数，没有超出可接受范围，各路径系数均在 $P<0.001$ 的水平上通过了显著性检验，模型拟合结果显示 χ^2 值为 73.879，自由度为 19，χ^2/df 为 3.888，小于 5；NFI 为 0.960，TLI 为 0.956，

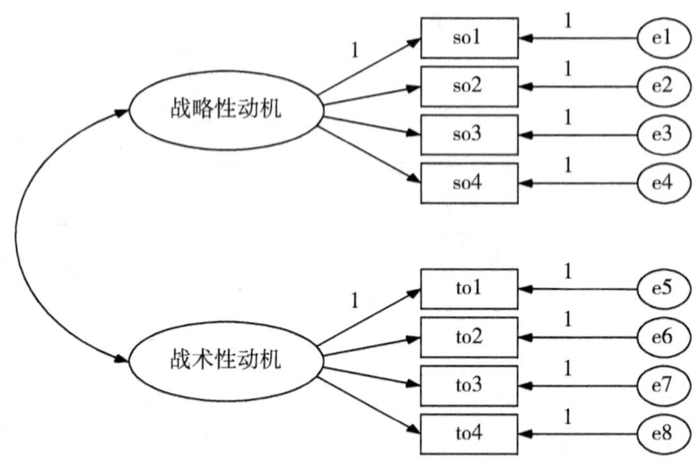

图 4-12　组织人才管理实施动机构想模型

CFI 为 0.970，IFI 为 0.970，均大于 0.9；RMSEA 为 0.097，小于 0.1。因此，该模型拟合效果较好。建构信度 C.R 值均高于 0.50，信度可以接受。潜变量的 AVE 值均高于标准值 0.50，具有一定的收敛效度，且区分效度明显。

表 4-32　　**组织人才管理实施动机测度模型拟合结果（N=310）**

路径	标准化路径系数	AVE	路径系数	S.E	C.R	P
so1 <---战略性动机	0.805	0.667	1.000			
so2 <---战略性动机	0.827		0.944	0.059	16.095	***
so3 <---战略性动机	0.864		1.102	0.065	16.982	***
so4 <---战略性动机	0.766		0.989	0.068	14.599	***
to1 <---战术性动机	0.708	0.727	1.000			
to2 <---战术性动机	0.905		1.243	0.082	15.219	***
to3 <---战术性动机	0.906		1.266	0.083	15.240	***
to4 <---战术性动机	0.876		1.228	0.083	14.775	***
χ^2	73.879		TLI	0.956	IFI	0.970
df	19		CFI	0.970	NFI	0.960
χ^2/df	3.888		RMSEA	0.097		

注：***表示 P<0.001。

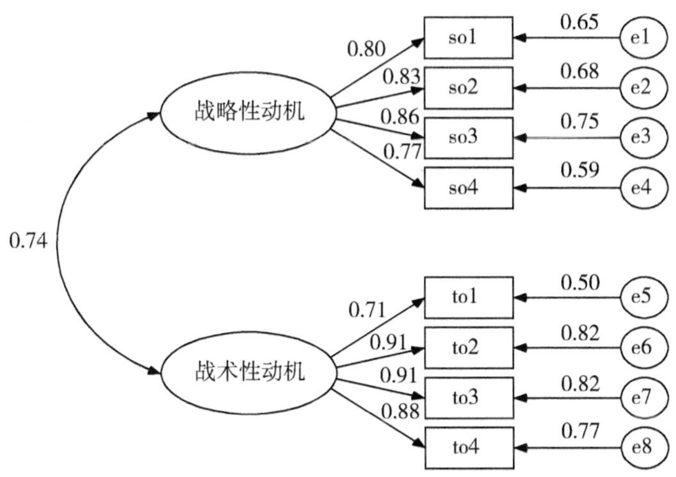

图 4-13　组织人才管理实施动机结构与各参数系数

第三节　战略人才管理系统匹配度评判

通过对战略人才管理系统匹配度的测算，确认了对战略人才管理系统内各构型变量进行匹配度的评判分析，下一步本书通过变量间的相关分析、多层回归分析和聚类分析等方法对系统主体和其他主要构成部分分别进行内部契合分析和外部适应度分析。

一、战略人才管理系统构型变量间的相关分析

在进行匹配度评判之前，本书首先对构型变量进行相关分析，计算变量间的两两相关系数，结果如表 4-33 所示。从表 4-33 可以看出，要素间存在着显著的正向相关关系。这初步证实了前文对战略人才管理系统匹配度的诊断和测算结果，但这种相关关系仅表示构型变量间存在关系，却无法说明其中的因果关系以及相应的影响作用大小。后续研究中将逐一对构型变量进行分析，主要采用多元回归分析来检验提出的假设。

表 4-33　　　　**相关系数矩阵**

	人才管理实践	人力资源管理实践	战略对准性	环境动态性	环境敌对性	环境复杂性	战略动机	战术动机
人才管理实践	1							

续表

	人才管理实践	人力资源管理实践	战略对准性	环境动态性	环境敌对性	环境复杂性	战略动机	战术动机
人力资源管理实践	0.640**	1						
战略对准性	0.769**	0.460**	1					
环境动态性	0.627**	0.662**	0.581**	1				
环境敌对性	0.639**	0.626**	0.529**	0.699**	1			
环境复杂性	0.611**	0.562**	0.504**	0.626**	0.772**	1		
战略动机	0.485**	0.515**	0.416**	0.509**	0.678**	0.750**	1	
战术动机	0.466**	0.451**	0.554**	0.472**	0.491**	0.538**	0.675**	1

注：**在 0.01 水平(双侧)上显著相关。

二、战略人才管理系统外部适应度分析

进行多元回归分析要求变量间不存在多重共线性、序列相关和异方差等问题，才能保证分析结果的科学性。其中，多重共线性是指解释变量之间具有严重的线性相关，也就是表现为多个变量具有共同的变化趋势。方差膨胀因子(VIF)指数常用来进行判断。若 0<VIF<10，一般认为不存在多重共线性；若 10<VIF<100，则表示存在较强的多重共线性；若 VIF>100，则表示存在严重的多重共线性(何晓群和刘文卿, 2007)。经检验，本书的各回归模型的 VIF 指数均在 1 至 10 之间，故可判断本书的解释变量间不存在多重共线性问题。

序列相关值是指不同期的样本值之间存在相关关系。通常使用模型的 DW 值来判断是否存在序列相关。如果 1.5<DW<2.5，则模型不存在序列相关。本书的研究数据是截面数据而非时间序列数据，经检验所有回归模型的 DW 值都在标准范围内，所以可以判断本书的回归模型不存在序列相关问题。

异方差问题是指随着解释变量的变化，被解释变量的方差存在明显的变化趋势(马庆国, 2002)。通常采用散点图分析，如果散点分布呈现无序状态，则可以认为回归模型中不存在异方差。本书对各回归模型以被解释变量为横轴进行散点图分析，结果显示各回归模型的散点图均呈无序分布状态。所以，可以判断本书的回归模型不存在异方差问题。

通过上述相关分析和三大问题检验结果表明，本书的后续研究可以进行多元层次回归分析。

（一）组织战略对准性的调节作用

组织战略对准性变量衡量了组织人力资源功能的有效性，在前文的论述中提出人力资源管理实践可能影响人才管理实践，而组织战略对准性则可能调节这种影响作用，即假设 H1、假设 H2、假设 H2a 和假设 H2b。为验证此假设，本书对组织战略对准性变量进行分组，划分为组织战略对准性高和组织战略对准性低，以人才管理实践为被解释变量，以人力资源管理实践和战略对准性为解释变量，以企业规模和管理模式为控制变量，建立回归模型。根据学者一般采用数据中心化处理以减小回归方程中变量间多重共线性问题（陈晓萍等，2008），本书先对人力资源管理实践和战略对准性变量进行中心化处理，再将处理后的人才管理实践与战略对准性变量相乘，得到 1 个交互项，进行回归分析。检验过程分为三步完成：第一步，加入控制变量（企业规模和企业管理模式），得到模型 1；第二步，加入人才管理实践变量，得到模型 2；第三步依次加入战略对准性变量和人力资源管理实践与战略对准性的交互项，得到模型 3，模型 3 包括了上述所有变量。由于本书将战略对准性变量分为两个维度，如战略对准性低和战略对准性高，因此需要分别进行回归分析以进行比较，如果人力资源管理实践与战略对准性的交互项的系数检验达到显著水平，则说明战略对准性变量的调节作用得到了支持。结果如表 4-34 所示。

表 4-34　**人力资源管理实践与人才管理实践：战略对准性的调节作用检验**

	战略对准性低（标准化系数 B）			战略对准性高（标准化系数 B）		
控制变量	模型 1	模型 2	模型 3	模型 1	模型 2	模型 3
企业规模	0.027	0.044	0.007	0.085	0.079	0.025
管理模式	0.102	0.021	0.044	0.205**	0.170**	0.059
自变量						
A-人力资源管理实践		0.771***	0.360*		0.491***	0.405***
B-战略对准性			0.250*			0.602
$A*B$			−0.321			−0.115*
F 值	0.432	38.779***	41.580***	4.958**	29.315***	63.198***
调整 R^2	−0.014	0.583***	0.715***	0.034**	0.272***	0.578***
ΔR^2	0.011	0.588***	0.134***	0.042**	0.240***	0.305***

注：$*P<0.05$，$**P<0.01$，$***P<0.001$。

从表 4-34 可知，组织战略对准性高的企业，在人力资源管理实践与人才管理实践的关系间战略对准性的调节作用较为显著，假设 H2 部分得到支持。具体来看，方程整体显著，F 值显著为 63.198（$P=0.000<0.001$），R^2 相对于模型 1 有较大幅度增加，表明了回归模型整体效果理想，结果具有一定的稳定性。模型 1 中控制变量企业规模不显著，说明无论企业人员规模大还是小，其人才管理实践没有显著区别。而企业管理模式对人才管理实践的回归系数为正，且显著（$P<0.01$），说明企业管理模式对组织人才管理实践有正向影响，企业战略对准性高，管理模式越偏于全球竞争型或持续型，则可能越重视人才管理实践的实施。模型 2 显示，人力资源管理实践对人才管理实践有显著的正向影响作用，验证了假设 H1。在模型 3 中，人力资源管理实践与战略对准性的交互项的回归系数显著为-0.115（$P<0.05$），说明战略对准性对于"人力资源管理实践与人才管理实践之间的关系"具有显著的负向调节作用，即当组织战略对准性高的时候，人力资源管理实践对人才管理实践强的正向影响关系会受到战略对准性的干扰，企业人力资源功能有效性高反而会减弱人力资源管理对人才管理实践的正向影响，假设 H2a 没有得到支持。

对于战略对准性低的企业而言，从表 4-34 可知，战略对准性对于人力资源管理实践与人才管理实践关系的调节作用没有显著影响，因此假设 H2b 得到支持。具体来看，方程整体显著，F 值显著为 41.580（$P=0.000<0.001$），R^2 相对于模型 1 有较大幅度增加，表明了回归模型整体效果理想，结果具有一定的稳定性。模型 1 中控制变量企业规模和企业管理模式均不显著，说明无论企业人员规模大小，抑或何种管理模式，其人才管理实践没有显著区别。模型 2 显示人力资源管理实践对人才管理实践有显著的正向影响作用，支持假设 1。模型 3 中人力资源管理实践与人才管理实践的交互项的回归系数为-0.321，不显著，因此战略对准性低的企业中，战略对准性在"人力资源管理实践与人才管理实践间关系"的调节作用并不显著，支持假设 2b。

（二）环境不确定性的驱动作用及影响

组织环境变量作为战略人才管理系统重要的构型变量，可能会对其他构型变量产生驱动作用，即本书的假设 H3、假设 H4、假设 H5、假设 H6、假设 H7 和假设 H8。因此以企业规模、企业管理模式为控制变量，环境动态性、敌对性和复杂性为自变量，组织战略对准性和组织人才管理实践分别为因变量进行多元回归分析。回归分析结果如表 4-35 和表 4-36 所示。

表 4-35　　环境不确定性对组织战略对准性的驱动作用

	组织战略对准性标准化系数 B	
控制变量	模型 1	模型 2
企业规模	0.062	0.022
管理模式	0.058	0.035
自变量		
环境动态性		0.391***
环境敌对性		0.137+
环境复杂性		0.150*
F 值	0.968	36.930***
R^2	0.006	0.378***
ΔR^2	0.006	0.372***

注：+P<0.10，*P<0.05，**P<0.01，***P<0.001。

从表 4-35 可知，企业战略环境不确定性对战略对准性的正向影响显著通过检验，具体来看，环境动态性对战略对准性的回归系数为 0.391（$P<0.001$），环境敌对性对战略对准性的回归系数为 0.137（$P<0.10$），环境敌对性对战略对准性的回归系数为 0.150（$P<0.05$）。这说明环境不确定性如环境动态性、环境敌对性和环境复杂性都对组织战略对准性有显著正向影响，即环境不确定性各维度均对组织战略对准性有驱动作用。不确定性水平越高，组织的战略对准性水平越高。而控制变量企业规模和企业管理模式均不显著，说明企业战略对准性水平不受上述因素的影响。因此假设 H3、H5、H7 得到支持。

表 4-36　　环境不确定性对组织人才管理实践的影响

	组织战略对准性标准化系数 B	
控制变量	模型 1	模型 2
企业规模	0.048	0.004
管理模式	0.048	0.015
自变量		
环境动态性		0.316***

续表

	组织战略对准性标准化系数 B	
控制变量	模型 1	模型 2
环境敌对性		0. 244**
环境复杂性		0. 224**
F 值	0. 628	58. 887***
R^2	0. 004	0. 492***
ΔR^2	0. 004	0. 488***

注：**$P<0.01$，***$P<0.001$。

从表 4-36 可知，企业战略环境不确定性对人才管理实践的正向影响显著通过检验，具体来看，环境动态性对人才管理实践的回归系数为 0. 316（$P<0.001$），环境敌对性对人才管理实践的回归系数为 0. 244（$P<0.01$），环境敌对性对人才管理实践的回归系数为 0. 224（$P<0.01$），模型的 R^2 值为 0. 492，F 值为 58. 887，在 $P<0.001$ 的水平上显著。这说明环境不确定性如环境动态性、环境敌对性和环境复杂性都对组织人才管理实践有显著正向影响，环境不确定性能解释驱使企业采取人才管理实践的 49. 2% 的原因。不确定性水平越高，越会促进企业积极采取人才管理实践，所以环境不确定性确定是企业战略人才管理实践实施的驱动因素。而控制变量企业规模和企业管理模式均不显著，说明企业人才管理实践水平不受上述因素的影响。因此假设 H4、H6、H8 得到支持。

三、战略人才管理系统内部契合度分析

企业战略人才管理实施可能受到战略性动机影响，也可能受到战术性动机影响。由于不同的实施动机，可能导致企业的人才管理系统处于不同的阶段性。因此，为验证假设 H11、H11a 和 H11b，以企业规模、组织管理模式为控制变量，其中，将企业管理模式分为两组，组 1 为科层式组织和低成本型组织，组 2 为高参与度式组织、全球竞争型组织和持续型组织。采用了两阶段聚类分析方法，以组织管理模式为分类变量，以人才管理实践的四个子系统为连续变量。在原始数据中生成的具体样本聚类结果也显示，编号为 1 和 2 的组织管理模式分组为组 1，编号为 3、4 和 5 的组织管理模式分组为组 2。事实上中国传统的组织管理模式以科层式和低成本型为主要类型，而新兴的管理模式如

高参与度式、全球竞争型和持续型组织也在逐渐兴起(Sparrow et al.，2014b)，因此两组组织管理模式能将中国组织中现行的主流管理模式与新兴管理模式相区分，以便进行后续的对比分析。

以人才管理实践为因变量，以战略性动机和战术性动机为自变量进行回归分析，检验过程分为三步完成：第一步，加入控制变量(企业规模和企业管理模式)，得到模型1；第二步，加入战略性动机变量，得到模型2；第三步加入战术性动机变量，得到模型3，模型3包括了上述所有变量。结果如表4-37所示。

表4-37　**实施动机对组织人才管理实践的影响**

	企业类型分组1 标准化系数B			企业类型分组2 标准化系数B		
控制变量	模型1	模型2	模型3	模型1	模型2	模型3
企业规模	0.005	0.036	0.011	0.058	0.054	0.050
管理模式	0.031	0.013	0.034	0.170*	0.124+	0.114
自变量						
战略性动机		0.058***	0.208*		0.468***	0.382***
战术性动机			0.380***			0.139
F值	0.077	15.520***	16.096***	2.807+	17.253***	13.680***
R^2	0.001	0.239***	0.305***	0.035+	0.252***	0.244
ΔR^2	0.001	0.238***	0.065***	0.035+	0.217***	0.012

注：+P<0.10，*P<0.05，**P<0.01，***P<0.001。

从表4-37可以看出，两组样本的回归结果具有差异性。分组1中企业管理模式属于科层式组织或者低成本型组织，模型2中战略性动机对人才管理实践的回归系数为0.058(P<0.001)，模型3中战术性动机对人才管理实践的回归系数为0.380(P<0.001)，而战略性动机对人才管理实践的回归系数变为0.208(P<0.05)，结果均为显著，模型整体R^2值为0.305，F值为16.096(P<0.001)，说明模型总体效果理想，上述结果具有一定的稳定性，分组1中的企业可能出于战略性动机也可能出于战术性动机选择实施人才管理，假设H11得到支持，但假设H11b被拒绝。

分组 2 中企业管理模式属于其余类型，如高参与度式、全球竞争型和持续型组织，模型 2 中战略性动机对人才管理实践的直接作用显著，系数为 0. 054 ($P<0.001$)，但模型 3 中战术性动机的作用不显著，方程整体仅在考虑战略性动机时显著，R^2 值为 0. 252($P<0.001$)。调整变量中企业管理模式变量具有显著影响，说明分组 2 中企业在实施人才管理时明显受到自身管理模式的影响，而偏向于因战略性动机而采取人才管理实践。因此假设 H11a 得到支持。

为了验证在样本企业中实施人才管理实践各子系统的程度的差异性，本书基于人才管理实践子系统的四个模块，以企业管理模式为个案标记依据，对样本企业进行 k-均值聚类分析。首先应确定分类的数量，因此本书使用了分层聚类分析方法分析了四个子系统间的联系，结果显示从第四类到第一类组织的平方欧式距离(squared Euclidean distance)测量值出现显著增加，系数由 185. 687 增加到 297. 034，因此下一步按照四类进行 k-均值聚类分析，四个子系统的方差 F 检验显示四个模块间显著存在差异，子系统 1 的 $F=108.510$ ($P<0.001$)，子系统 2 的 $F=106.148$ ($P<0.001$)，子系统 3 的 $F=237.504$ ($P<0.001$)，子系统 4 的 $F=189.264$ ($P<0.001$)。k-均值聚类分析结果如表 4-38 所示。

表 4-38 **人才管理模块实施强度聚类分析**

	组 1 ($n=106$)	组 2 ($n=92$)	组 3 ($n=17$)	组 4 ($n=95$)
子系统 1(以工作实践为基础的系统)	4. 33	3. 32	2. 03	3. 70
子系统 2(人力资源管理导向系统)	4. 18	3. 17	1. 86	3. 34
子系统 3(国际化导向系统)	4. 53	3. 93	1. 76	2. 69
子系统 4(职业履历构建导向)	4. 67	4. 08	1. 57	3. 33

注：指数 1~5 表示企业人才管理实践的实施情况从完全不符合到完全符合。

从表 4-38 可以看出，样本中企业实施人才管理实践各子系统模块的强度是有差别的，组 1 中有 106 家企业实施人才管理实践的强度最高，组 3 中有 17 家企业实施人才管理实践的强度最低，而组 2 和组 4 相比，前者在子系统 3 和子系统 4 中的强度高于后者，组 4 在子系统 1 和子系统 2 中的实施强度高于组 2。这说明组 4 企业偏于实施内部导向型的人才管理实践子系统 1 和子系统 2，而组 2 企业则偏于实施外部导向型的人才管理实践子系统 3 和子系统 4。具体来看，表 4-39 中按照聚类分析后的分组，对各个组内企业管理模式分布情况进行了比率分析，发现组 1 中科层式组织和全球竞争型组织占有较大比例，分别为 36.54%和 34.62%，组 2 中全球竞争型组织占有较大比例，为 44.68%，组 3 中低成本运营式组织占有较大比例，为 41.67%，组 4 中科层式组织占有较大比例，为 39.36%，低成本运营式组织为 29.79%，支持了假设 H12、H12a、H12b。

表 4-39 **按管理模式分类企业分布情况**

	组 1 (n=106)	组 2 (n=92)	组 3 (n=17)	组 4 (n=95)
科层式组织	36.54%	11.70%	0	39.36%
低成本运营式组织	17.31%	29.79%	41.67%	29.79%
高参与度式组织	6.80%	3.19%	16.67%	3.19%
全球竞争型组织	34.62%	44.68%	33.33%	17.02%
持续型组织	3.85%	8.51%	8.33%	10.64%
合计	100%	100%	100%	100%

四、战略人才管理系统匹配度评判结果汇总

研究结果表明大部分假设都通过了检验，研究的问题得到了较好的印证，在一定程度上对本书的研究目标进行了说明。各项假设的验证结果如表 4-40 所示。

表 4-40 **各项假设检验情况**

研究假设	检验结果
H1：企业的人力资源管理实践与人才管理实践正相关	通过
H2：人力资源管理战略与经营战略的一致性调节了人力资源管理实践和人才管理实践的关系	通过
H2a：一致性高的企业中人力资源管理实践与人才管理实践间的关系得到显著增强。	拒绝

续表

研究假设	检验结果
H2b：一致性低的企业中战略对准性不会显著影响人力资源管理实践与人才管理实践间的关系。	通过
H3：环境动态性显著影响企业人力资源功能有效性	通过
H4：环境动态性显著影响企业人才管理实践	通过
H5：环境敌对性显著影响企业人力资源功能有效性	通过
H6：环境敌对性显著影响企业人才管理实践	通过
H7：环境复杂性显著影响企业人力资源功能有效性	通过
H8：环境敌对性显著影响企业人才管理实践	通过
H11：企业实施人才管理系统可能出于战略性动机也可能出于战术性动机	通过
H11a：高参与型、全球竞争型和持续型企业的人才管理实践受到战略性动机影响	通过
H11b：科层式和低成本型企业的人才管理实践受到战术性动机影响	拒绝
H12：不同管理模式的企业的人才管理实践组合选择有不同倾向	通过
H12a：传统组织管理模式如层级制和低成本型企业更倾向于实施内部导向型的人才管理实践组合。	通过
H12b：新型组织管理模式如高参与型、全球竞争型和持续型企业更倾向于实施外部导向型的人才管理实践组合。	通过

(一)战略人才管理系统外部适应度综合评判

本书对战略人才管理系统外部适应度的评判主要是针对系统的其他构型变量，如组织战略和组织环境两个构型变量间的匹配程度进行判定。

1. 组织人才管理实践与组织战略间的适应度

本书对组织人才管理实践与组织战略间的适应度评判是通过两步完成的，首先是人力资源管理实践与人才管理实践关系检验，其次是人力资源管理战略与经营战略间的对准性检验(简称为战略对准性)。

在对各构型变量间的相关性分析中发现，各变量间存在着显著的相关关系。继而进行的多元层次回归分析发现，人力资源管理实践对人才管理实践具有显著的正向影响作用，这是与前文所述的现有研究结果一致的。战略人才管理来源于人力资源管理(EddieBlass，2009，Rotolo，2013)，两者有重合，也有区别。在质性研究中发现受访者认为人力资源管理实践和人才管理实践虽然有重叠，但侧重点不同。因此，人才管理战略也在一定程度上受到了人力资源管理战略的影响，这种影响程度取决于战略对准性的调节作用。

战略对准性反映了企业人力资源功能有效性，因此分析中按照对准性高和低两个维度进行分析。战略对准性低的企业，意味着人力资源功能性较弱，人才管理战略更倾向于直接与经营战略对准，推动组织经营战略的实施。因此在检验中表现为战略对准性对于人力资源管理实践与人才管理实践关系的调节作用没有显著影响，并且不受组织规模和管理模式的影响。战略对准性高的企业，意味着人力资源功能性较强，因此战略对准性会调节人力资源管理与人才管理实践间的关系，但与 Glaister et al.（2018）等人的研究结果略有不同的是，这种调节作用是一种负向调节，会在一定程度上干扰人力资源管理对人才管理实践的正向影响作用。当然，这种负向影响作用并不大，回归指数为-0.115（$P<0.05$）。意味着在人力资源功能性较强的企业，人才管理实践和战略的推进受到了一定的障碍，原因可能是来自制度性压力，因为管理模式变量在人力资源管理与人才管理的关系中具有显著影响；也可能是管理者的理念中仍认为人力资源管理和人才管理并没有实质性区别，① 不需要进一步发展人才管理系统。因此为了解决战略对准性可能对人力资源管理和人才管理关系间的负向调节作用，企业应注意解决制度性压力的影响和正视人力资源管理与人才管理概念间的本质区别，强化人才管理理念。

2. 组织人才管理实践与组织环境间的适应度

组织战略环境构型由环境不确定性的三个维度构成，即环境动态性、环境敌对性和环境复杂性。通过层次回归分析结果发现，战略环境不确定性及其各子维度对组织战略对准性和人才管理实践都有显著正向影响。区别于传统研究中关注的是环境变量的调节作用，在本书研究中，环境不确定性变量作为主要的变量对其他构型变量产生了显著影响，环境不确定性程度越高，需要组织的人力资源功能性越有效，以积极应对环境变化为组织人才管理带来的挑战，人才管理战略也必须支持组织经营战略，因而这种人才管理战略必然要求企业进行战略性人才管理能力的构建以应对这种挑战。这一结论是与 Tarique and Schuler（2010）, Cappelli and Keller（2014）和 Bethke-Langenegger（2011）等人近年来的研究结论相一致的。

（二）战略人才管理系统内部契合度综合评判

组织人才管理实践由四个子系统构成，人才管理战略与子系统间的横向对

① 前文在半结构化访谈中提及。

准关系是战略人才管理系统的重要构成。由于企业的人才管理系统处于不同的阶段性特征，导致战略性动机并非是企业人才管理系统的唯一特征，战术性动机使得企业人才管理系统具有其他表现[①]，如反应性阶段(reactive)、程序性阶段(programmatic)、综合性阶段(comprehensive)或者是对准性阶段(aligned)(Silzer and Dowell，2009a)。通过层次回归分析发现，企业或由于战略性动机，或由于战术性动机而实行人才管理，但不同的管理模式下这种动机选择是不同的。通过分组比较发现，科层式组织或低成本型组织是我国企业中最多使用和传统的管理类型，因此既可能受到战术性动机影响，也可能受到战术性动机影响。这说明中国的传统企业正受到了新的管理理念的冲击，面临日益激烈的竞争环境，企业也在进行管理制度的转型，不仅仅是考虑战术性的需要，如短期人力资源事务的需要，更多出于长期发展的考虑，而进行战略性规划和改革。新兴的组织管理模式，如高参与度式、全球竞争型和持续型组织则更多地受到来自战略性动机的驱动，说明其建立战略性人才管理系统的动机也更为明显。这也是与当前企业参与国际竞争的趋势和长期可持续发展的需要相一致的。

而对于人才管理实践的四个子系统，各个企业的偏好程度是有差异的。通过聚类分析发现，样本企业对四个子系统的实施强度可以分为四大类：集约型人才管理、浅显型人才管理、外部导向型人才管理和内部导向型人才管理。集约型人才管理的企业为组 1，其中科层式企业和全球竞争型企业所占的比例较大。可能的原因在于不考虑企业规模的因素，大多数中国企业都是传统的科层式企业管理模式，如央企和国企，其盈利能力较强；而全球竞争型企业则多是跨国公司在中国的分支机构，具有一定的市场竞争力。这类企业具有较高的人才管理实践参与度，可能是因为企业内部已经形成了制度化的人力资源部门，也建立了较为综合性的和特制的人才管理程序，因此会针对关键人才制定人才引进和开发的管理举措。

浅显型人才管理的企业为组 3，其中低成本运营式组织所占的比例较大。四个子系统在这类企业中运用的力度较低，可能的原因在于受到管理成本的限制，以降低运营成本为目标的企业，如中、小、微企业，由于国家相关法律法规的[②]强制性要求，以及行业中其他企业通过人才管理实践活动吸引人才的整体氛围，都促使这些企业不得不从形式上建立人才管理体系，但实际上仅仅只是较为浅显程度的使用人才管理实践，希望依此在人才招募和塑造雇主品牌等

① 前文表 4-2 所示。

② 如国家《劳动法》和《社会保险法》规定企业必须给员工缴纳“五险一金”。

方面获得益处。

外部导向型人才管理的企业为组 2，其中全球竞争型组织所占比例相对较大，其人才管理实践活动强调国际化导向组合和职业履历构建组合。可能的原因在于以全球竞争为目标的企业，参与全球化竞争的意识较强，大多数企业会面临环境复杂性、文化多元性、目标多重性和雇员多样性等问题(马伟超，2011)，如总部和分支机构人才的全球性调配问题，包括人员安置、外派、业务外包等。因此这类企业偏向于采用应对业务发展需要进行的国际化导向实践，如国际业务培训、短期国际化培训和国际项目团队构建等实践活动，以及在企业内跨国人员借调、工作轮换和外部人员借调等职业履历构建实践活动。

内部导向型人才管理的企业为组 4，其中科层式组织所占的比例相对较大，其人才管理实践活动强调工作实践-基础的实践组合和人力资源管理导向的实践组合。可能的原因在于这类企业，尤其是科层式管理模式的企业多年来延续的是传统的人力资源管理制度，其人才管理实践活动偏向于行政事务性，因此人才管理实践子系统 1 和子系统 2 的实践组合能满足这类企业的一般性的和必要的人才管理需求，而不是企业用来在人才市场上参与人才竞争的工具。

(三)控制变量的影响作用

在前述研究中，将组织规模与组织管理模式作为控制变量进行了分析。结果显示，组织规模对于上述研究变量都没有显著影响。这说明企业规模大小并不是影响企业是否实现战略性人才管理系统的重要因素。可能的原因是企业规模对于企业构建人才管理系统的影响并不是想象中那么大。管理模式变量则对部分变量具有显著影响，如战略对准性、实施动机。新兴管理模式受到传统的制度禁锢较少，以灵活性、竞争性和可持续性为特征，有利于企业人力资源发挥更多战略性伙伴的作用，也有利于推动战略性适配能力的发展。而对于环境不确定性及制度性压力变量而言，其对所有企业的影响并不因管理模式的不同而不同。

第四节 本 章 小 结

本章对战略人才管理系统匹配度进行了诊断、测算和评判。通过问卷的方式获得数据，使用了多种统计分析方法对样本企业的战略人才管理系统匹配度进行了测量，最终得出了战略人才管理系统内部契合度和外部适应度的评判结果。

首先是对战略人才管理系统匹配度的诊断，提出了对涉及的变量，如组织战略对准性变量、组织战略环境变量、组织人才管理实践活动变量及控制变量等进行测量的题项。

其次是对战略人才管理系统匹配度的测算，通过探索性因子分析，对调查问卷进行预测试，结合了信度和效度检验结果对量表进行修正。随后，通过验证性因子分析，对调查问卷进行正式测试并测算出各变量测度模型的拟合结果和结构参数系数。

最后是对战略人才管理系统匹配度的评判分析。在明确了各构型变量间存在的相关关系后，对战略人才管理系统的外部适应度，即组织战略和组织战略分别与组织人才管理实践子系统间的匹配程度评判。以及战略人才管理系统的主体，即各人才管理实践子系统间的相互匹配程度进行评判。

总体来看，基于前文战略人才管理系统构建的理论模型具有较好的匹配度，系统各构型变量间存在着显著的相关性，但由于组织管理模式的不同，可能对构型变量间的相互作用产生不同程度的影响。传统管理模式企业和新兴管理模式企业应综合考虑各构型变量的水平，提高组织战略适配能力，构建适合企业长期发展的战略性人才管理系统，以实现其经济价值和非经济价值。下一步将对战略人才管理系统的动态演进和调整规律进行预测分析。

第五章　战略人才管理系统的传播和演化研究

前面章节对战略人才管理系统的构型变量进行了识别和确认，也对系统的内部契合度和外部适应度进行了评判。上述研究都是基于一定的样本企业在某一时期的静态研究。而对于企业的战略人才管理系统而言，其系统目标既有静态目标，也有动态目标，因环境和战略的变化其系统主体也在不断发展和演化。在对不确定性环境的深入分析中发现，由于环境的复杂性特征，使得企业必然面临着在异质性环境中取得合法性的需求，也因而面临着制度性压力。制度性压力促进了战略人才管理系统在中国企业中的扩散和传播，战略人才管理系统的匹配效应及企业自身的发展周期规律则可能影响了战略人才管理系统的演化和调整。

第一节　战略人才管理系统的扩散与传播

企业在异质性环境中为了获得制度合法性，必然面临制度性压力。制度性压力对企业战略人才管理系统的影响作用有待通过实证检验。前面章节已经对战略人才管理系统的主体和其他构型变量进行了测算和评判，使用了探索性因子分析、验证性因子分析和相关性分析等方法。因此，本章中对于制度性压力影响的测算仍然采用和前文一致的方法。

一、战略人才管理系统制度性压力的诊断

企业构建战略人才管理系统面临着制度性压力，本书参考了 Süß and Kleiner (2008), Zhang et al. (2015), Cabral Ferreira Polonia (2017) 等人对新制度主义理论视角研究制度性压力量表，结合本国情况和访谈结果进行了调整和修正，以确保本问卷的效度与信度，从强制性压力、规范性压力和模仿性压力三个维度进行了测量(如表 5-1 所示)。

表 5-1　**制度性压力初始题项**

测量维度	测 量 题 项	参考来源
强制性压力（CI）	(ci_1)企业如果采纳政府的建议，就能得到政府的支持	Süß and Kleiner（2008），Zhang et al.（2015），Cabral Ferreira Polonia（2017）以及访谈
	(ci_2)企业严格执行政府法律法规	
	(ci_3)政府政策对企业的决策制定具有影响力	
模仿性压力（MP）	(mp_1)本企业在当地市场已经与其他公司建立了正确的合作关系	
	(mp_2)本企业已经建立了世界范围内的行业标杆基准	
	(mp_3)本企业与管理咨询公司建立了合作关系并接受其建议	
	(mp_4)企业从竞争对手处挖人是普遍现象	
规范性压力（NI）	(ni_1)本企业的产品或服务必须符合一定的资质认证和标准	
	(ni_2)企业为了达到某些重要的认证标准付出了努力	
	(ni_3)企业的人力资源部的管理人员具有人力资源管理专业背景	
	(ni_4)经理级人员会定期接受各类培训以提高其管理知识和技能	

二、战略人才管理系统制度性压力的测算

战略人才管理系统制度性压力的测算过程主要包括两部分：第一是通过小样本数据对问卷进行探索性因子分析，根据分析结果对问卷进行修正；第二是使用修正后的问卷，对大样本数据进行调查，进行验证性因子分析，为后续进行战略人才管理系统制度性压力的评判提供实证支持。

（一）基于小样本数据的制度性压力测算

制度性压力量表分析结果如表 5-2 所示，各个题项的 Cronbach's α 系数大于 0.70，CITC 值均高于 0.50，具有较好的收敛效度，对应题项删除后的 Cronbach's α 系数均比子量表总的 α 系数 0.905 要小，说明制度性压力量表各题项之间具有较好的内部对准性，不需要删除相关题项。

制度性压力量表的 KMO 样本测度和 Bartlett 球体检验结果如表 5-3 所示：KMO 测度值为 0.884，且 Bartlett 统计值显著性概率为 0.000，结果非常显著，因此制度性压力变量适合做进一步的探索性因子分析。

表 5-2　　制度性压力量表 CITC 和信度表($N=83$)

测量层面	Cronbach's α	包含题项	CITC	对应题项删除后的 Cronbach's α
制度性压力	0.905	ci1	0.742	0.890
		ci2	0.737	0.890
		ci3	0.746	0.890
		mp1	0.680	0.895
		mp2	0.622	0.899
		mp3	0.647	0.897
		mp4	0.573	0.902
		ni1	0.709	0.892
		ni2	0.671	0.896
		ni3	0.648	0.895
		ni4	0.574	0.897

表 5-3　　制度性压力量表 KMO 与 Bartlett 球形检验

Kaiser-Meyer-Olkin	取样适切性量数	0.884
Bartlett 球形检验	近似卡方分布	2705.148
	自由度	190
	显著性	0.000

进而进行相关题项的探索性因子分析，如表 5-4 所示，共得到 3 个特征根大于 1 的因子，因子的累积方差解释率为 65.774%。其中题项 ci1、mp4、ni1、ni2 在所有因子的载荷均小于 0.50，属于横跨因子现象，并缺乏具有收敛效度，因此考虑将其删除。

删除上述 4 个题项后再次进行探索性因了分析，结果如表 5-5 所示，因子载荷在 3 个因子间不存在横跨现象，可以认为 3 个因子具有较好的区分效度。因子 1 包含题项 ci2 和 ci3，衡量的是企业感知的强制性压力；因子 2 包含题项 mp1、mp2 和 mp3，衡量的是企业感知的模仿性压力；因子 3 包含题项 ni3 和 ni4，衡量的是企业感知的规范性压力。经过小样本的效度检验，制度性压力量表题项由原 11 题删减为 7 题。

表 5-4　　**制度性压力量表的探索性因子分析结果 1($N=83$)**

测量层面	包含题项	因子载荷		
制度性压力	ci1	0. 498	0. 206	0. 463
	ci2	0. 901	0. 125	0. 145
	ci3	0. 813	0. 223	0. 198
	mp1	0. 182	0. 756	0. 241
	mp2	0. 048	0. 672	0. 314
	mp3	0. 339	0. 763	0. 015
	mp4	0. 169	0. 167	0. 232
	ni1	0. 180	0. 192	0. 191
	ni2	0. 220	0. 125	0. 133
	ni3	0. 242	0. 186	0. 699
	ni4	0. 236	0. 277	0. 812

注：此为旋转后的因子载荷矩阵，旋转方法为方差最大法。

表 5-5　　**制度性压力量表的探索性因子分析结果 2($N=83$)**

测量层面	包含题项	因子载荷		
制度性压力	ci2	0. 925	0. 086	0. 177
	ci3	0. 844	0. 211	0. 271
	mp1	0. 144	0. 817	0. 281
	mp2	0. 131	0. 840	0. 300
	mp3	0. 303	0. 798	0. 157
	ni3	0. 435	0. 202	0. 648
	ni4	0. 409	0. 024	0. 752

注：此为旋转后的因子载荷矩阵，旋转方法为方差最大法。

(二)基于大样本数据的制度性压力测算

这部分的测算沿用了上一章中的方法和数据，此处不再赘述。测算的过程包括对数据的一般统计性描述、验证性因子分析等。

1. 制度性压力量表的一般统计性描述

根据大样本数据，对制度性压力量表的各个题项进行描述统计和正态分布检验，结果如表 5-6 所示。

表 5-6　　　制度性压力量表的统计学描述和正态分布性

测量维度	题项	最小值	最大值	均值	标准差	偏度	峰度
制度性压力	ci2	1	5	3. 61	0. 998	-0. 335	-0. 226
	ci3	1	5	3. 62	0. 987	-0. 478	-0. 086
	mp1	1	5	3. 53	0. 961	-0. 158	-0. 274
	mp2	1	5	3. 65	0. 953	-0. 329	-0. 122
	mp3	1	5	3. 53	0. 987	-0. 142	-0. 340
	ni3	1	5	3. 53	1. 035	-0. 272	-0. 570
	ni4	1	5	3. 59	1. 044	-0. 276	-0. 372

2. 制度性压力量表信度效度检验

按照前文对制度性压力获得的小样本数据所做的探索性因子分析结果，对本书的制度性压力变量提出了构想图，如图 5-1 所示。

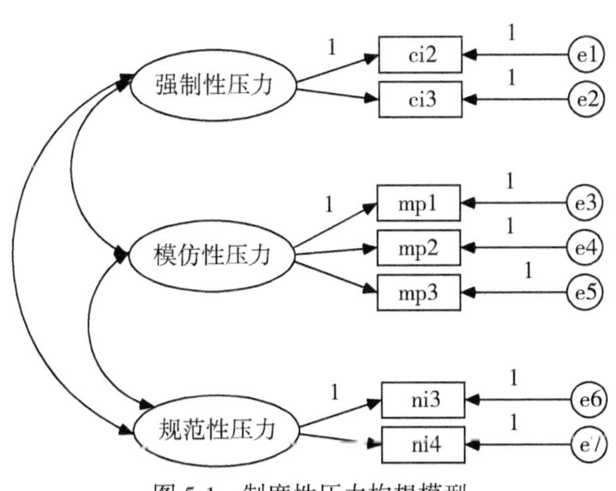

图 5-1　制度性压力构想模型

再依据 SEM 的建模要求，将大样本数据与构想模型进行拟合，并用 AMOS17. 0 软件对模型进行验证。得到了制度性压力变量测度模型拟合指数和各参数的标准化解，如表 5-7 和图 5-2 所示。从表 5-7 可以看出，S. E 的值均为正数，没有超出可接受范围，各路径系数均在 $P<0.001$ 的水平上通过了显

著性检验，模型拟合结果显示χ^2值为 47.470，自由度为 11，χ^2/df 为 4.315，小于 5；NFI 为 0.953，TLI 为 0.930，CFI 为 0.963，IFI 为 0.964，均大于 0.9；RMSEA 为 0.074，小于 0.1。因此，该模型拟合效果较好。建构信度 C.R 值均高于 0.50，信度可以接受。潜变量的 AVE 值均高于标准值 0.50，具有一定的收敛效度，且区分效度明显。

表 5-7　　**制度性压力测度模型拟合结果（N=310）**

路径	标准化路径系数	AVE	路径系数	S. E	C. R	P
ci2 <---强制性压力	0.775	0.667	1.000			
ci3 <---强制性压力	0.856		1.091	0.074	14.678	***
mp1 <---模仿性压力	0.669	0.532	1.000			
mp2 <---模仿性压力	0.758		1.125	0.097	11.620	
mp3 <---模仿性压力	0.742		1.140	0.100	11.413	***
ni3 <---规范性压力	0.690	0.511	1.000			
ni4 <---规范性压力	0.639		0.934	0.091	10.211	***
χ^2	47.470		TLI	0.930	IFI	0.964
df	11		CFI	0.963	NFI	0.953
χ^2/df	4.315		RMSEA	0.074		

注：***表示 $P<0.001$。

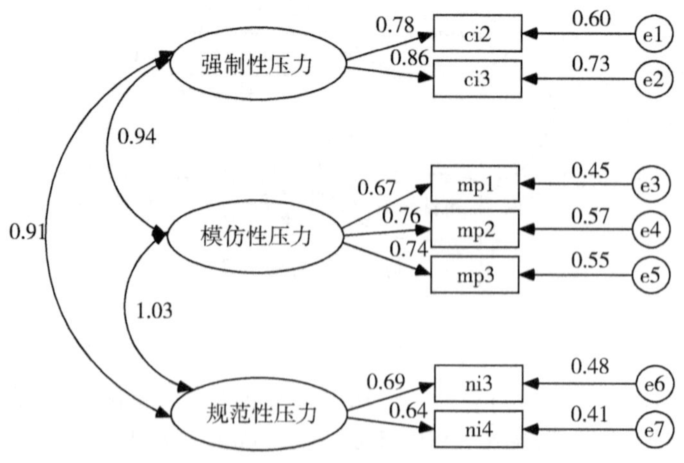

图 5-2　制度性压力结构与各参数的标准化解

三、制度性压力对战略人才管理系统影响的评判

制度性压力因素影响的诊断和测算结果表明，在战略人才管理系统的发展中，制度性压力因素的影响作用非常显著。在相关文献研究中已有针对各国企业的制度性压力的测度和评价，而对中国企业战略人才管理系统影响的研究并不多见，因此，本书将通过相关性分析、多层回归分析等方法对制度性压力的影响作用进行评判。

由于系统的复杂性，制度性压力的影响作用表现为多方面，本节中主要从制度性压力对组织战略对准性和人才管理实践活动的影响两个方面来分析。

（一）制度性压力对战略对准性的影响

由于战略环境复杂性的影响，企业在异质性环境中为维持组织合法性必须应对制度性压力。因此本书将制度性压力视为自变量，以企业规模和企业管理模式为控制变量，对战略对准性进行分层回归。回归结果如表 5-8 所示。

表 5-8　**环境不确定性对组织战略对准性的驱动作用**

	组织战略对准性标准化系数 B			
控制变量	模型 1	模型 2	模型 3	模型 4
企业规模	0.062	0.024	0.021	0.021
管理模式	0.058	0.020	0.019	0.017
自变量				
强制性同形		0.467***	0.408***	0.368***
模仿性过程			0.080	0.003
规范性压力				0.151*
F 值	0.968	29.029***	22.062***	18.694***
R^2	0.006	0.222***	0.224	0.235*
ΔR^2	0.006	0.215***	0.003	0.011*

注：* $P<0.05$，** $P<0.01$，*** $P<0.001$。

从表 5-8 中可以看出，制度性压力对组织战略对准性产生了显著正向影响，模型整体 R^2 值和 F 值均为显著，说明模型解释能力较好。具体来看，模型 2 中强制性压力对组织战略对准性的回归系数为 0.467（$P<0.001$），而在模

型 3 中加入模仿性过程变量后，R^2值不显著，模仿性过程对组织战略对准性的回归系数为 0. 080，影响不显著。模型 4 中加入规范性压力变量后，模仿性过程变量的影响不显著，而强制性压力和规范性压力的影响是显著的，规范性压力对组织战略对准性的回归系数为 0. 151（$P<0.05$），说明强制性同形是企业感知影响到战略对准性的主要变量，强制性同形是影响组织人力资源有效性的重要因素，而模仿性过程变量并不会影响到组织战略对准性。控制变量并不显著，说明无论企业规模大小还是采用何种管理模式，制度性压力都会影响到组织战略对准性。因此假设 H9、H9a、H9c 得到支持，而假设 H9b 未得到验证。

（二）制度性压力对人才管理实践的影响

如前文所述，企业感知的制度性压力也会对人才管理实践产生影响，因此本书将制度性压力视为自变量，以企业规模和企业管理模式为控制变量，分别对人才管理实践各维度进行分层回归分析。回归结果如表 5-9 所示。

表 5-9　　**环境不确定性对人才管理实践的驱动作用**

	人才管理实践标准化系数 B			
控制变量	模型 1	模型 2	模型 3	模型 4
企业规模	0. 048	0. 005	0. 001	0. 001
管理模式	0. 048	0. 004	0. 001	0. 001
自变量				
强制性同形		0. 541***	0. 422***	0. 373***
模仿性过程			0. 162*	0. 067
规范性压力				0. 187**
F 值	0. 628	42. 437***	33. 576***	28. 916***
R^2	0. 004	0. 294***	0. 306*	0. 322**
ΔR^2	0. 004	0. 290***	0. 012*	0. 017**

注：* $P<0.05$，** $P<0.01$，*** $P<0.001$。

从表 5-9 中可以看出，制度性压力及其三个维度强制性同形、模仿性过程和规范性压力均对组织人才管理实践产生了显著正向影响，模型整体 R^2 值和 F 值均为显著，说明模型解释能力较好。具体来看，模型 2 中强制性压力对组织人才管理实践的回归系数为 0. 541（$P<0.001$），说明企业感知的强制性同形压力较大，而在模型 3 中加入模仿性过程变量后，R^2值增加并不多，模仿性过程对组织人才管理实践的回归系数为 0. 162（$P<0.05$），具有显著影响。模型 4

中加入规范性压力变量后，模仿性过程变量的影响不显著，而强制性压力和规范性压力的影响是显著的，规范性压力对组织人才管理实践的回归系数为0.187($P<0.01$)，强制性同形是企业感知影响到人才管理实践的主要变量。控制变量并不显著，说明无论企业规模大小还是采用何种管理模式，制度性压力都会影响到组织人才管理实践。因此，假设H10、H10a、H10c得到支持，H10b未得到验证。

研究结果表明大部分假设都通过了检验，研究的问题得到了较好的印证，在一定程度上对本书的研究目标进行了说明。各项假设的验证结果如表5-10所示。从相关假设检验结果来看，制度性压力，尤其是强制性同形压力和规范性压力对中国企业有着显著的影响，使得组织战略对准性变量和人才管理实践变量都会发生相应的改变。与其他国家的研究不同的是，模仿性压力对中国企业战略人才管理系统的构建并没有显著影响。可以说，这也是中国情境下战略人才管理系统构型研究的特殊表现。

表5-10 **制度性压力各项假设检验情况**

研 究 假 设	检验结果
H9：制度性压力显著影响企业人力资源功能有效性	通过
H9a：强制性同形显著影响企业人力资源功能有效性	通过
H9b：模仿性过程显著影响企业人力资源功能有效性	拒绝
H9c：规范性压力显著影响企业人力资源功能有效性	通过
H10：制度性压力显著影响企业人才管理实践	通过
H10a：强制性同形显著影响企业人才管理实践	通过
H10b：模仿性过程显著影响企业人才管理实践	拒绝
H10c：规范性压力显著影响企业人才管理实践	通过

四、战略人才管理系统传播的推动力

前述研究结果证实了制度性压力对战略人才管理系统的影响作用，由于制度性压力带来的制度同构性趋势，战略人才管理系统很可能在中国企业中获得传播，这种传播的推动力也可能源自其自身的路径依赖性。

(一)战略人才管理系统的传播来源于制度性压力

上述研究也在一定程度上证明了战略人才管理系统的构建在中国企业中并

非只是一个顺应潮流之举，而是组织应对制度性压力的必然选择。尽管在前文对战略人才管理系统内部契合度测算中发现，样本企业的人才管理实践组合选择呈现不同强度和偏好，但伴随劳动力人口特征的变化和全球化的发展的大趋势影响，企业吸引、发展和保留人才都具有经济必要性。可以确定的是，战略人才管理系统必然会在企业中发展和建立，当然也不排除企业仅仅只是为了制度合法性而建立这一管理系统。① 竞争性同形性和制度性同形性的推动会促使企业战略人才管理系统在中国的企业中传播和发展。

值得注意的是，制度性压力对企业战略人才管理系统目标也具有一定的影响作用。企业战略人才管理系统不仅要实现经济价值创造，也需要实现非经济价值创造。从微观上来看，经济价值创造目标是为了帮助员工个人实现财务回报以及工作的安全性；从中观上来看，经济价值创造能帮助企业实现盈利，获得组织的灵活性、有效性和实效，从而在中长期维持竞争性地位；从宏观上来看，经济价值创造能帮助国家提高经济发展指标，获得国际竞争地位。但是非经济价值乃是获得上述经济价值创造的根本。劳动力市场上的 Y 世代劳动力正逐渐成为企业的关键员工群体，这部分群体的需求层次更高，相对于 X 世代群体更关注于职业发展的空间和工作的环境，Z 世代劳动力则比 Y 世代劳动力更青睐于有挑战性、有意义的工作。而这正是战略人才管理系统的非经济价值的目标所在。组织通过提供符合新生代劳动力需求的工作，不仅能帮助人才个人实现其经济价值，而且最重要的是有利于组织人才管理实践的实施，如培训和发展计划等是提高新世代员工职业体验的重要措施。因此识别和实施合理的或者说合法(legitimacy)的人才管理实践是战略人才管理系统在组织层面的非经济目标，在实现非经济目标的基础上才能保证企业能充分发挥系统的经济价值，即实现可持续竞争优势。

为了保持组织长期可持续性的最佳指标，组织应以一种灵活的、具有战略性的方式确保组织内人力资本的附加值最大化，以及由此带来的长期可持续绩效。从组织微观的构型变量到宏观的系统目标来看，制度性压力的影响是持续和长期的。因而无论是从战略人才管理系统构型匹配度，还是从战略人才管理系统目标来看，制度性压力必然为企业战略人才管理系统的构建和发展演化产生影响和推动作用。

(二)战略人才管理系统的传播来源于路径依赖性

企业处于不同生命周期阶段和不同的劳动力变迁环境下，在相似的社会经

① 如前文所述的浅显型人才管理企业类型。

济文化背景的影响下，其战略人才管理可能面临的管理情境有相似之处，也有截然不同之处。因此前文提出的战略人才管理系统基本模型可能也会产生一定的变化，但总体来看，组织的持续运行需要保持较好的可靠性、有序性和稳定性，因此，战略人才管理系统的传播可能会具有一定的路径依赖性(斯蒂芬·贝尔等，2016)。当事物发展的某一路径形成后，其未来趋势受制于发展的历史，无论路径的好还是坏，事物的发展趋势都可能产生对这一路径的依赖(林志扬、李海东，2012)。对于战略人才管理系统发展而言，其可能的路径依赖性体现在以下方面。

第一，企业战略的依赖。企业战略是形成企业战略人才管理系统的主要构型变量，其经营战略、人力资源管理战略和人才管理战略间的多层次对准性是保障战略人才管理系统战略构型有效性的重要条件。

第二，企业基因的依赖。企业基因DNA决定了企业的形态、发展甚至是变异的种种特征，并会影响企业规模、类型和企业的健康有序经营。企业的存在和发展是一个生命体的成长和发展，利润最大化并非是企业发展的最终目标(张玉明，朱昌松，2012)。这一阐述正是与企业战略人才管理系统目标相一致的。

第三，企业原有管理基础的依赖。战略人才管理制度正是基于战略人力资源管理制度而兴起和发展的。人力资源管理实践显著影响着人才管理实践，因此战略人才管理系统构型往往受到企业过去施行的人力资源管理制度、组织结构和领导型态的影响。

第四，企业生命周期的依赖。企业因生命周期阶段性特征，而要求构建特定组织结构形式，这种相对较优的组织结构形式不仅满足企业生命周期的特点，也能帮助企业顺利发展和延续。在企业的每个生命周期阶段，通过选择最优的管理模式，能帮助企业充分发挥其竞争优势，进而延长企业的生命周期，从而实现企业的可持续发展。作为持续竞争优势的重要来源，战略人才管理模式成为延长企业生命周期的关键选择。

综上所述，结合前文关于战略人才管理系统构型变量间的匹配度分析结果和制度性压力的影响作用分析结果，对于本书第三章图3-6所示的战略人才管理系统理论模型图再次进行了修正，如图5-3所示。对组织战略间的对准关系进行了明确的指向，依据人力资源功能强弱程度不同，人才管理战略的作用是不同的。并分别增加了制度性压力对系统环境和系统目标的影响标示。据此，本书对企业战略人才管理系统构型的理论模型图进行了完善，虽然这个模型图仅是针对本书的样本数据提出的一种探索性研究，但能在一定程度上对企业构建战略人才管理系统具有一定的参考意义。

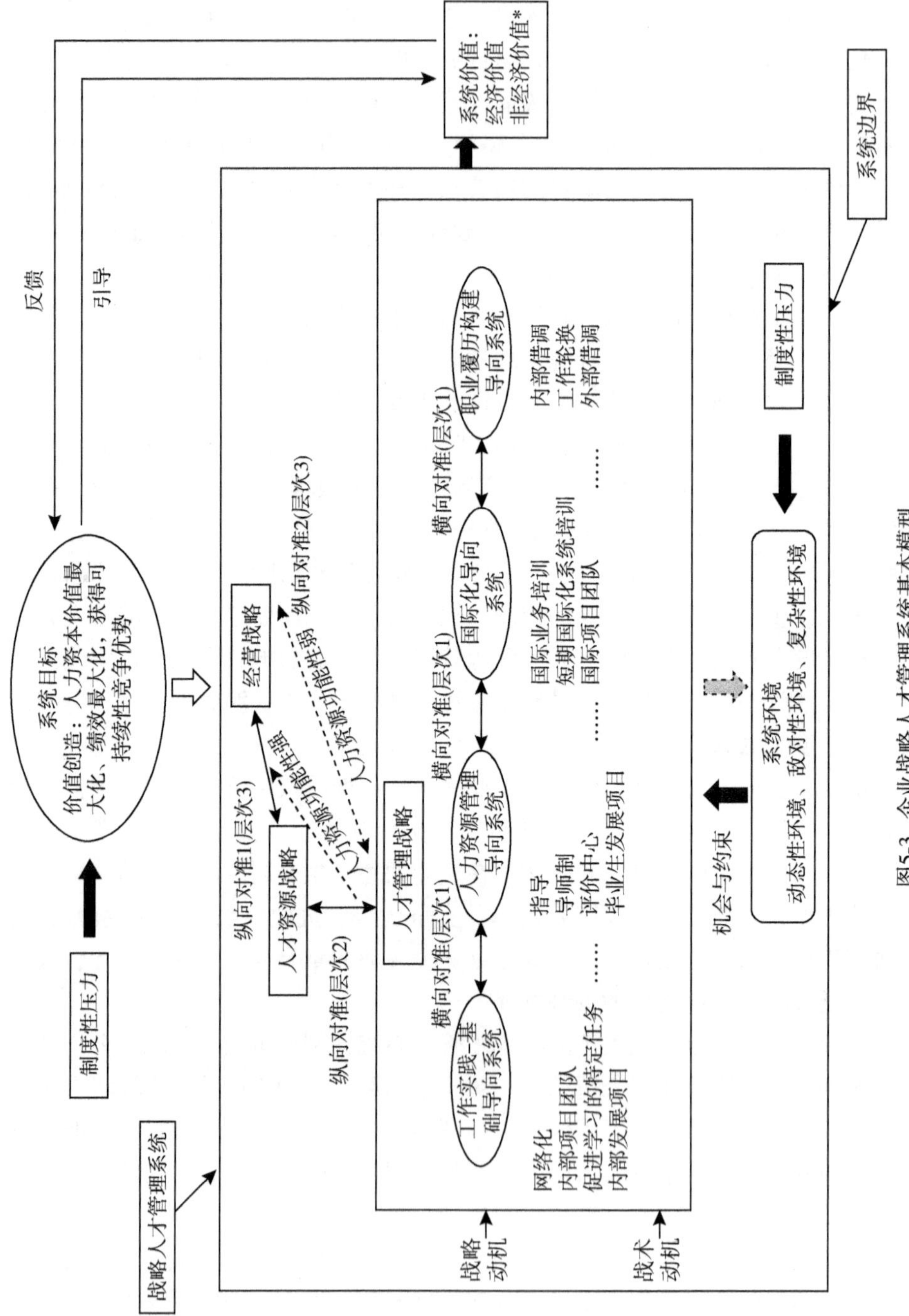

图5-3　企业战略人才管理系统基本模型

第二节　战略人才管理系统的动态演化和调整

前文研究识别和确认了战略人才管理系统构型的变量，并对构型变量间的匹配度进行了诊断、测算和评判，证实了制度性压力对战略人才管理系统的影响作用，以及在长时间内可能产生同构性趋势。以实证结果回答了 Iles et al.(2010b)提出的人才管理是否只是管理潮流的疑问，在中国情境下企业构建战略人才管理系统是经济性和制度性的需要，并将持续发展和扩散。从动态的视角来看，战略人才管理系统匹配度也是随时变化的，影响了匹配效应的实现。本书结合企业发展的生命周期理论和制度的路径依赖性，对战略人才管理系统演化和调整的原则和方法进行探讨。

一、战略人才管理系统的匹配效应

通过对战略人才管理系统构型变量的识别和确认，本书对构型主体，即战略人才管理实践子系统间的内部契合性，及其与其他构型变量间，如与组织战略和环境的外部适应性进行了测算和评判。由于这些构型变量的存在，和不同匹配度的实现，使得企业的各个相关层面产生了预期的效果，这种效果称之为企业战略人才管理系统匹配效应(廖岚，2016)。根据不同标准，匹配效应的划分类型不同。

(一)战略人才管理系统匹配效应的主要表现

前文中对战略人才管理系统内的三个层次的对准性①进行了分析，并对内部契合性和外部适应性进行了测评，这种匹配性的不同实现程度，导致战略人才管理系统的匹配效应有不同的表现。本书第一章曾对人才管理系统的价值进行了多层面的分析，在表 1-1 中从个人层面、组织层面和社会层面分析了其经济价值和非经济价值。本节中对战略人才管理系统匹配效应的研究则在此基础上进一步分析，主要从个人层面和组织层面展开研究。表 5-11 总结了人才自身与管理者的行为和效果的改变。

从行为上来看，内部契合性和外部适应性的实现，能在组织层面帮助企业人力资源部门的功能有效性提高，人力资源管理者能发挥战略性伙伴作用，个人层面上人才个人能在关键职位上发挥作用，使得人力资本价值最大化；从结果上看，上述行为导致了组织不仅获得了制度合法性，也能维持持续竞争优

① 组织战略的横向对准性和纵向对准性。

表 5-11　　战略人才管理系统匹配效应的表现

	行　为	效　果
组织层面	企业人力资源部门管理者参与组织战略决策与制定，提高人才管理实践子系统组合的强度和综合性	人力资源部门的功能性提高，人才管理战略性动机增强，组织获得合法性和持续竞争优势
个人层面	人才被配置于企业关键岗位，从事有意义和挑战性的工作	人才员工获得了理想财务回报，具有高组织承诺度和工作满意度

势，而人才个人也感知到人才管理带来的收益，既实现了理想的财务回报，也提高了组织承诺度和工作满意度，组织因此也实现了人才保留的目的。

从战略人才管理系统匹配度的整体来看，当外部适应度和内部契合度水平不高，或者只是部分匹配时，组织将可能面临人才危机，如图 5-4 所示。企业战略人才管理系统运行效果的两个极端就是图 5-4 中所示的人才危机状况和战略人才管理系统匹配效应。当匹配效应实现时，战略人才管理系统能实现其预期的经济目标和非经济目标。

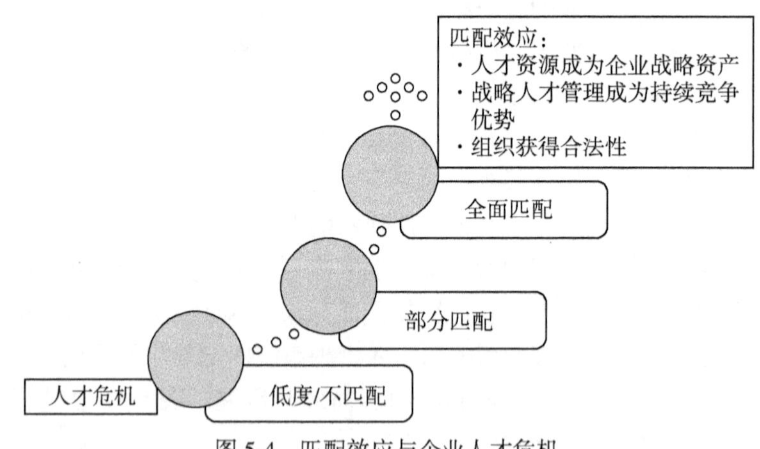

图 5-4　匹配效应与企业人才危机

（二）战略人才管理系统匹配效应的实现

企业战略人才管理系统匹配效应的实现是以系统构型变量间完全匹配为基础的，内部契合度和外部适应度有任何不一致或不匹配，都可能导致战略人才管理系统无法实现匹配效应，而出现人才危机。这种人才危机来自企业的不确定性环境的影响，或者战略失误造成的企业人才资源不稳定或不安全状态，从而导致企业的竞争优势难以为继，人才流失、雇主品牌下降、制度等危机出现。

为了规避人才危机对企业带来的风险，战略人才管理系统匹配度状态是不断变化的。当企业所处的战略环境或组织战略发生变化时，相应的人才管理实践活动也应随之调整。当然，由于人才管理自身的时间限制，组织内一旦确立了某种人才管理实践组合，就会在一段时间内保持稳定，发挥制度应有的效果，也便于员工学习和适应。无论是管理者还是员工自身，对人才管理效果的感知往往具有迟缓性，很难及时依据环境或战略的变化同步改变人才管理实践活动，因此当人才管理效果切实发生时，匹配效应或者人才管理危机已然显现。组织自然是期望匹配效应出现和规避人才管理危机的。

战略人才管理系统匹配效应的实现首先来源于构成系统本身的各构型变量间的规模效应。各构型变量形成的匹配体系中构型单元和构型单元群的数目反映了匹配体系的规模。足够的规模促使匹配效应的实现，其一是数量足够，当一定数量的匹配单元聚集在一起，才有可能使得战略人才管理系统整体匹配效应出现。例如当企业人力资源功能有效性强，参与组织战略决策过程，发挥“战略伙伴”的作用时，需要多个匹配单元共同作用，包括工作-基础实践系统对新战略的传递；人力资源管理导向系统对新战略的宣传和引导；国际化导向系统对新战略的传递；职业履历构建导向系统对新战略任务的执行；等等。系统的构型变量和构型变量单元群的共同作用，使得企业战略人才管理系统能力得到提升。其二是质量足够，当各匹配单元，也就是构型变量间内部契合度和外部适应度的程度较深时，聚集后的影响力足以促使战略人才管理系统整体的匹配效应呈现。如果各子系统对新战略的传递或执行等方面的力度有限，那么其整体作用效果也极为有限，很难实现系统整体的匹配效应。

战略人才管理系统匹配效应的实现也来源于匹配体系的整体结构。前面章节的论述中已发现对系统构型变量的识别过程中，各组成成分具有多样性和差异性，使得其相关关系也存在着复杂性和差异性。在对构型变量间匹配度的诊断、测算和评判的过程中，也发现其不同组合产生的相互强化或相互制约的方式，也因而影响了战略人才管理系统整体的匹配效应。

为了实现战略人才管理系统的匹配效应，不同企业，或者同一企业在发展的不同生命周期阶段对人才管理的定位和要求是不同的，也导致了对系统的匹配效应的侧重点不同，从而使得战略人才管理系统呈现出不同的阶段性特征。如学者从构型变量间的关系来区分，将战略人才管理系统发展分为三阶段，即人才管理系统和公司战略间关联阶段、人才池战略阶段和战略人才管理系统实践阶段(Boudreau and Ramstad, 2005);从构型变量间组合程度来区分,将战略人才管理系统发展分为五阶段,即反应性阶段(reactive)、程序性阶段(programmatic)、综合性阶段(comprehensive)、对准性阶段(aligned)和战略性阶段(strategic)(Silzer and Dowell, 2009a)。本书下一步将基于中国情境下企业战略人才管理系统匹配效应的实现来推测战略人才管理系统可能的演化路径。

二、战略人才管理系统的演化路径

企业作为一个有机的生命体,具有内在的生命周期发展规律,也具有自身的企业 DNA,在原有的战略人力资源管理基础上,组织管理制度会因路径依赖性而产生一定的延续性和发展性,制度性压力产生的同构性趋势推动了战略人才管理系统的传播。系统的各构型变量及相应的内部契合性和外部适应性形成的系统匹配效应帮助企业规避人才危机,实现系统目标,使得战略人才管理系统成为适应企业发展要求的最佳组织管理制度模式。但企业因自身生命周期发展的规律性要求,对战略人才管理系统的匹配效应的侧重点是不同的。其动态演进过程则表现出不同的阶段性特征。[①] 下文将对战略人才管理系统的发展演化路径进行推测。

(一)战略人才管理系统匹配性演化的分岔机理

战略人才管理系统是一种复杂适应系统,系统演进是一种非线性的状态,当构型变量个体和其属性发生变化时,会出现从一种状态向另一种状态转变,而且这种转变状态还不止一个,也就是分岔状态。系统分岔理论认为参量变化在可控的某种条件下,系统会不断分岔,进而有不同的状态和结构出现,系统的形式也因此变得更复杂(张美丽等,2013)。构型观理论也有殊途同归假设,即并非只有一种元素或元素组合能帮助企业实现高绩效,而是存在一系列的元素或元素组合,这些元素或元素组合之间形成了殊途同归的效果。因此,可以说战略人才管理系统的发展和演化过程中必然面临着一系列的多次的分岔,如图 5-5 所示。

从图 5-5 中可以看出,系统逐级演化,使得系统各级的多样性增加,由于系统分岔机理的引导,使得系统后续不断演化,在不同的分岔路径的指引下形成了不同的定态。如图中的定态 S_1 即是通过路径 $A \to B \to D \to S_1$ 形成,图中

---

① 五阶段特征:反应性阶段(reactive)、程序性阶段(programmatic)、综合性阶段(comprehensive)、对准性阶段(aligned)和战略性阶段(strategic);或者三阶段特征:人才管理系统和公司战略间关联阶段、人才池战略阶段和战略人才管理系统实践阶段。

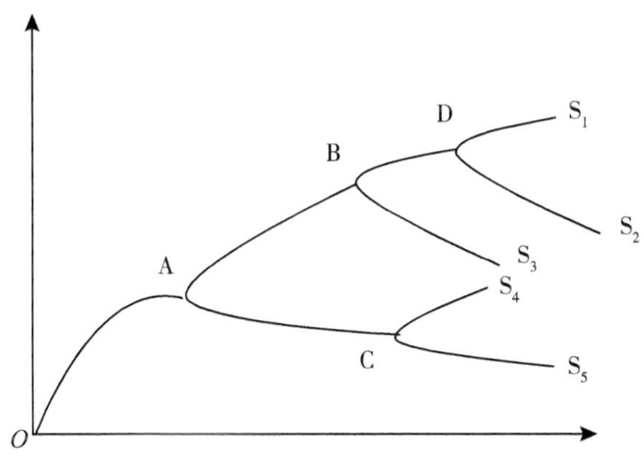

图 5-5 系统逐级分岔演化趋势图

S_2、S_3、S_4 和 S_5 的状态也是依次形成。

在企业生命周期发展的不同阶段，依据环境和战略的构型情况，企业会有不同的人才管理实践组合的选择，这种选择的结果也决定了战略人才管理系统匹配效应的侧重点，继而影响未来的发展方向。例如在企业的初创期向成长期过渡的阶段，企业的人才管理系统的匹配度发生了分岔，则可能面临多个状态的选择(反应性或程序性)，以解决当前短期人才危机为主要任务。当所进行的选择能帮助构型变量协同一致的发挥匹配效应时，企业战略人才管理系统的匹配性层次就会出现提升，进入下一阶段的选择。反之，如果企业的选择出现失误，使得系统各构型变量之间无法出现较好的契合或适应，则会导致企业战略人才管理系统匹配性退化，进而引发人才危机。

(二)战略人才管理系统匹配性演化的动态过程

基于上述分析的结果，确保企业在每个阶段的选择正确性，以推进战略人才管理系统匹配性演进，是关系到战略人才管理系统价值创造力的关键。实现战略人才管理系统匹配性演进的过程也是企业将人力资源发展到人才资源，进而是战略人才资源和战略资产的逐步发展的过程，每一次向前推进和演化都面临着分岔现象和抉择，以确保每一次选择都能促使系统的匹配度不断增强，实现层次演进。在这一过程中，企业有可能选择错误，使得战略人才管理系统出现匹配性退化，那么企业就要及时对所作选择进行重新审视，发现偏差并积极纠正。企业也有可能选择正确的分岔方向，但也不能保证这一路径的演化效果能实现最优，因为如果匹配效应的显现速度较慢，不能适应竞争性要求，则可能使企业失去持续竞争优势。企业还可能因害怕选择，而停滞不前，那么企业的战略人才管理系统就会处于一种相对稳定的状态，就不会继续进行演化和调整(当然这种企业在现实中也不太常见)。

本书在战略人才管理研究的相关文献中尚未发现从动态视角展开的战略人才管理系统演化研究,① 有部分学者从组织设计的角度分析企业商业模式的变革对人才管理系统的影响，认为角色、职位和工作对于组织战略实施是极为重要的，而忽视了人才个体的作用(Sparrow P et al. , 2014)。本书认为商业模式变革这一维度无法充分解释企业构建的战略人才管理系统三个构型变量间综合作用的机理和变化规律，因此借鉴了战略人力资源管理系统演化研究中曾采用的企业生命周期理论作为推测战略人才管理系统演化规律的理论依据。前文从制度性压力的角度分析了企业战略人才管理系统整体作为一种新型的管理制度在组织间进行传播和扩散的可能性，是从相对宏观的分析视角来看待战略人才管理系统的发展问题。而从相对微观的分析视角来看待具体每个企业不同发展阶段构建和实施战略人才管理系统问题，则可以结合企业发展生命周期特征，研究企业选择不同模式的人才管理系统的原因。

战略人才管理系统每一次的向前演化进程中，企业面临分岔点进行的选择也要考虑到自身的生命周期发展特征。企业生命周期理论认为企业发展可以划分为初创、成长、稳定到衰退的周期过程(Cao et al. , 2011)。在不同的生命周期阶段所处环境和相应的企业发展战略均会发生动态调整，人才管理实践组合也会调整以实现契合。通过综合上述对战略人才管理系统的匹配效应分析和企业生命周期理论，本书提出了战略人才管理系统动态演化路径如图 5-6 所示。

在图 5-6 中企业生命周期分为初创期、成长期、成熟期和衰退期四个阶段，而在企业从一个阶段向另一个阶段过渡的关键临界点，战略人才管理系统演进都将面临分岔选择，是一种自稳状态→分岔选择→自稳状态→分岔选择或自稳状态→分岔选择→错误退化→分岔选择等多次选择的过程，期间还要考虑到系统内部契合和外部适应度实现程度的问题，以规避每个发展阶段可能面临的人才危机。这一阶梯式演进的结果满足企业生命周期各阶段人才管理需要，完善了战略人才管理系统构建的过程，最终实现了战略人才管理系统的目标。

具体来看，处于初创期向成长期过渡阶段的企业可能只需要满足基本的人力资源需求，因为这一阶段的企业经营存在着较大的不确定性，其战略重心是生存和发展，管理制度逐步实现规范化(袁玉赞，2017)，其阶段式自稳状态可

① 可能由于资料获取有限，本书作者尚未获得相关研究信息。

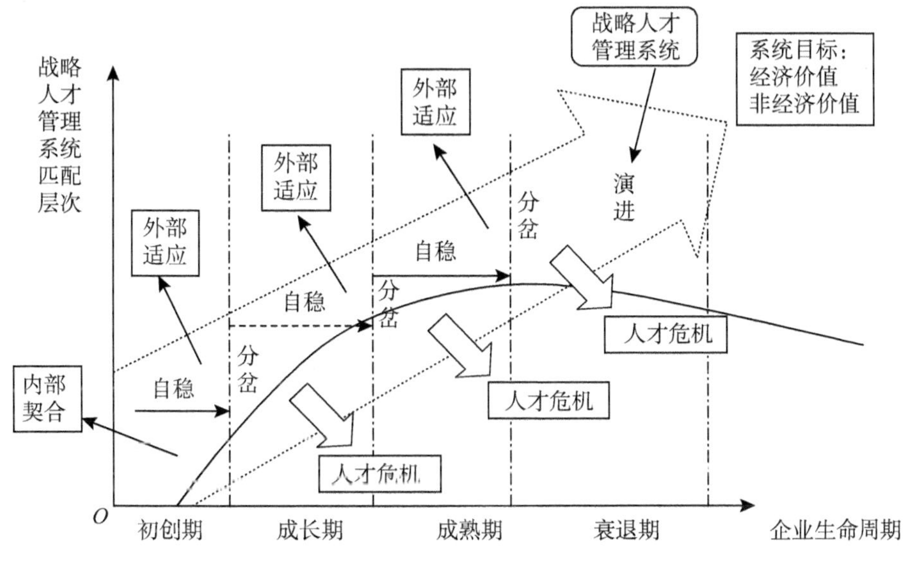

图 5-6 企业战略人才管理系统动态演化路径

能是选择反应性人才管理系统模式(解决短期的和即时的人才问题)，或者是选择程序性人才管理系统模式(单一可复制性的人才管理实践措施)。而如果贸然选择综合性人才管理系统模式(解决特定项目的人才需求)，则可能造成人才管理系统各构型变量间无法实现完全匹配，管理成本上升却管理效率下降，无法解决企业当前面临的人才危机问题。此时，企业应及时修正偏差，退回前一模式并再度选择，直至实现当前阶段的自稳状态。

同样的，处于成长期向成熟期过渡阶段的企业经营风险下降，发展速度从高速发展逐步转向相对平稳期，管理制度趋于成熟，其阶段式自稳状态应是选择能满足当前企业发展需要的战略人才管理系统匹配效应，侧重于综合性(解决特定项目的人才需求)或者对准性(与组织内部其他管理系统协同合作)。

处于成熟期向衰退期过渡阶段的企业经营风险再度增加，人才危机显现。但不同于初创与成长时期，企业在此阶段获得了竞争优势，管理制度非常完善，保障了人才管理系统制度化发展，企业关注于如何提高创新能力，增强灵活性以维持这种竞争优势，避免向衰退期转变，因此企业会选择匹配更为侧重于战略性的人才管理实践组合，以增强匹配效应。

总体来看，基于企业生命周期构建的企业战略人才管理系统动态演化路径，对企业在短期和长期的发展阶段中考虑构建问题提供了一定的思路和指引。无论是基于现阶段企业人才管理的需要，还是从长期来看规避人才危机的愿景，企业管理者应在保持内部契合和外部适应的基础上进行适当模式的选择。通过上述模型的构建，企业战略人才管理系统匹配性演进的动态过程有了较为清晰的认知，也能为处于不同发展阶段的各类企业实际的战略人才管理提供科学帮助。

三、战略人才管理系统的调整

企业战略人才管理系统是在系统观和构型观理论指导下构建的复杂系统，由多个构型变量和不同维度的匹配体系组合而成，使得战略人才管理系统的匹配效应也因企业生命周期不同阶段需求而有所侧重和发生匹配性调整。在遵循上述模型进行的动态演化过程中，企业战略人才管理系统在每个阶段的调整也要符合一定的原则和要求。

首先，系统化原则。本书所构建的战略人才管理系统结构具有整体性，无论是作为系统主体的人才管理实践各子系统间的内部契合性，还是系统其他构型变量与主体间的外部适应性，都具有高度相关性和匹配性。因此在每个发展阶段的临界点调整，需要考虑到系统各个构型变量的动态特征，进行整体性调整，以避免破坏原有的匹配性。这一调整的过程具有系统性，按照从简单到复杂有序进行，在反复的试错和整合中，逐步实现整体系统的优化效果。

其次，构型观原则。构型观要求人才管理实践各子系统的内部契合性和与其他构型变量的综合效应，本书的研究也正是以构型观方法来测量系统各构型变量间的连续化和非线性化的综合效果，以及在不同发展阶段的较高阶的交互作用。作为企业战略人才管理系统，其复杂构型必须满足三个条件：第一，系统内各构型要素都会影响系统整体构型；第二，单一的构型要素不会对系统整体构型具有独立的影响；第三，必须在多个子群中形成系统构型要素的联系。也就是说，人才管理实践组合构型的影响力才是有效的（Boxall and Macky，2010）。因此在战略人才管理系统的调整过程中，需要综合考虑系统构型变量的特性和组合效果，引导系统匹配效应的实现。

再次，效率与成本的选择。企业在不同生命周期发展阶段面临不同的分岔点和选择，需要权衡演化所需的成本和因此带来的效率和收益，例如从反应性人才管理系统向程序性或者综合性人才管理系统演化的过程中，企业可能需要付出巨大的成本，协同作用，权衡付出与收益，作出决策。

最后，多层次参与主体。战略人才管理系统是一个复杂性系统，强调整体性调整，在匹配效应的分析中也指出组织层面和人才个人层面的行为调整都会影响整体匹配效应的实现，因此下至人才个人，中至人力资源部门管理者，上至高层管理者都需要积极参与、了解和支持战略人才管理系统的调整和变革，也需认识到这个调整的过程具有滞后性，需要耐心等待调整后的效果显现。

基于上述调整的原则和要求，企业不仅应了解战略人才管理系统的构建过程，也应关注构建后可能出现的匹配程度不一致或下降的危险，防范人才危机的出现，及时发现和调整构建中出现的偏差，积极引导战略人才管理系统匹配效应的实现，从而帮助企业实现其经济目标，获取可持续竞争优势，以及人力资本价值最大化。

第三节　本章小结

本章讨论了战略人才管理系统的传播和扩散，以及在企业生命周期发展阶段的演化和调整问题。首先，通过对制度性压力影响的诊断、测算和评测，证实了制度性压力对战略人才管理系统的影响作用，对企业战略人才管理系统理论模型进行了修正。并提出制度性压力带来的制度同构性趋势对企业战略人才管理系统的传播和扩散带来的影响力。

其次，通过对战略人才管理系统匹配效应的表现和实现过程的分析，提出了企业战略人才管理系统在企业不同生命周期阶段动态演化的模型。

最后，对战略人才管理动态演化和调整过程中需要注意的原则和要求进行了总结。

总体来看，本章的研究对企业构建战略人才管理系统的影响和结果进行了初步的分析和预测。前文对战略人才管理系统的构型变量的识别和确认，以及对构型变量间的匹配关系的测算和评判等研究可以说是一种静态分析。而从动态的观点来看，企业所处的战略环境，如技术变革、竞争环境和全球化等条件的变化，使得制度性压力成为企业实施战略人才管理系统的重要推动力，也使得战略人才管理系统作为企业管理制度的一种创新性选择在企业间扩散成为一种可能。然而，由于各个企业自身发展的周期性规律特征，使得战略人才管理系统并非千篇一律的模式，而是基于企业生命周期发展需求而进行动态调整和演化的。当系统发挥了匹配效应，则能有效帮助企业规避人才危机带来的风险，进而促进企业在战略人才管理系统动态演化路径上进行正确抉择，最终实现战略人才管理系统的经济目标和非经济目标。

研究结论

通过前文的研究，本书围绕着企业战略人才管理系统这一核心概念，对战略人才管理系统的构型变量的识别与确认、系统内部契合度和外部适应度分析、系统匹配效应以及相应的扩散、匹配性演化和调整过程进行了探索性研究。其中对战略人才管理系统构型的理论模型结合实证分析结果进行了修正，对战略人才管理系统匹配性演化过程提出了基于企业生命周期阶段的动态演化模型。下文将是对全书的研究进行归纳和总结，阐释本书的主要结论、理论贡献和实践启示，同时也针对本书具有的研究局限和不足进行解释和展望。

一、本书的主要研究结论

当前，企业面临日益激烈的全球化竞争环境和“人才战”，都在寻求能获取“可持续竞争优势”的战略能力。建立战略人才管理系统是实现这一战略目标的重要途径之一。但在我国企业的实践发展中，对于战略人才管理系统的概念和实质却并不明确，企业不知如何去实施战略人才管理，或认为战略人才管理系统就是战略人力资源管理系统，因此很难在管理实践中取得预期的成效。在中国情境下为何要构建战略人才管理系统，如何构建这一系统以及构建效果和发展趋势，是我国企业(包括跨国公司)面临的一个重要问题。

在这一现实背景下，本书采用了系统观和构型观的指导，对本书领域相关的理论进行了整理和回顾，基于国外文献成果的基础，初步提出了战略人才管理系统构型的概念性模型。通过质性研究对战略人才管理系统构型变量有了初步的识别，通过理论分析对识别的构型变量进行了确认，并在此基础上对概念性模型进行修正。随后对构型变量间的内部契合度和外部适应度进行了诊断、测算和评判。最后是对战略人才管理系统可能的扩散和传播趋势、演化和调整规律进行了分析和预测。循序渐进的解答了如下研究问题：如何构建战略人才管理系统(构型变量和匹配度)？战略人才管理系统对组织发展有什么效果(匹配效应)？动态观点下企业战略人才管理系统将会如何传播、演变和调整？通过全书的分析论证，本书最终形成了以下研究结论。

(一)企业战略人才管理系统由人才管理实践子系统集(系统主体)、企业战略和战略环境构成

在系统论和构型观的指导下，本书识别和确认了企业战略人才管理系统由人才管理实践子系统集、企业战略和企业战略环境三个主要的构型变量组成，其中人才管理实践活动(子系统)组合构成了战略人才管理系统的主体。质性研究初步识别了三种构型变量的组成，进而结合理论分析结果确认了构型变量的组成。

(1)人才管理实践子系统集包括工作实践-基础导向子系统、人力资源管理导向子系统、国际化导向子系统和职业履历构建导向子系统。人才管理实践活动构型变量是企业战略人才管理系统的主体。在本书初次提出战略人才管理系统构型的理论模型中，人才管理实践活动是基于现有文献中(主要是发达国家研究者成果)的理论模型，被划分为规划-基础子系统、吸引-基础子系统、发展-基础子系统和保留-基础子系统。而在经过修正后，结合我国企业的质性研究结果和相关量表的测量要求，将人才管理实践活动子系统调整为工作实践-基础导向子系统、人力资源管理导向子系统、国际化导向子系统和职业履历构建导向子系统，其中各个子系统的测量题项也经过了探索性和验证性因子分析有所删减，最终形成了符合我国情境的企业人才管理实践组合构成。

(2)企业战略构型变量包括企业经营战略、企业人力资源管理战略和人才管理战略。企业战略构型变量是战略人才管理系统的重要构型变量之一。通过理论模型的多次修正，确认了战略人才管理系统战略构型三个层次的对准关系。人才管理战略对应的人才管理实践中存在四个维度的子系统，子系统间存在着第一层次的横向对准关系。人力资源管理对人才管理战略具有显著影响，这是第二层次的纵向对准关系。由于人力资源功能有效性的差异，人才管理战略与企业经营战略间存在着两种可能的对准关系：若人力资源功能性较强，人才管理战略会成为人力资源战略和经营战略间对准关系的推动器；反之，人力资源功能性较弱时，人才管理战略会直接与经营战略实现纵向对准，即第三层次的纵向对准关系。

(3)企业环境构型变量包括环境动态性、环境敌对性和环境复杂性。企业战略构型变量是战略人才管理系统的重要构型变量之一。① 环境构型变量指的

① 环境变量在本书中既不是作为控制变量，也不是作为调节变量进行研究，而是作为战略人才管理系统的主要构型变量之一，研究其在系统的外部适应度中所发挥的显著作用。

是企业人才管理系统构建中所面临的环境不确定性，如环境动态性、环境敌对性和环境复杂性。我国学者的研究中鉴于竞争环境的激烈程度，较多使用前两个维度，即环境动态性和敌对性。但本书认为环境复杂性也是不可忽视的重要环境测量维度，因为中国企业在全球化市场中是重要的参与者，不论是本土企业还是跨国公司的分支机构，都面临着市场环境复杂性变化的影响，而从组织制度主义的相关观点来看，环境的复杂性使得组织处于异质性市场中，必然面临了制度性压力的挑战。因此本书的研究中增加了环境复杂性维度，也由此引入了制度性压力变量，作为预测战略人才管理系统传播和发展的重要指标。

总体来看，三个构型变量间是企业战略人才管理系统密不可分的组成。作为系统的主体，战略人才管理实践活动各子系统因企业自身战略人才管理行为的需要而进行了调整，能更为灵活的针对稀缺人才的需求而制定个性化方案，将企业有限的经济资源用于对组织成功发展具有重要影响的关键人才①，提高了人才个人的自我价值实现程度。可以说，企业实施战略人才管理系统的各子系统实践活动，凸显了企业人才管理和投资行为的经济性，不仅提高了人才个人的价值最大化，也为企业自身带来更高的经济效率和价值，如对关键人才的吸引、保留和使用效率。这也正是战略人力资源管理所无法达成和实现的目标。

作为系统的主体，战略人才管理实践子系统集的实施类型和强度与企业战略和环境密切相关。从组织内部因素来看，人才管理战略应发挥其长期的影响力，成为企业经营战略的一部分。基于人才管理战略需要而展开的人才管理实践活动的战略性也得以体现。从组织外部因素来看，企业面临的外部环境的不确定性不断加强，伴随着我国劳动力市场的人员年龄结构的变化，一方面老龄化严重，虽然国家已经修改了生育政策，以继续维持人口红利，但政策的效应具有滞后性，短期内仍无法改变新成长的劳动力供给不足的现状；另一方面，知识经济时代对劳动力的人力资本结构要求更高，企业对高技能和高潜能员工的需求日益增长，人才市场上是供小于求的状况，因此也出现了各大城市的“抢人大战”。不论是城市政府为代表的创造吸引人才落户的优惠政策，还是企业自身依靠“雇主品牌”吸引人才进入企业，最终都需要面临如何将人才留下来的问题和挑战。因此，企业构建战略人才管理系统，是吸引和保留人才的重要工具和选择。使得企业和所在城市政府花大力气吸引来的人才愿意并且能够留下来。在一定程度上可以说战略人才管理系统就是“筑巢引凤”中的“巢”，

① 也可以称这类人才为企业关键岗位的填补者。

根据所处的不确定性环境及时调整企业战略，通过系统主体的综合作用，提升企业的综合能力，从而实现其经济目标和非经济目标。

（二）企业战略人才管理系统构建应关注其内部契合性和外部适应性

“巢”筑起后能如期发挥作用是企业构建战略人才管理系统应关注的重点。前文的分析明确了战略人才管理系统构型变量间存在着显著的相关关系，并相互影响。因此，企业在构建战略人才管理系统时，应考虑如何使得各构型变量间保持较高水平的匹配性。

首先，子系统间的内部契合性。企业或者由于战略性动机，或者由于战术性动机而实行人才管理，但不同的管理模式下这种动机选择是不同的。通过分组比较发现，科层式组织或低成本型组织是我国企业中最多使用和传统的管理类型，因此既可能受到战术性动机影响，也可能受到战略性动机影响；新兴的组织管理模式，如高参与度式、全球竞争型和持续型组织则更多地受到来自战略性动机的驱动。样本企业对四个子系统的实施强度可以分为四大类：集约型人才管理、浅显型人才管理、外部导向型人才管理和内部导向型人才管理。综上，企业构建战略人才管理系统强调战略性，依据战略性动机需要进行人才管理实践子系统配置和组合，实现“殊途同归”。

第二，系统其他构型变量与主体间的外部适应性。假设检验发现，人力资源管理实践显著正向影响人才管理实践，也代表了人力资源管理战略对人才管理战略的影响。这种关系受到人力资源管理战略与经营战略间的战略对准性的负向调节作用，但这种负向调节作用并不太大。这个发现是与国外学者的研究不同之处，也是中国情境下的特殊表现。此外，战略环境不确定性及其各子维度对组织战略对准性和人才管理实践都有显著正向影响。

研究表明环境不确定性程度越高，越需要企业积极调整战略和人才管理实践组合以应对。传统组织管理模式对企业的影响较为深远，因而接受新的管理制度面临的挑战也更多，人力资源功能性不强，制度性压力对组织管理制度变革的阻力较大，需要在战略性动机和战术性动机中进行权衡。因而这类企业需要增强竞争意识，强化人才理念，提升人力资源功能的有效性，减少制度性压力的影响。相应的，采取新兴管理模式的企业则相对具有更高的活力，人才理念深入组织文化，人力资源功能性强，能更为有效地发挥其战略性作用，战略人才管理系统的构建也更为有利。

总体来看，在明确了企业战略人才管理系统的构型变量后，企业平衡好构型变量间的相互关系，使其相互匹配的程度，直接影响了“筑巢留凤”的效果。企业构建战略人才管理系统，首先需转变观念，关注战略性动机的需要，因企业自身管理需要而选择适合的人才管理实践子系统强度，提升对关键人才管理的效率，满足人才个性化需求，从而提高人才的工作满意度和组织承诺度。“Y世代”“Z世代”员工以及多元化背景的员工的多样化需求，使得企业必须创新性的运用不同人才管理实践组合以应对，虽然相较于传统单一的人力资源管理实践成本更高，但关键人才为企业创造的收益和持续竞争力超过了成本的支出，是企业得以发展的推动力。其次，企业需关注组织内外环境因素的变化而适时调整。知识经济时代，信息技术的发展使得人才能较为便利地获得劳动力市场的变动信息，并进行比较和决策，例如更有发展空间的职位空缺或者职业晋升渠道、更有竞争力的薪酬、未来行业发展趋势等，企业构建战略人才管理系统需考虑这些不确定性环境因素的影响，积极预测和调整人才管理政策，形成动态的调节机制以应对来自企业内外部的挑战。

(三)企业战略人才管理系统匹配效应影响了企业的经济目标和非经济目标的实现，并呈动态演化趋势

对企业战略人才管理系统的构型变量及其匹配度的研究是一种静态研究，而从动态的观点来看，战略人才管理系统的发展的结果即匹配效应影响着系统的未来传播、演化和调整趋势。

1. 战略人才管理系统在企业中的传播具有同构性趋势

复杂性环境带来的制度性压力对企业战略人才管理系统的影响是深远的，通过实证分析发现了制度性压力的显著影响作用，可以初步得出结论，战略人才管理系统动态性传播具有同构性趋势。企业感知的制度性压力与日俱增，可能产生人才管理制度同构性，其影响是多方面的，例如可能改变组织的正式结构，将战略人才管理制度正式引入组织内部，也可能提升组织的合法性，使得组织的生存能力得到增强。即使企业具有不同的人才需求，但从长期来看，不论是出于强制性同形要求，还是出于规范性压力趋势，中国大部分企业会建立战略人才管理系统。然而与西方国家学者研究的结论略有不同的是，本书研究的样本企业中尚未发现有显著的模仿性过程，因此制度性压力的模仿性过程维度在我国企业构建和发展战略人才管理系统中影响并不显著。

2. 战略人才管理系统匹配效应的实现能帮助企业避免人才危机，且随企业生命周期发展而出现动态演化

战略人才管理系统的匹配效应实现时，战略人才管理系统的预期目标如经济目标和非经济目标也能随之实现。整体系统是一个动态演化过程，并遵循一定的原则。

(1)匹配效应的实现。从战略人才管理系统匹配度的整体来看，当外部适

应度和内部契合度水平不高，或者只是部分匹配时，组织将可能面临人才危机。当匹配效应实现时，战略人才管理系统能实现其预期的经济目标和非经济目标。结合全书的实证分析结果和理论模型推导，本书认为，不同于以往研究关注的重点，战略人才管理系统的非经济目标及其非经济价值是其不同于战略人力资源管理系统的重要特征。非经济目标强调了对人才资源的重视，从战略意义上实现了人力资本价值附加值最大化，这一目标需要管理制度合法性机制的保障。通过对10家企业的非结构性访谈和310家企业的大规模问卷调查研究支持了企业对非经济价值追求的结论。具体而言，企业都面临着日益激烈的市场竞争，吸引和保留人才是企业普遍面临的难题，企业盈利和发展固然是主要任务和目标，但新世代员工的需求具有多样性变化，灵活性和战略性管理人才有助于增强企业对人才的吸引力，提高人才的工作满意度和组织承诺感，从而为企业带来持续的人才优势。

(2)战略人才管理系统依企业生命周期发展规律而动态演化和调整。本书对战略人才管理系统演化路径进行了推测，做出了理论模型。从模型中可以看出，战略性人才管理系统并非是千篇一律的固化模型，而是伴随着企业生命周期发展的动态模型，在不同生命周期转换阶段，企业面临着分岔状态及不同选择。这也是战略人才管理系统表现为不同阶段性特征的原因。战术性动机并非劣于战略性动机，而是处于不同发展阶段企业的不同选择。企业应依据生命周期发展的不同阶段需要，在不同的分岔点依据内部外匹配效应情况，不断进行选择和调整，实现灵活地、积极地和系统性的战略人才管理系统演化。在系统的动态演化过程中，企业战略人才管理系统在每个阶段的调整也要符合一定的原则和要求，如系统化原则、构型观原则、效率与成本的选择原则、多层次参与主体原则等，防范人才危机的出现，实现战略人才管理系统匹配效应。

综上所述，企业构建战略人才管理系统，通过识别和确认了构型变量的组成实现了“筑巢引凤”。而在构建的过程中平衡和解决系统主体各子系统间的内部契合性，以及主体与其他构型变量(战略和环境)间的外部适应性，能帮助企业实现“筑巢留凤”。对关键人才的吸引和保留是战略人才管理系统的重要特征和重心，当这些构型和匹配按照预期完成后，企业实现“花开蝶自来”也是水到渠成，战略人才管理系统的匹配效应减少了企业面临人才危机的风险，也为企业维持不同发展生命周期阶段的持续竞争优势提供了有效的管理制度保障。

二、本书的主要贡献

(一)理论贡献

1. 对战略人才管理系统的概念进行了探索性的理解和提炼

战略人才管理系统研究是一个新兴的研究主题，人才管理研究问题发展至今不过20年，尚处于快速成长期，目前人才管理问题大部分的研究来自美国，使用了北美的思维和研究方法，基于美国的制度背景和组织背景进行的实证研究(Collings et al.，2011b)，也有部分来自欧洲国家，如英国、西班牙、意大利、俄罗斯、德国(Guerci and Solari，2012；Kim and Scullion，2011；Latukha，2015；Festing et al.，2013)。而在我国的发展来看，理论研究仍处于起步阶段，以概念性的论述为主(赵永乐，2016；孙锐，2017；周文霞等，2015；王通讯，2013)，缺乏系统性的基于中国社会与组织背景的实证分析。而针对战略人才管理系统的实质和构型问题基本没有相关研究。因此，本书参照了战略人力资源管理系统的研究方法，参考了大量的国外学者对于战略人才管理研究的进展，对我国企业战略人才管理系统的理论定位、概念维度和模式等进行了深入的剖析和界定。认为随着战略人才管理理论发展和知识经济对人才战的出现，战略人才管理系统是对人才管理概念内涵进一步延伸并出现的概念。这一概念既延续了战略人力资源管理研究的理论发展，也使其理论内核更为清晰，肯定其经济价值的基础上，突出了其非经济价值。

2. 澄清了人力资源管理和人才管理的区别

区分人才管理与人力资源管理概念以及战略人才管理系统和战略人力资源管理系统概念，对于企业人力资源管理者来说非常重要，这是决定人力资源战略对准性的关键，但现有研究对这两组概念间的理解还不是特别清晰，或者说人才管理与人力资源管理的界限仍很模糊。在本书的理论综述与研究章节中，从理论上界定了两者的差异，虽然两者在管理实践上存在一定的重合之处，但其根本区别是两者的关注焦点/对象不同。人力资源管理活动关注于对全体劳动力的管理，是一种整体的管理活动，而人才管理活动则关注于对能为企业带来持续竞争优势的人才的管理，是一种更为细化的管理活动。战略人力资源管理系统是为了实现组织战略目标而进行的一系列有计划的人力资源管理部署活动(Wright and Mcmahan，2011)，战略人才管理系统则进一步将管理活动的目标指向了实现人力资本附加值最大化和企业利润最大化的双重目标。实证研究结果也证实了理论分析结论，人力资源管理实践显著正向影响了人才管理实践。此外，对这一问题的解释也是与 Collings (2014a) 指出人才管理概念不明晰的现状问题相呼应的。

3. 丰富了战略性人才管理系统研究的理论基础

传统的人力资源管理系统研究大多数是源于资源基础论(Barney, 1991; Barney and Wright, 1998; 张徽燕等, 2012), 这些论文为探讨人力资源在赢得竞争优势中的作用提供了较大的参考价值。由于价值、稀缺度和不可模仿性等特征, 人力资源成为竞争性优势的重要来源。随着人才管理理论的发展, 研究认为人才管理实践如吸引、开发、激励、管理、奖励和保留人才等活动能为企业赢得人才资源, 进而获得持续性竞争优势(Sparrow et al., 2014b)。但这一理论忽略了情境因素在人才管理实践中的作用, 尤其是强调与企业战略背景匹配的战略性人才管理活动, 难以充分解释动态的环境条件下, 组织的战略人才管理活动如何应对内外部环境变革以形成对具有高价值、高稀缺性和难以模仿性的人才资源的管理, 也不能说明这种战略性人才管理活动的进一步演化趋势。因此, 正如 Gallardo-Gallardo et al. (2015)所述, 理论基础的匮乏是阻碍人才管理理论研究进入成熟期发展的关键, 所以本书采用了构型理论、动态能力理论、新制度主义理论对战略性人才管理系统进行了整合研究, 提出了新的理论构念。

4. 推动战略人才管理实证研究的发展

战略人才管理系统研究是一个新兴话题, 尚没有较多的成熟研究作为借鉴。西方研究成熟量表的引入能为准确界定战略性人才管理系统的构型, 并明晰其形成作用和演化的机理, 提供借鉴, 但并不能照搬。通过质性研究结果和探索性因子分析、验证性因子分析, 本书对相关量表进行了修正, 对战略人才管理系统概念的内在构型维度进行了测量, 有利于克服人才管理研究中概念不统一, 难以测量等问题, 为进一步建构理论模型和实证研究打下基础, 为推进中国情境下企业战略人才管理研究作出了有益的尝试。

(二)实践启示

我国的企业处于激烈的外部环境竞争中, 既有全球化带来的竞争加剧, 也有知识经济发展的推动使得组织对全球范围内高质量人才的需求日益增加(Schuler et al., 2011)。本书研究从这一现实问题出发, 运用了多种研究方法, 通过质性分析和定量分析的结果, 探索性地发现了企业战略人才管理系统构型变量, 以及构型变量间的匹配关系, 基本完成了构建战略人才管理系统的理论模型和演化推导。本书的研究结果表明中国情境下, 从动态观点看, 企业的战略人才管理系统因制度性压力的影响而会出现广泛传播, 并有一定的同构性趋势; 能伴随企业生命周期发展而进行动态调整, 实现战略人才管理系统的匹配效应，解决人才危机，帮助企业实现经济目标和非经济目标。因此，对于处于传统管理模式和新兴管理模式交替的中国企业，在激烈的“人才战”中获取持续竞争优势具有一定的实践指导意义。

1. 帮助企业认识并重视人才管理对企业获取持续竞争优势的重要战略作用

前述研究表明，战略人才管理是在战略人力资源管理基础上的深入发展，不仅肯定了人力资源管理与组织战略规划间的动态的、持续的整合关系，以及各项子实践间的内部匹配(孙秀丽，赵曙明，2017)，更强调了人力资源有效性的调节作用。由此三种构型变量组成的战略人才管理系统，能满足企业在不同生命周期阶段战略变化的需求，突出了人力资本附加值的意义，而这正是企业持续竞争优势的来源。因此，对于我国的企业而言，应该重视战略环境不确定性的影响，充分评估企业在所处环境中的优势和劣势，提高人力资源部门的有效性并促进其战略伙伴作用的发挥。

2. 根据自身管理模式和生命周期发展阶段性特征进行战略人才管理系统构建

本书突破以往研究从企业所有权性质或行业特征作为控制变量进行研究的做法，采取了组织管理模式变量作为区分构型变量间相互影响程度的重要标准。这是因为中国经济已经成功纳入世界第二大经济体，大量的中国企业积极参与到全球化竞争中，成为“人才战”的重要竞争者，其盈利水平和发展程度已经突破了所有制的限制，管理模式的差别成为影响企业不同管理实践水平和管理理念的新因素，结合这一因素进行的问卷调查和实证分析所得的结论也更具有针对性，因此本书所提出的战略人才管理系统模型和演化路径能为中国企业进行管理制度变革和战略决策提供更有操作意义的参考框架和策略。具体来说，传统管理模式的企业，如科层式组织或低成本型组织对企业人力资源发挥战略有效性作用可能存在一定的阻力，因而为减少这种“逆风”影响，这种管理模式的企业应正视人力资源的作用，提高其在组织战略决策中的作用，其实践组合不仅选择内部导向型，还应该注意因战略环境变化而相应增加外部导向型人才管理实践的使用。对于新兴管理模式，如全球竞争型、高参与度式企业或持续竞争型企业，这些管理模式对人力资源功能性具有良好的“顺风”推动作用，但在中国情境下可能会负向调节人力资源管理实践对人才管理实践的正向显著影响关系，因此建议这类企业应关注可能影响组织战略对准性的因素，如制度性压力的影响。

结合企业生命周期发展理论进行的战略人才管理系统演化路径推导表明未

来一段时期内中国情境下，企业战略人才管理系统发展趋势和传播扩散的可能性。战略人才管理系统并不是只有处于成熟期的大型企业专有的管理制度模式，而是不同时期不同规模的企业都应采取的一种新兴管理制度，处于初创期或是高速成长期的企业，即使是微型或者小型规模，依然可以通过反应性或者程序性模式的人才管理系统解决短期或即时的人才需求，是符合当前战略需要的管理制度选择。当然，任何新的管理制度的兴起和发展都是需要一个逐渐更替的过程，因此本书认为企业首要的是需要建立人才管理的理念，其次才是管理实践的实施和系统的构建过程。

3. 不确定环境下企业应该重视制度性压力的影响作用

本书将不确定环境变量作为影响战略人才管理系统构建过程中重要的构型变量，研究了动态的、敌对的和复杂的组织战略环境在系统整体的外部适应性中的影响作用。根据本书的研究结果，这种高度不确定性的环境会对企业的战略对准性和人才管理实践产生正的显著影响，越是竞争激烈的市场环境，企业越需要积极地调整人才管理实践组合以应对环境的变化，而其中异质性环境带来的制度性压力对构型变量和系统目标都产生了重要影响。而这一因素在以往的研究中并未得到应有的关注，因此对于企业来说，管理制度的变革在制度性压力的影响下，可能有阻碍，如原有人力资源管理制度产生的路径依赖性，也有推动作用，如因制度同构性驱动促使企业获得组织合法性。企业在构建战略人才管理系统时，需要辩证地看待其双重作用，既接受制度性压力带来的影响，也可利用这种制度性压力推动新的管理制度的推行和实施。

三、研究局限及未来研究展望

战略人才管理系统研究是一个涉及多学科理论背景的重要研究方向，不仅是管理领域的新问题，也是劳动经济学、组织社会学等领域的新现象，针对中国情境下企业参与全球化竞争和“人才战”的现实背景，本书综合了上述学科的相关理论研究成果，以不同组织管理模式的中国企业为样本，假设并检验了企业战略人才管理系统构建中不同构型变量和维度的影响与作用，并综合运用了定性研究和定量研究的多种研究方法，对提出的理论模型和架构进行了探索性分析，并得出了一些有意义的结论。从总体上来看，本书在本领域相关研究的基础上取得了一定的理论进展，初步实现了研究目标。但由于所研究问题的复杂性，以及本人研究经验、研究时间和精力的限制，本书尚有不少局限性有待改进，主要表现在以下方面。

第一，样本的局限性。本书的质性研究选择了 10 家企业，问卷调查选择了310家企业，在力所能及的范围内尽可能多地搜集样本数据，但在实际操作中仍存在一定的缺憾，没有将样本企业局限在湖北省内，所以研究的结论仅仅是针对这些样本企业的现状得出的。在一定程度上来说，对中国企业整体而言没有突出的代表性，也未进行分行业、分规模更深层次的研究。后续研究中如果条件允许，可以尝试借助机构力量或者行政力量，扩大研究覆盖的企业范围进行深入研究。

第二，研究方法的局限性。本书对于非结构性访谈资料进行了 Nvivo12 软件的分析，但仅是针对基本构型变量识别进行了初步分析。对于问卷量表，本书采用了李克特五点量表的主观打分方法，对主要构型变量进行了测度。尽管在测量和检验过程中都采用了较为严谨规范的量表信度和效度的检验方法，进行了探索性因子分析和验证性因子分析，结合质性研究结果对量表进行了修正，在一定程度上保证了测量结果的有效性和可靠性，但这种李克特 5 级量表不可避免地受到了受访者主观性的影响，而具有一定的测度偏差和缺陷。此外，虽然本书的问卷通过电子渠道的方式进行了大量的问卷投放，但也无法完全保证填写者的资质满足条件，也无法完整真实地反映受访企业的整体情况，因此数据的客观性和真实性仍有一定的争议。未来如有条件，应该对问卷的研究变量进行更为客观的测度和控制，从而进一步提高问卷的研究效度。

第三，在研究模型方面，本书尚未实现对战略人才管理系统模型展开充分讨论，对系统构型的理论模型和演化趋势提出了初步的设想。而从系统观来看，完整的系统不仅有系统目标和系统构成，还需要考虑系统的输入行为和输出结果，例如人才个人的绩效、智商、工作经验等因素的输入影响，以及战略人才管理系统对工作绩效、组织竞争优势或者人才个人的胜任力水平等的输出影响。因此，在后续研究中，对于战略人才管理系统的向前追溯和向后延伸研究是有必要进行进一步的实证检验。

第四，在研究视角方面有待多样性发展。本书的研究虽然结合了多学科的理论基础进行融合，但事实上人才管理研究的视角是多元化的，学者从职业管理、供应链管理、组织平等多样性管理等多个理论视角对人才管理概念进行了界定和分析，这也是人才管理概念在一定程度上未达成统一的原因。但作为一个发展仅 20 年的新研究议题，人才管理的研究还处于快速发展期，远未达到成熟期(Gallardo-Gallardo et al.，2015)。本书的研究作为一项探索性研究仅仅只是在推进中国情境下企业的人才管理研究的一小步尝试，存在着较多的不足，这也为本领域后续研究的推进提供了思路和方向。综上所述，本书研究者认为后续可以延续以下方向展开进一步研究。

首先，企业战略对准性对人力资源管理实践和人才管理实践间关系的调节作用。本书得出的结论与其他研究者不同，战略对准性发挥了负向调节作用，从某种意义上来说，这可能是本书的创新性发现，也可能是研究局限所在。那么引起这种负向调节作用的原因是什么，是样本数据的局限性还是组织内的客观影响因素？考虑到中国企业的总体数量较大，地域分布和经济发展水平存在较大的差异，因此进一步通过扩大样本数量或者分区域分行业来研究和探索这种调节作用，是否会与本书的研究结果有不一样的发现，这是值得继续研究的方向之一。

其次，内生于战略人才管理系统的三组矛盾的辩证性分析。本书提出构型变量的研究过程中出现了三组可能存在的矛盾和问题：第一，企业实施战略人才管理系统具有的经济目标和非经济目标对应的经济价值和非经济价值间的矛盾。第二，在经济目标和非经济目标的指导下，企业一方面由于竞争性的要求，为凸显异质性而可能不断采取创新性手段来构建战略人才管理系统；另一方面由于制度合法性的要求，在制度性压力的影响企业可能要采取较为相似的人才管理系统，出现制度同构性的可能性。导致了企业战略人才管理系统的异质性和同构性的矛盾。第三，同样在经济目标和非经济目标的指导下，企业可能会因获取持续竞争优势的需要而实施战略动机，也可能会因市场异质性和固有文化传统和价值观的限制而不得不受到战术动机的影响，导致了企业面临战略性动机和战术性动机的矛盾。对于如何解决和平衡这三组矛盾，本书还缺乏深入的分析和得到可行性结论，未来还需要进一步对这一问题进行探索研究。

最后，本书的主要研究层面是组织层面，而从理论的研究发展来看，战略人才管理系统可以从多层面进行分析，例如个人层面和社会层面。从个人层面来看，劳动力新世代群体的特征变化是驱使企业进行管理制度变革的重要因素，甚至在同一企业内部，由于员工的性别、婚姻状况、生育情况的不同，也会对战略人才管理系统实践和相关人才战略产生影响，对个人层面的人才管理系统研究有助于进一步理解战略人才管理系统非经济价值的实现问题。从社会层面来说，企业战略人才管理系统的扩散和演化能对国家整体宏观经济状况和社会责任感的发展有何种影响，也有待下一步深入探讨，以得到多层次多角度的研究结论。

参 考 文 献

[1]蔡宁华. 探索人才管理的新模式[J]. 集成电路应用, 2016, 33(9).

[2]陈博. 环境不确定性对企业战略选择的影响研究[D]. 上海：上海交通大学, 2011.

[3]陈剑. 人力资源管理新常态：基于业务的人才管理[J]. 北京工业大学学报(社会科学版), 2015(3).

[4]陈晓萍, 徐淑英和樊景立. 组织与管理研究的实证方法[M]. 北京：北京大学出版社, 2008.

[5]程德俊, 赵曙明. 高参与工作系统与企业绩效：人力资本专用性和环境动态性的影响[J]. 管理世界, 2006(3).

[6]董玲. 嘉士伯中国公司雇主品牌建设研究与方案设计[D]. 成都：西南财经大学, 2011.

[7]费显政. 新制度学派组织与环境关系观述评[J]. 外国经济与管理, 2006, 28(8).

[8]冯军政. 企业突破性创新和破坏性创新的驱动因素研究——环境动态性和敌对性的视角[J]. 科学学研究, 2013, 31(9).

[9]郭玉霞, 刘世闵, 王为国, 黄世奇, 何明轩, 洪梓榆著. 质性研究资料分析：NVivo 8 活用宝典=Qualitative Data Analysis：NVivo 8 Guidebook[M]. 台北：高等教育文化事业有限公司, 2009.

[10]何盛明. 财经大辞典 2[M]. 北京：中国财政经济出版社, 1990.

[11]何晓群, 刘文卿. 应用回归分析-第 2 版[M]. 北京：中国人民大学出版社, 2007.

[12]和苏超, 黄旭, 陈青. 管理者环境认知能够提升企业绩效吗——前瞻型环境战略的中介作用与商业环境不确定性的调节作用[J]. 南开管理评论, 2016, 19(6).

[13]贺建永. 企业人力资源供应链管理中的人才库管理研究[D]. 北京：北京物资学院, 2012.

[14]侯杰泰，温忠麟，成子娟. 结构方程模型及其应用(附光盘)［M］. 北京：教育科学出版社，2006.
[15]黄波，王满，吉建松. 战略差异、环境不确定性与商业信用融资[J]. 现代财经(天津财经大学学报)，2018(1).
[16]黄勋敬，黄聪，赵曙明. 互联网金融时代商业银行人才管理战略研究[J]. 金融论坛，2015(5).
[17]黄玉玲. 通用电气：九宫格的区别管理[J]. 企业管理，2015(3).
[18]井辉. 人力资源管理系统对组织绩效的影响——一个匹配视角下的整合模型[J]. 技术经济与管理研究，2017(9).
[19]李大元，项保华，陈应龙. 企业动态能力及其功效：环境不确定性的影响[J]. 南开管理评论，2009，12(6).
[20]李大元. 不确定环境下的企业持续优势[D]. 杭州：浙江大学，2008.
[21]李宏贵，曹迎迎，杜运周. 动态制度环境下企业创新的战略反应[J]. 管理学报，2018，15(6).
[22]李晓. 智力资本与企业绩效的关系研究[D]. 济南：山东大学，2016.
[23]李雪松. 环境不确定性对知识管理战略实施效果的影响[D]. 重庆：重庆大学，2009.
[24]李燚，魏峰. 高绩效人力资源实践有助于组织认同？——一个被中介的调节作用模型[J]. 管理世界，2011(2).
[25]李召敏，赵曙明. 环境不确定性、任务导向型战略领导行为与组织绩效[J]. 科学学与科学技术管理，2016，37(2).
[26]廖岚. 人力资源管理与企业战略的契合效应分析[J]. 经营管理者，2016(12).
[27]林志扬，李海东. 组织结构变革中的路径依赖与路径突破[J]. 厦门大学学报(哲学社会科学版)，2012(1).
[28]刘国萍. 战略人力资源管理对组织绩效的影响关系研究[D]. 青岛：青岛科技大学，2012.
[29]刘进，揭筱纹. 基于环境互动的企业家战略领导能力与决策机制研究一个新的战略绩效整合模型[J]. 科技进步与对策，2011，28(22).
[30]刘善仕，彭娟，邝颂文. 人力资源管理系统、组织文化与组织绩效的关系研究[J]. 管理学报，2010，7(9).
[31]刘昕. 国际人才管理的战略新思维及其启示[J]. 江海学刊，2010(3).
[32]刘洋. 基于构型理论的人力资源系统与组织绩效的关系研究[J]. 现代国企

研究，2016(18).
[33]刘芸，王德鲁，宋学锋.组织战略环境复杂性测度模型及实证[J].统计与决策，2012(21).
[34]陆雄文.管理学大辞典[M].上海：上海出版社，2013.
[35]马庆国.管理统计：数据获取、统计原理、SPSS 工具与应用研究[M].北京：科学出版社，2002.
[36]马伟超.国际人力资源管理人才培养途径研究[J].现代商业，2011(18).
[37]毛艾琳.人力资源管理研究的新视角：人才管理[J].社会科学管理与评论，2012(4).
[38]聂会平.动态环境中的人力资源柔性与企业绩效——基于战略人力资源管理框架的实证研究[J].北京师范大学学报(社会科学版)，2012(2).
[39]彭娟.基于构型理论的人力资源系统与组织绩效的关系研究[M].广州：华南理工大学，2013.
[40]邵安.安全工程人才的能力框架及评价体系研究[J].高等工程教育研究，2015(5).
[41]斯蒂芬·贝尔，滕白莹，孙晨光.制度变迁的诠释路径：建构制度主义 V.S.历史制度主义[J].国外理论动态，2016(7).
[42]苏中兴.转型期中国企业的高绩效人力资源管理系统：一个本土化的实证研究[J].南开管理评论，2010，13(4).
[43]苏中兴，曾湘泉，赖特.人力资源管理与企业绩效：国内外实证研究的评论与思考[J].经济理论与经济管理，2007，V(6).
[44]孙锐.推动政府人才管理职能转变[J].中国人才，2017(2).
[45]孙少博.战略性人力资源管理对组织效能的影响研究[D].济南：山东大学，2012.
[46]孙婷婷.基于构型理论的人力资源系统与组织绩效的关系研究[J].人力资源管理，2016(1).
[47]孙秀丽，赵曙明.HRM 能力及其重要性对战略人力资源管理与企业绩效的影响研究[J].南京社会科学，2017(1).
[48]孙瑜.战略人力资源管理对工作绩效影响的跨层次研究[D].长春：吉林大学，2015.
[49]王凯，武立东.环境不确定性与企业创新——企业集团的缓冲作用[J].科技管理研究，2016，36(10).
[50]王通讯.大数据与人才管理升级[J].中国人才，2013(17).

[51]王雅洁，戴景新，高素英，等. 战略人力资源管理、企业特征与企业绩效——基于中国企业的经验数据[J]. 科技管理研究，2014，34(4).

[52]温忠麟；侯杰泰；马什赫伯特 2004. 结构方程模型检验：拟合指数与卡方准则[J]. 心理学报，2004，36(2).

[53]吴爱华，苏敬勤. 人力资本专用性、创新能力与新产品开发绩效——基于技术创新类型的实证分析[J]. 科学学研究，2012，30(6).

[54]吴明隆. 问卷统计分析实务：SPSS 操作与应用[M]. 重庆：重庆大学出版社，2010.

[55]吴松强，周娟娟，赵顺龙. 知识属性、环境动态性与技术联盟内企业创新绩效[J]. 科学学研究，2017，35(10).

[56]薛调，刘云，刘彦庆. 高校图书馆嵌入式教学实施的影响因素研究[J]. 图书情报工作，2013，57(15).

[57]杨卓尔，高山行，曾楠. 战略柔性对探索性创新与应用性创新的影响——环境不确定性的调节作用[J]. 科研管理，2016，37(1).

[58]易振威. 企业战略执行力的动态环境影响及对策研究[D]. 贵阳：贵州财经大学，2015.

[59]殷琛. 浅谈知识经济时代人才管理与企业家激励机制创新[J]. 赤峰学院学报(自然科学版)，2017，33(14).

[60]余存龙. 西方企业管理理念演进及借鉴[J]. 商业经济研究，2012(28).

[61]袁玉赞. 基于企业生命周期理论的 TR 公司成长路径研究[D]. 北京：华北电力大学，2017.

[62]张丹. 环境不确定性、内部控制质量与债务资本成本[J]. 潍坊学院学报，2018(1).

[63]张广科. 人力资本理论：一个在企业框架内的界定[J]. 财经科学，2002(2).

[64]张洪霞. 战略人力资源管理的契合性研究[D]. 天津：天津大学，2007.

[65]张徽燕，李端凤，姚秦. 中国情境下高绩效工作系统与企业绩效关系的元分析[J]. 南开管理评论，2012，15(3).

[66]张美丽，石春生，贾云庆. 企业组织创新与技术创新匹配效应涌现机理研究[J]. 软科学，2013，27(6).

[67]张一弛，张正堂. 高绩效工作体系的生效条件[J]. 南开管理评论，2004，7(5).

[68]张一弛. 我国企业人力资源管理模式与所有制类型之间的关系研究[J]. 中

国工业经济，2004(9).

[69]张雨，戴翔. 政治风险影响了我国企业"走出去"吗[J]. 国际经贸探索，2013，29(5).

[70]张玉明，朱昌松. 企业基因理论研究述评[J]. 东北大学学报(社会科学版)，2012，14(6).

[71]赵爽. Y世代知识员工的职业生涯管理[D]. 海口：海南大学，2015.

[72]赵永乐. 人才管理政府与市场关系研究[J]. 国家行政学院学报，2016(3).

[73]周其仁. 市场里的企业：一个人力资本与非人力资本的特别合约[J]. 经济研究，1996(6).

[74]邹文超. 战略人力资源管理柔性对组织绩效的影响[D]. 天津：天津财经大学，2013.

[75]Adil M.S.. Strategic Human Resource Management Practices and Competitive Priorities of the Manufacturing Performance in Karachi[J]. Global Journal of Flexible Systems Management，2015，16(1).

[76]Aguinis H.，Gottfredson R.K.，Joo H.. Best-practice Recommendations for Defining，Identifying，and Handling Outliers[J]. Organizational Research Methods，2013，16(2).

[77]Ahammad M.F.，Glaister K.W.，Sarala R.M.，et al. Strategic Talent Management in Emerging Markets[J]. Thunderbird International Business Review，2017，60(4).

[78]Ahmadi A.A.，Ahmadi F.，Abbaspalangi J.. Talent Management and Succession Planning[J]. Interdisciplinary Journal of Contemporary Research in Business，2012，4(1).

[79]Alias N.E.，Nor N.M.，Hassan R.. The Relationships Between Talent Management Practices，Employee Engagement，and Employee Retention in the Information and Technology (IT) Organizations in Selangor[M]// Proceedings of the 1st AAGBS International Conference on Business Management 2014 (AiCoBM 2014). NY:springer 2016.

[80]Alkhafaji A.F.. Strategic Management：Formulation，Implementation，and Control in a Dynamic Environment[J]. Journal of the Australian & New Zealand Academy of Management，2017，11(2).

[81]Alpay G.，Bodur M.，Yılmaz C.，et al.. Performance Implications of Institutionalization Process in Family-owned Businesses：Evidence from an

Emerging Economy[J]. Journal of World Business, 2008, 43(4).

[82] Annakis D., Dass M., Isa A.. Exploring Factors that Influence Talent Management Competency of Academics in Malaysian GLC's and Non-government Universities[J]. Journal of International Business and Economics, 2014, 2(4).

[83] Ariss A.A., Cascio W.F., Paauwe J.. Talent management: Current Theories and Future Research Directions[J]. Journal of World Business, 2014, 49(2).

[84] Armstrong M., Stephens T.. A Handbook of Management and Leadership: A Guide to Managing for Results[M]. London: Kogan Page Publishers, 2005.

[85] Arthur J.B.. Effects of Human Resource Systems on Manufacturing Performance and Turnover[J]. Academy of Management Journal, 1994, 37(3).

[86] Athey R.. It's 2008: Do You Know Where Your Talent Is? Connecting People to What Matters[J]. Journal of Business Strategy, 2008, 29(4).

[87] Avedon M.J., Scholes G.. Building Competitive Advantage through Integrated Talent Management [J]. Strategy-driven Talent Management: A Leadership Imperative, 2010.

[88] Axelrod B., Handfieldjones H., Michaels E.. A New Game Plan for C Players. [J]. Harvard Business Review, 2002, 80(1).

[89] Barlow L.. Talent Development: The New Imperative? [J]. Development & Learning in Organizations, 2006, 20(3).

[90] Barney J.. Firm Resources and Sustained Competitive Advantage[J]. Journal of Management, 1991, 17(1).

[91] Barney J.B., Wright P.M.. On Becoming a Strategic Partner: The Role of Human Resources in Gaining Competitive Advantage [J]. Human Resource Management, 1998, 37(1).

[92] Barney J.B., Arikan A.M.. The Resource-based View: Origins and Implications [J]. Handbook of Strategic Management, 2001.

[93] Robert Baum J., Wally S.. Strategic Decision Speed and Firm Performance[J]. Strategic Management Journal, 2003, 24(11).

[94] Becker G.S.. Investment in Human Capital: Effects on Earnings, in Human Capital: A Theoretical and Empirical Analysis with Special Reference to Education, Chicago, IL.: University of Chicago Press, Chapter II, 15-44[J]. International Library of Critical Writings in Economics, 1996, 65.

[95]Schon Beechler, Ian C. Woodward. The Global "War for Talent"[J]. Journal of International Management, 2009, 15(3).

[96]L. Berger. The Talent Management Handbook: Creating a Sustainable Competitive Advantage by Selecting, Developing, and Promoting the Best People[M]. New York: McGraw-Hill, 2011.

[97]Berger, Berger L.A., Dorothy R.. The Talent Management Handbook: Creating Organizational Excellence by Identifying, Developing, and Promoting Your Best People[M]. McGraw-Hill, 2004.

[98]Berthod O., Sydow J.. Locked in the Iron Cage? When Institutionalization is (not) a Path-dependent Process[M]//Self-reinforcing Processes in and among organizations. London:Palgrave Macmillan, 2013.

[99]Pamela, Bethke-Langenegger, Philippe, et al.. Effectiveness of Talent Management Strategies[J]. European Journal of International Management, 2011, 5(5).

[100]Birkinshaw J., Foss N.J., Lindenberg S. Combining Purpose with Profits[J]. MIT Sloan Management Review, 2014, 55(3).

[101]Ingmar Björkman, Kristiina Mäkelä. Are You Willing to do What It Takes to Become a Senior Global Leader? Explaining the Willingness to Undertake Challenging Leadership Development Activities[J]. European Journal of International Management, 2013, 7(5).

[102]Blass E.. Talent Management: Cases and Commentary[M]. Berlin: Springer, 2009.

[103]Blass E.. Talent Management[J]. Executive Excellence, 2011, 3(4).

[104]Boeck G.D., Meyers M. C., Dries N.. Employee Reactions to Talent Management: Assumptions Versus Evidence[J]. Journal of Organizational Behavior, 2017.

[105]Boudreau J.W., Ramstad P. M.. Talentship, Talent Segmentation, and Sustainability: A New HR Decision Science Paradigm for a New Strategy Definition[J]. Human Resource Management, 2005, 44(2).

[106]Boudreau J.W., Ramstad P.M.. Beyond HR: The New Science of Human Capital[M]. Boston: Harvard Business Press, 2007.

[107]Boussebaa M., Morgan G.. Managing Talent Across National Borders: the Challenges Faced by an International Retail Group[J]. Critical Perspectives

on International Business, 2008, 4(1).

[108] Bowman C., Hird M.. A Resource-based View of Talent Management[J]. Strategic Talent Management: Contemporary Issues in International Context, 2014.

[109] Boxall P., Macky K.. Research and Theory on High-performance Work Systems: Progressing the High-involvement Stream[J]. Human Resource Management Journal, 2010, 19(1).

[110] Boxall P., Purcell J.. Strategy and Human Resource Management[M]. London: Macmillan International Higher Education, 2011.

[111] BOXALL, P. & PURCELL, J.. Building a Workforce: the Challenge of Interest Alignment[J]. 2016.

[112] Brewster C. How Far Do Cultural Differences Explain the Differences Between Nations? Implications for HRM[J]. International Journal of Human Resource Management, 2015, 26(2).

[113] Brink M.V.D., Fruytier B., Thunnissen M.. Talent Management in Academia: Performance Systems and HRM Policies[J]. Human Resource Management Journal, 2013, 23(2).

[114] Brozik D., Zapalska A.. The Portfolio Game: Decision Making in a Dynamic Environment[J]. Simulation & Gaming, 2014, 33(2).

[115] Polonia A.C.. Managers' Responses to Formal and Informal Talent Management Practices: An Exploratory Mixed Methods Study[D]. California: University of San Diego, 2017.

[116] Cairns T.D.. Talent Management at Homeland Security: A Corporate Model Suggests a Recipe for Success[J]. Employment Relations Today, 2010, 36(3).

[117] Yu C., Chen X., Wu D.D., et al. Early Warning of Enterprise Decline in a Life Cycle Using Neural Networks and Rough Set Theory[J]. Expert Systems with Applications An International Journal, 2011, 38(6).

[118] Cappelli P., Keller J.R.. Talent Management: Conceptual Approaches and Practical Challenges[J]. Social Science Electronic Publishing, 2014, 1(1).

[119] CAPPELLI, Peter. Talent Management for the Twenty-First Century[J]. Harv Bus Rev, 2008, 86(3).

[120] Goldsmith M, Carter L, Institute T. B. P.. Best Practices in Talent

Management: How the World's Leading Corporations Manage, Develop, and Retain Top Talent[J]. Waste Management, 2010, 31(12).

[121] Castrogiovanni G.J.. Environmental Munificence: A Theoretical Assessment [J]. Academy of Management Review, 1991, 16(3).

[122] Cepin G.. Talent Acquisition: What It Is, Why You Need It, What Is Involved, and Where to Start[C]//CPA Practice Management Forum, 2013.

[123] Cerdin J.L., Brewster C.. Talent Management and Expatriation: Bridging Two Streams of Research and Practice[J]. Journal of World Business, 2014, 49 (2).

[124] Chambers E.G., Foulon M., Handfield-Jones H., et al. The War for Talent [J]. The McKinsey Quarterly, 1998, 1(3).

[125] COBB, A.. Best Practices in Talent Management to Support Lean Manufacturing[J].Management Services, 2013.

[126] Collings D. G., Mellahi K.. Strategic Talent Management: A Review and Research Agenda[J]. Human Resource ManagementReview, 2009, 19(4).

[127] Meyers M. C., Woerkom M. V., Dries N.. Talent — Innate or Acquired? Theoretical Considerations and Their Implications for Talent Management[J]. Human Resource Management Review, 2013, 23(4).

[128] Collings D.G.. Toward Mature Talent Management: Beyond Shareholder Value [J]. Human Resource Development Quarterly, 2014, 25(3).

[129] Collings D. G.. Integrating Global Mobility and Global Talent Management: Exploring the Challenges and Strategic Opportunities[J]. Journal of World Business, 2014, 49(2).

[130] Collings D. G., Scullion H., Vaiman V.. European Perspectives on Talent Management[J]. European Journal of International Management, 2011, 5 (5).

[131] Connelly B.L., Certo S.T., Ireland R.D., et al. Signaling Theory: A Review and Assessment[J]. Journal of Management Official Journal of the Southern Management Association, 2015, 37(1).

[132] Covin J.G., Slevin D.P.. Strategic Management of Small Firms in Hostile and Benign Environments[J]. Strategic Management Journal, 2010, 10(1).

[133] Cui W., Khan Z., Tarba S.Y.. Strategic Talent Management in Service SMEs of China[J]. Thunderbird International Business Review, 2016.

[134] Cyert R.M., March J.G.. A Behavioral Theory of the Firm[J]. Englewood Cliffs, NJ, 1963, 2.

[135] Shtasel D., Hobbs-Knutson K., Tolpin H., et al. Developing a Pipeline for the Community-Based Primary Care Workforce and Its Leadership: The Kraft Center for Community Health Leadership's Fellowship and Practitioner Programs[J]. Academic Medicine Journal of the Association of American Medical Colleges, 2015, 90(9).

[136] Dan M., Lamont B. T., Hoffman J. J.. Choice Situation, Strategy, and Performance: A Reexamination[J]. Strategic Management Journal, 1994, 15(3).

[137] D'Annunziogreen N.. Managing the Talent Management Pipeline: Towards a Greater Understanding of Senior Managers' Perspectives in the Hospitality and Tourism Sector [J]. International Journal of Contemporary Hospitality Management, 2008, 20(7).

[138] Das N., Bhattacharya B.B., Dattagupta J.. Isomorphism of Conflict Graphs in Multistage Interconnection Networks and its Application to Optimal Routing [J]. IEEE Computer Society, 1993.

[139] Datta D.K., Wright P.M.. Erratum: Human Resource Management and Labor Productivity: Does Industry Matter? [J]. Academy of Management Journal, 2005, 48(3).

[140] Datta S., Iskandar-Datta M.. Upper-echelon Executive Human Capital and Compensation: Generalist vs Specialist Skills [J]. Strategic Management Journal, 2015, 35(12).

[141] David R.J., Strang D.. When Fashion Is Fleeting: Transitory Collective Beliefs and the Dynamics of TQM Consulting[J]. Academy of Management Journal, 2006, 49(2).

[142] De Beer G., Elliffe S.. South African Spatial Development Initiatives Programme: Tourism Development and the Empowerment of Local Communities[J]. Nova Hedwigia, 1997.

[143] Delery J.E., Doty D.H.. Modes of Theorizing in Strategic Human Resource Management: Tests of Universalistic, Contingency, and Configurational Performance Predictions[J]. Academy of Management Journal, 1996, 39(4).

[144] John E.D., Dorothea R.. Strategic Human Resource Management, Human

Capital and Competitive Advantage: Is the Field Going in Circles? [J]. Human Resource Management Journal, 2017, 27(1).

[145] Delery J.E.. Issues of Fit in Strategic Human Resource Management: Implications for Research[J]. Human Resource Management Review, 1998, 8(3).

[146] Dess G.G., Beard D.W.. Dimensions of Organizational Task Environments[J]. Administrative Science Quarterly, 1984.

[147] Dessler G.. Expanding into China? What Foreign Employers Should Know about Human Resource Management in China Today [J]. SAM Advanced Management Journal, 2006, 71(4).

[148] Dimaggio P. J., Powell W. W.. The Iron Cage Revisited: Institutional Isomorphism and Collective Rationality in Organizational Fields[J]. American Sociological Review, 1983, 48(2).

[149] Walter W. Powell, Paul J. DiMaggio. The New Institutionalism in Organizational Analysis[M]. Illinois: University of Chicago Press, 2012.

[150] Doaei H.A., Najminia R.. HOW FAR DOES HRM DIFFER FROM PM[J]. European Scientific Journal, 2012.

[151] Doh J.P., Stumpf S.A., Tymon W.G.. Responsible Leadership Helps Retain Talent in India[J]. Journal of Business Ethics, 2011, 98(1).

[152] Doty D.H., Glick W.H.. Typologies as a Unique form of theory building: Toward Improved Understanding and Modeling[J]. Academy of Management Review, 1994, 19(2).

[153] Doty D.H., Glick W.H., Huber G.P.. Fit, Equifinality, and Organizational Effectiveness: A Test of Two Configurational Theories [J]. Academy of Management Journal, 1993, 36(6).

[154] Dries N., Van Acker F., Verbruggen M.. How "Boundaryless" Are the Careers of High Potentials, Key Experts and Average Performers? [J]. Journal of Vocational Behavior, 2012, 81(2).

[155] Duncan D.B., Horn S. D.. Linear Dynamic Recursive Estimation from the Viewpoint of Regresion Analysis[J]. Publications of the American Statistical Association, 1972, 67(340).

[156] Blass E.. Talent Management: Cases and Commentary[M]. Berlin: Springer, 2009.

[157] Kariv D.. Entrepreneurship: An international introduction [M]. London: Routledge, 2011.

[158] Eva N., Sendjaya S., Prajogo D., et al. Creating Strategic Fit: Aligning Servant Leadership with Organizational Structure and Strategy [J]. Personnel Review, 2018, 47(1).

[159] Ewerlin D., Süß S.. Dissemination of Talent Management in Germany: Myth, Facade or Economic Necessity? [J]. Personnel Review, 2016, 45(1).

[160] Fainshmidt S., Pezeshkan A., Lance Frazier M., et al. Dynamic Capabilities and Organizational Performance: A Meta-Analytic Evaluation and Extension [J]. Social Science Electronic Publishing, 2016, 53(8).

[161] Cooke F.L., Saini D.S., Wang J.. Talent Management in China and India: A Comparison of Management Perceptions and Human Resource Practices [J]. Journal of World Business, 2014, 49(2).

[162] Festing M., Schäfer L.. Value Creation Through Human Resource Management Networks and Talent Management in Clusters-A Case Study From Germany [J]. Resources and Competitive Advantage in Clusters, 2013.

[163] Festing M., Schäfer L., Scullion H.. Talent Management in Medium-sized German Companies: an Explorative Study and Agenda for Future Research [J]. International Journal of Human Resource Management, 2013, 24(9).

[164] Fortwengel J.. Practice Transfer in the MNC: The Role of Governance Mode for Internal and External Fit [C]//Academy of Management Proceedings. Briarcliff Manor, NY 10510: Academy of Management, 2016, 2016(1).

[165] Foss N.J., Pedersen T., Reinholt Fosgaard M., et al. Why Complementary HRM Practices Impact Performance: The Case of Rewards, Job Design, and Work Climate in a Knowledge-sharing Context [J]. Human Resource Management, 2015, 54(6).

[166] Frank F.D., Finnegan R.P., Taylor C.R.. The Race for Talent: Retaining and Engaging Workers in the 21st Century [J]. Human Resource Planning, 2004, 27(3).

[167] Fu N., Flood P.C., Bosak J., et al. High-performance Work Systems in Professional Service Firms: Examining the Practices-Resources-Uses-Performance Linkage [J]. Human Resource Management, 2017, 56(2).

[168] Gallardo-Gallardo E., Dries N., González-Cruz T.F.. What is the Meaning of

'Talent' in the World of Work? [J]. Human Resource Management Review, 2013, 23(4).

[169] Towards an Understanding of Talent Management as a Phenomenon-driven Field Using Bibliometric and Content Analysis [J]. Human Resource Management Review, 2015, 25(3).

[170] Ganaie M. U., Haque M. I.. Talent Management and Value Creation: A Conceptual Framework[J]. Academy of Strategic Management Journal, 2017.

[171] Garrow V., Hirsh W.. Talent Management: Issues of Focus and Fit[J]. Public Personnel Management, 2008, 37(4).

[172] Gelens J., Hofmans J., Dries N., et al. Talent Management and Organisational Justice: Employee Reactions to High Potential Identification [J]. Human Resource Management Journal, 2014, 24(2).

[173] Gerbing D.W., Anderson J.C.. An Updated Paradigm for Scale Development Incorporating Unidimensionality and Its Assessment[J]. Journal of Marketing Research, 1988, 25(2).

[174] Glaister A.J., Karacay G., Demirbag M., et al. HRM and Performance-The Role of Talent Management as a Transmission Mechanism in an Emerging Market Context[J]. Human Resource Management Journal, 2018, 28(1).

[175] Glen J., Hilson C., Lowitt E.. The Emergence of Green Talent[J]. London Business School Review, 2010, 20(4).

[176] Goergen M., O'Sullivan N., Wood G.. The Consequences of Private Equity Acquisitions for Employees: New Evidence on the Impact on Wages, Employment and Productivity [J]. Human Resource Management Journal, 2014, 24(2).

[177] Goldsmith M., Carter L.. Best Practices in Talent Management: How the World's Leading Corporations Manage, Develop, and Retain Top Talent[M]. John Wiley & Sons, 2009.

[178] Gooderham P. N., Morley M. J., Parry E., et al. National and Firm-level Drivers of the Devolution of HRM Decision Making to Line Managers [J]. Journal of International Business Studies, 2015, 46(6).

[179] Greenwood R., Lawrence T.B., Oliver C. & Meyer R. The Sage Handbook of Organizational Institutionalism[M]. London: SAGE Publicatons Ltd., 2017.

[180] Groves K.S.. Talent Management Best Practices: How Exemplary Health Care

Organizations Create Value in a Down Economy[J]. Health Care Manage Rev, 2011, 36(3).

[181] Groysberg B., Healy P., Nohria N., et al. What Factors Drive Analyst Forecasts? [J]. Financial Analysts Journal, 2011, 67(4).

[182] Guerci M., Solari L.. Talent Management Practices in Italy- Implications for Human Resource Development [J]. Human Resource Development International, 2012, 15(1).

[183] Hamel G., Prahalad C. K.. Strategy as Stretch and Leverage[J]. Harvard Business Review, 1993, 71(2).

[184] Hannan M. T., Freeman J.. The Population Ecology of Organizations[J]. American Journal of Sociology, 1977, 82(5).

[185] Harris J.G., Craig E., Light D.A.. Talent and Analytics: New Approaches, Higher ROI[J]. Journal of Business Strategy, 2011, 32(6).

[186] Hartmann E., Feisel E., Schober H.. Talent Management of Western MNCs in China: Balancing Global Integration and Local Responsiveness[J]. Journal of World Business, 2010, 45(2).

[187] Helfat C.E., Winter S.G.. Untangling Dynamic and Operational Capabilities: Strategy for the (N)ever-Changing World[J]. Strategic Management Journal, 2011, 32(11).

[188] Heyden M. L. M., Oehmichen J., Nichting S., et al. Board Background Heterogeneity and Exploration-Exploitation: The Role of the Institutionally Adopted Board Model[J]. Global Strategy Journal, 2015, 5(2).

[189] Heyden M.L.M., Fourné, Sebastian P.L., Koene B.A.S., et al. Rethinking 'Top-Down' and 'Bottom-Up' Roles of Top and Middle Managers in Organizational Change: Implications for Employee Support [J]. Journal of Management Studies, 2017.

[190] Hienerth C., Kessler A.. Measuring Success in Family Businesses: The Concept of Configurational Fit[J]. Family Business Review, 2010, 19(2).

[191] Höglund M.. Quid Pro Quo? Examining Talent Management Through the Lens of Psychological Contracts[J]. Personnel Review, 2012, 41(41).

[192] Holden N.J., Vaiman V.. Talent Management in Russia: Not So Much War for Talent as Wariness of Talent [J]. Critical Perspectives on International Business, 2013, 9(1/2).

[193] Hoppas C. A.. Strategic Human Resource Management and Oganisational Performance: A Study Of The University Administrators in Cyprus [J]. University of Wolverhampton, 2013.

[194] Hrebiniak L.G., Joyce W.F.. Organizational Adaptation: Strategic Choice and Environmental Determinism [J]. Administrative Science Quarterly, 1985, 30 (3).

[195] Huang J., Tansley C.. Sneaking Through the Minefield of Talent Management: the Notion of Rhetorical Obfuscation [J]. International Journal of Human Resource Management, 2012, 23(17).

[196] Hughes J.C., Rog E.. Talent Management: A Strategy for Improving Employee Recruitment, Retention and Engagement within Hospitality Organizations [J]. International Journal of Contemporary Hospitality Management, 2008, 20(7).

[197] Huselid M.A., Becker B.E.. Bridging Micro and Macro Domains: Workforce Differentiation and Strategic Human Resource Management [J]. Journal of Management, 2011, 37(2).

[198] Huselid M. A.. The Impact of Human Resource Management Practices on Turnover, Productivity, and Corporate Financial Performance [J]. Academy of Management Journal, 1995, 38(3).

[199] Iles P., Chuai X., Preece D.. Talent Management and HRM in Multinational Companies in Beijing: Definitions, Differences and Drivers [J]. Journal of World Business, 2010, 45(2).

[200] Iles P., Preece D., Chuai X.. Is Talent Management in China Just a Fashion Statement? An Empirical Study of the Drivers of Talent Management in Multinationals and Consultancies in Beijing [J]. 2009.

[201] Iles P., Preece D., Xin C. Talent Management as a Management Fashion in HRD: Towards a Research Agenda [J]. Human Resource Development International, 2010, 13(2).

[202] Ingram P., Clay K.. The Choice-Within-Constraints New Institutionalism and Implications for Sociology [J]. Annual Review of Sociology, 2000, 26(26).

[203] Conger J.A., Fulmer R M. Developing Your Leadership Pipeline [J]. Harvard Business Review, 2003, 81(12).

[204] Jackson S.E., Schuler R.S.. Understanding Human Resource Management in the Context of Organizations and Their Environments [J]. Annual Review of

Psychology, 1995, 46(46).
[205] Jiang K., Takeuchi R., Lepak D.P.. Where Do We Go From Here? New Perspectives on the Black Box in Strategic Human Resource Management Research[J]. Journal of Management Studies, 2013, 50(8).
[206] Johnson C.. Introduction: Legtimacy Processes in Organizations [J]. Cheminform, 2001, 42(67).
[207] Jones J.T., Whitaker M., Seet P.S., et al. Talent Management in Practice in Australia: Individualistic or Strategic? An Exploratory Study[J]. Asia Pacific Journal of Human Resources, 2012, 50(4).
[208] Son J., Park O., Bae J., et al. Double-edged Effect of Talent Management on Organizational Performance: the Moderating Role of HRM Investments[J]. The International Journal of Human Resource Management, 2018.
[209] Galaskiewicz J., Wasserman S.. Mimetic Processes Within an Interorganizational Field: An Empirical Test [J]. Administrative Science Quarterly, 1989, 34(3).
[210] Kanter R.M.. Commitment and The Internal Organization of Millennial Movements[J]. American Behavioral Scientist, 1972, 16(2).
[211] Karatop B., Kubat C., Uygun Ö.. Talent Management in Manufacturing System Using Fuzzy Logic Approach[J]. Computers & Industrial Engineering, 2015, 86(C).
[212] Keller J.R., Cappelli P.. A Supply-chain Approach to Talent Management[J]. 2014.
[213] Kessler A.S., Lülfesmann C.. The Theory of Human Capital Revisited: on the Interaction of General and Specific Investments[J]. Economic Journal, 2010, 116(514).
[214] Khan M.Z.A., Ayub A., Baloch Q.B.. Importance of Talent Management in Business Strategy: A Critical Literature Review[J]. Abasyn University Journal of Social Sciences, 2013, 6(1).
[215] Kim C.H., Scullion H.. Exploring the Links between Corporate Social Responsibility and Global Talent Management: A Comparative Study of the UK and Korea[J]. European J of International Management, 2011, 5(5).
[216] Kok J.D., Uhlaner L. M.. Organization Context and Human Resource Management in the Small Firm[J]. Small Business Economics, 2001, 17(4).

[217] Kontoghiorghes C.. Linking High Performance Organizational Culture and Talent Management: Satisfaction/motivation and Organizational Commitment as Mediators[J]. International Journal of Human Resource Management, 2016, 27(16).

[218] Korach S., Cosner S.. Comprehensive Leadership Development[J]. Handbook of Research on the Education of School Leaders, 2016.

[219] Kraiger K., Passmore J., Santos N.R.D., et al. 14. The Contribution of Talent Management to Organization Success[M]// The Wiley Blackwell Handbook of the Psychology of Training, Development, and Performance Improvement, 2014.

[220] Kreiser P., Marino L.. Analyzing the Historical Development of the Environmental Uncertainty Construct[J]. Management Decision, 2002, 40(9).

[221] Krishnan T.N., Scullion H.. Talent Management and Dynamic View of Talent in Small and Medium Enterprises[J]. Human Resource Management Review, 2016, 27(3).

[222] Kucherov D., Zamulin A.. Employer Branding Practices for Young Talents in IT Companies (Russian experience) [J]. Human Resource Development International, 2016, 19(2).

[223] Kvale S.. InterViews: An Introduction to Qualitative Research Interviewing. [J]. Urologic Nursing, 1997, 19(2).

[224] Lah T.. Using Talent Supply Chain Management to Overcome Challenges in the Professional Services Market[J]. Workforce Management, 2009, 88(3).

[225] Latukha M.. Talent Management in Russian Companies: Domestic Challenges and International Experience[J]. International Journal of Human Resource Management, 2015, 26(8).

[226] Latukha M.. Talent Management and Global Value Creation: How Do Russian Companies Do This? [M]// Value Creation in International Business, 2017.

[227] Laverty K.J.. Economic "Short-Termism": The Debate, the Unresolved Issues, and the Implications for Management Practice and Research[J]. The Academy of Management Review, 1996, 21(3).

[228] Lawler E.E.. Reinventing Talent Management: Principles and Practices for the New World of Work[M]. Berrett-Koehler Publishers, 2017.

[229] Lawler III E.E., Boudreau J. W.. Global Trends in Human Resource Management: A Twenty-year Analysis[M]. Stanford University Press, 2015.

[230] Lawler J.J., Hundley G.. The Adoption of HR Strategies in a Confucian Context[J]. Emerald Group Publishing Limited,2008.

[231] Beck T.E., Lengnick-Hall C.A.. Resilience Capacity and Strategic Agility: Prerequisites for Thriving in a Dynamic Environment [M]//Resilience Engineering Perspectives, Volume 2. CRC Press, Los Angeles: 2016.

[232] Lengnick-hall M., Lengnick-hall C. & Canedo J. Strategic Human Resource Management in Nonprofit Organizations: A Research Framework[J]. Academy of Management, 2012.

[233] Lepak D.P., Snell S.A.. The Human Resource Architecture: Toward a Theory of Human Capital Allocation and Development[J]. Academy of Management Review, 1999, 24(1).

[234] Lepak D.P., Snell S.A.. Examining the Human Resource Architecture: The Relationships Among Human Capital, Employment, and Human Resource Configurations[J]. Journal of Management, 2002, 28(4).

[235] Lepak D.P., Smith K.G., Taylor M S. Introduction to Special Topic Forum: Value Creation and Value Capture: A Multilevel Perspective[J]. Academy of Management Review, 2007, 32(1).

[236] Lepak D.P., Taylor M.S., Tekleab A G, et al. An Examination of the Use of High-investment Human Resource Systems for Core and Support Employees [J]. Human Resource Management, 2010, 46(2).

[237] Lewis R.E., Heckman R.J.. Talent Management: A Critical Review[J]. Human Resource Management Review, 2006, 16(2).

[238] Linden G., Teece D.. Managing Expert Talent [J]. Strategic Talent Management: Contemporary Issues in International Context, 2014.

[239] Xue L., Jin Y.. Organization Design & Management in Volatile and Heterogeneous Environment[J]. Nankai Business Review, 2000.

[240] Luna-Arocas R., Morley M. J.. Talent Management, Talent Mindset Competency and Job Performance: The Mediating Role of job Satisfaction[J]. European Journal of International Management, 2015, 9(1).

[241] Luo Y., Tan J.J., O'Connor N G. Strategic Response to a Volatile Environment: The Case of Cross-Cultural Cooperative Ventures [J]. Asia

Pacific Journal of Management, 2001, 18(1).

[242] Lynton N., Beechler S.. Using Chinese Managerial Values to Win the War for Talent[J]. Asia Pacific Business Review, 2012, 18(4).

[243] Macfarlane F., Duberley J., Fewtrell C., et al. Talent Management for NHS Managers: Human Resources or Resourceful Humans? [J]. Public Money & Management, 2012, 32(6).

[244] Macky K., Boxall P.. The Relationship Between "High-performance Work Practices" and Employee Attitudes: An Investigation of Additive and Interaction Effects[J]. International Journal of Human Resource Management, 2007, 18(4).

[245] Makarius E.E., Srinivasan M.. Addressing Skills Mismatch: Utilizing Talent Supply Chain Management to Enhance Collaboration between Companies and Talent Suppliers[J]. Business Horizons, 2017.

[246] Kristiina Mäkelä, Ingmar Björkman, Ehrnrooth M.. How Do MNCs Establish Their Talent Pools? Influences on Individuals' Likelihood of Being Labeled as Talent[J]. Journal of World Business, 2010, 45(2).

[247] Marginson D., Mcaulay L.. Exploring the Debate on Short-termism: a Theoretical and Empirical Analysis[J]. Strategic Management Journal, 2008, 29(3).

[248] Martin G., Cerdin J. L.. Employer Branding and Career Theory: New Directions for Research[J]. 2014.

[249] Martin G., Farndale E., Paauwe J., et al. Corporate Governance and Strategic Human Resource Management: Four Archetypes and Proposals for a New Approach to Corporate Sustainability [J]. European Management Journal, 2016, 34(1).

[250] Maxwell G.A., MacLean S.. Talent Management in Hospitality and Tourism in Scotland: Operational Implications and Strategic Actions [J]. International Journal of Contemporary Hospitality Management, 2008, 20(7).

[251] McCartney C.. Fighting Back Through Talent Innovation[J]. Human Resource Management International Digest, 2010, 18(3).

[252] McDonnell A., Collings D. G., Mellahi K, et al. Talent Management: A Systematic Review and Future Prospects[J]. European Journal of International Management, 2017, 11(1).

[253] Brits N.M., Meiring D., Becker J R. Investigating the Construct Validity of a Development Assessment Centre [J]. SA Journal of Industrial Psychology, 2013, 39(1).

[254] Mellahi K., Collings D G.. The Barriers to Effective Global Talent Management: The Example of Corporate Élites in MNEs[J]. Journal of World Business, 2010, 45(2).

[255] Mellahi K., Demirbag M., Collings D. G., et al. Similarly Different: a Comparison of HRM Practices in MNE Subsidiaries and Local Firms in Turkey [J]. The International Journal of Human Resource Management, 2013, 24 (12).

[256] Meyer J. W., Rowan B. Institutionalized organizations: Formal Structure as Myth and Ceremony[J]. American Journal of Sociology, 1977, 83(2).

[257] Meyers M.C., Van Woerkom M.. The Influence of Underlying Philosophies on Talent Management: Theory, Implications for Practice, and Research Agenda [J]. Journal of World Business, 2014, 49(2).

[258] Meyers M. C., Van Woerkom M., Dries N.. Talent—Innate or Acquired? Theoretical Considerations and Their Implications for Talent Management[J]. Human Resource Management Review, 2013, 23(4).

[259] Michaels E., Handfield-Jones H., Axelrod B.. The War for Talent [M]. Boston: Harvard Business Press, 2001.

[260] Miller C. C., Burke L. M., Glick W. H.. Cognitive Diversity among Upper-echelon Executives: Implications for Strategic Decision Processes [J]. Strategic Management Journal, 1998, 19(1).

[261] Miller D., Friesen P.H.. Successful and Unsuccessful Phases of the Corporate Life Cycle[J]. Organization studies, 1983, 4(4).

[262] Miller D., Friesen P.H.. Strategy-making and Environment: The Third Link [J]. Strategic Management Journal, 1983, 4(3).

[263] Miller D.. Relating Porter's Business Strategies to Environment and Structure: Analysis and Performance Implications[J]. Academy of Management Journal, 1988, 31(2).

[264] Minbaeva D., Collings D.G.. Seven Myths of Global Talent Management[J]. The International Journal of Human Resource Management, 2013, 24(9).

[265] Mohamed A. F., Singh S., Irani Z., et al.. An Analysis of Recruitment,

Training and Retention Practices in Domestic and Multinational Enterprises in the Country of Brunei Darussalam[J]. The International Journal of Human Resource Management, 2013, 24(10).

[266] Morris S., Snell S., Björkman I.. An Architectural Framework for Global Talent Management[J]. Journal of International Business Studies, 2016, 47(6).

[267] Muninarayanappa D. M.. HR Strategy as Liaison with Business Strategy for Organizational Effectiveness-An Analytical Study[J]. 2011.

[268] Neo E.. Human Resource Management: Gaining Competitive Advantage, McGraw-Hill[J]. Boston, USA, 2000.

[269] Nyberg A.J., Moliterno T.P., Hale Jr D., et al. Resource-based Perspectives on Unit-level Human Capital: A Review and Integration[J]. Journal of Management, 2014, 40(1).

[270] O'Connor E. P., Crowley-Henry M.. Exploring the Relationship Between Exclusive Talent Management, Perceived Organizational Justice and Employee Engagement: Bridging the Literature[J]. Journal of Business Ethics, 2017.

[271] Oehley A. M., Theron C. C.. The Development and Evaluation of a Partial Talent Management Structural Model[J]. Management Dynamics: Journal of the Southern African Institute for Management Scientists, 2010, 19(3).

[272] Oehley A. M., Theron C. C.. The Development and Evaluation of a Partial Talent Management Structural Model[J]. Management Dynamics: Journal of the Southern African Institute for Management Scientists, 2010, 19(3).

[273] Almen O.N.. Strategic Talent Management: the Dynamics of Resource-making Capabilities in Expert-based Organisations[D]. University of Cambridge, 2007.

[274] Perrow C.B.. Organizational Analysis: A Sociological View[R]. 1970.

[275] Ployhart R.E., Moliterno T.P.. Emergence of the Human Capital Resource: A Multilevel Model[J]. Academy of Management Review, 2011, 36(1).

[276] Ployhart R.E., Nyberg A.J., Reilly G., et al. Human Capital is Dead; Long Live Human Capital Resources! [J]. Journal of Management, 2014, 40(2).

[277] Porter M E.. Competitive Strategy: Techniques for Analyzing Industries and Competitors[J]. 1980.

[278] Preece D., Iles P., Jones R.. MNE Regional Head Offices and Their

Affiliates: Talent Management Practices and Challenges in the Asia Pacific [J]. The International Journal of Human Resource Management, 2013, 24(18).

[279] Raman R., Chadee D., Roxas B., et al. Effects of Partnership Quality, Talent Management, and Global Mindset on Performance of Offshore IT Service Providers in India[J]. Journal of International Management, 2013, 19(4).

[280] Ramli A.A., Isa A., Baharin N.L., et al. The Role of Talent Management in the Relationships between Employee Engagement: A Study of GLCs[C]// MATEC Web of Conferences. EDP Sciences, 2018, 150.

[281] Rani A., Joshi U.. A Study of Talent Management as a Strategic Tool for the Organization in Selected Indian IT Companies [J]. European Journal of Business and Management, 2012, 4(4).

[282] Rao T.V., Khandeluwal Anil K. HRD, OD, and Institution Building: Essays in Memory of Udai Pareek[M]. SAGE Publications Ltd., 2016.

[283] Ratten V., Ferreira J.. Global Talent Management and Corporate Entrepreneurship Strategy [M]//Global Talent Management and Staffing in MNEs. Bingley: Emerald Group Publishing Limited, 2016.

[284] Rosenbusch N., Bausch A., Galander A.. The Impact of Environmental Characteristics on Firm Performance: A Meta-analysis [C]//Academy of Management Proceedings. Briarcliff Manor, NY 10510: Academy of Management, 2007, 2007(1).

[285] Ross S.. How Definitions of Talent Suppress Talent Management[J]. Industrial and Commercial Training, 2013, 45(3).

[286] Rothwell W.J., Kazanas H.C.. Planning and Managing Human Resources: Strategic Planning for Human Resources Management [M]. London: HRD Press, 2003.

[287] Rothwell W.J.. Talent Management: Aligning Your Organisation with Best Practices in Strategic and Tactical Talent Management [J]. Training & Development, 2012, 39(2).

[288] Rotolo C.T.. Strategy-Driven Talent Management: A Leadership Imperative edited by Rob Silzer and Ben E. Dowell[J]. Personnel Psychology, 2013, 66(1).

[289] Sanders W.M.G., Tuschke A.. The Adoption of Institutionally Contested

Organizational Practices: The Emergence of Stock Option Pay in Germany[J]. Academy of Management Journal, 2007, 50(1).

[290] Iqbal S., Qureshi T.M., Khan M.A., et al. Talent Management is Not an Old Wine in a New Bottle[J]. African Journal of Business Management, 2013, 7(35).

[291] Saunders B., Kitzinger J., Kitzinger C.. Anonymising Interview Data: Challenges and Compromise in Practice[J]. Qualitative Research, 2015, 15(5).

[292] Schiemann W.A.. From Talent Management to Talent Optimization[J]. Journal of World Business, 2014, 49(2).

[293] Schilke O.. On the Contingent Value of Dynamic Capabilities for Competitive Advantage: The Nonlinear Moderating Effect of Environmental Dynamism[J]. Strategic Management Journal, 2014, 35(2).

[294] Schmidt C., Mansson S., Dolles H.. The New Face of Talent Management in Multinational Corporations: Responding to the Challenges of Searching and Developing Talent in Emerging Economies[M]//Asian Inward and Outward FDI. London: Palgrave Macmillan, 2014.

[295] Schuler R.S.. The 5-C Framework for Managing Talent[J]. Organizational Dynamics, 2015, 44(1).

[296] Schuler R.S., Jackson S.E., Tarique I.. Global Talent Management and Global Talent Challenges: Strategic Opportunities for IHRM[J]. Journal of World Business, 2011, 46(4).

[297] Schweyer A.. Talent Management Systems: Best Practices in Technology Solutions for Recruitment, Retention and Workforce Planning[M]. John Wiley & Sons, 2010.

[298] Snell S.A., Dean Jr J.W.. Integrated Manufacturing and Human Resource Management: A Human Capital Perspective[J]. Academy of Management journal, 1992, 35(3).

[299] Scott W.R., Meyer J.W.. Institutional Environments and Organizations: Structural Complexity and Individualism[M]. London: Sage Publications Ltd., 1994.

[300] Scott W.R.. Institutions and Organisations[M]. Thousand Oaks: Sage, 1995.

[301] Scullion H., Collings D.. International Talent Management[J]. Global

Staffing, 2006.

[302]Sparrow P., Scullion H., Tarique I.. Multiple Lenses on Talent Management: Definitions and Contours of the Field[M]. Cambridge: Cambridge University Press, 2014.

[303]Şener I.. Strategic Responses of Top Managers to Environmental Uncertainty [J]. Procedia-Social and Behavioral Sciences, 2012, 58.

[304] Shafieian G.. Defining Talent Management Components [J]. Advanced Computational Techniques in Electromagnetics, 2014.

[305]Sheehan C., De Cieri H., Cooper B., et al. Strategic Implications of HR role Management in a Dynamic Environment[J]. Personnel Review, 2016, 45(2).

[306]Sheehan M., Grant K., Garavan T.. Strategic Talent Management: A Macro and Micro Analysis of Current Issues in Hospitality and Tourism [J]. Worldwide Hospitality and Tourism Themes, 2018, 10(1).

[307]SHIEL, C.. Transnational Management: Text, Cases and Readings in Cross-border Management, 3rd edition[J]. Personnel Review, 2011,30.

[308]Sidani Y., Al Ariss A.. Institutional and Corporate Drivers of Global Talent Management: Evidence from the Arab Gulf region [J]. Journal of World Business, 2014, 49(2).

[309]Silzer, Rob, and Ben E. Dowell, eds. Strategy-driven Talent Management: A Leadership Imperative[M]. New Jersey: John Wiley & Sons, 2009.

[310]Silzer R., Church A.H.. Identifying and Assessing High-potential Talent[J]. Strategy-driven Talent Management: A Leadership Imperative, 2010, 28.

[311]Siti-Rohaida M.Z., Azlin A.. High Performance Work System: Institutional Motivation in Talent Management[J]. Advanced Science Letters, 2015, 21 (4).

[312]Smilansky J. Developing Executive Talent[M]. New Jersey: John Wiley & Sons, 2006.

[313]Shapiro, Ian, Rogers M. Smith, and Tarek E. Masoud, eds. Problems and Methods in the Study of Politics [M]. Cambridge: Cambridge University Press, 2004.

[314]Soo C., Tian A.W., Teo S.T.T., et al. Intellectual Capital-enhancing HR, Absorptive Capacity, and Innovation [J]. Human Resource Management, 2017, 56(3).

[315]Sparrow P.. Global Knowledge Management and International HRM [J]. Handbook of Research in International Human Resource Management, 2012.

[316]Sparrow P.R., Makram H.. What is the Value of Talent Management? Building Value-driven Processes Within a Talent Management Architecture[J]. Human Resource Management Review, 2015, 25(3).

[317]Brewster C., Chung C., Sparrow P.. Globalizing Human Resource Management[M]. London: Routledge, 2016.

[318]Sparrow P., Hird M., Cooper C.L.. Strategic Talent Management[M]//Do We Need HR?. London: Palgrave Macmillan, 2015.

[319]Sparrow P.R., Scullion H., Tarique I.. Introduction: Challenges for the Field of Strategic Talent Management [J]. Strategic Talent Management. Contemporary Issues in International Context, 2014.

[320]Sparrow P.R., Scullion H., Tarique I.. Strategic Talent Management: Contemporary Issues in International Context [M]. Cambridge: Cambridge University Press,2014.

[321]Stahl G., Björkman I., Farndale E., et al. Six Principles of Effective Global Talent Management[J]. Sloan Management Review, 2012, 53(2).

[322]Stahl G.K., Chua C.H., Pablo A.L.. Does National Context Affect Target Firm Employees' Trust in Acquisitions? [J]. Management International Review, 2012, 52(3).

[323]Sterling A., Boxall P.. Lean Production, Employee Learning and Workplace Outcomes: A Case Analysis Through the Ability-Motivation-Opportunity Framework[J]. Human Resource Management Journal, 2013, 23(3).

[324] Stevens R.D., Gavilanez M.M., Tello J.S., et al. Phylogenetic Structure Illuminates the Mechanistic Role of Environmental Heterogeneity in Community Organization[J]. Journal of Animal Ecology, 2012, 81(2).

[325]Stewart T.A.. Grab a Pencil—It's a Knowledge Quiz[J]. Fortune, 1997, 136(11).

[326]Stirpe L., Bonache J., Revilla A.. Differentiating the Workforce: The Performance Effects of Using Contingent Labor in a Context of High-performance Work Systems[J]. Journal of Business Research, 2014, 67(7).

[327] Strober M.H.. Human capital theory: Implications for HR Managers [J]. Industrial Relations: A Journal of Economy and Society, 1990, 29(2).

[328] Süß S., Kleiner M.. Dissemination of Diversity Management in Germany: A New Institutionalist Approach[J]. European Management Journal, 2008, 26(1).

[329] Swailes S., Downs Y., Orr K.. Conceptualising Inclusive Talent Management: Potential, Possibilities and Practicalities[J]. Human Resource Development International, 2014, 17(5).

[330] Justin Tan J., Litsschert R. J.. Environment-strategy Relationship and Its Performance Implications: An Empirical Study of the Chinese Electronics Industry[J]. Strategic Management Journal, 1994, 15(1).

[331] Tan J., Shao Y., Li W., To be Different, or to be the Same? An Exploratory Study of Isomorphism in the Cluster[J]. Journal of Business Venturing, 2013, 28(1).

[332] Tansley C.. What do We Mean by the Term "Talent" in Talent Management? [J]. Industrial and Commercial Training, 2011, 43(5).

[333] Tansley C., Turner P., Foster C., et al. Talent: Strategy, Management, Measurement[J]. 2007.

[334] Tarique I., Schuler R.. A Typology of Talent-management Strategies[J]. Strategic Talent Management: Contemporary Issues in International Context, 2014.

[335] Tarique I., Schuler R. S.. Global Talent Management: Literature Review, Integrative Framework, and Suggestions for Further Research[J]. Journal of World Business, 2010, 45(2).

[336] Tatoglu E., Glaister A. J., Demirbag M.. Talent Management Motives and Practices in an Emerging Market: A Comparison between MNEs and Local Firms[J]. Journal of World Business, 2016, 51(2).

[337] Teece D. J.. Expert Talent and the Design of (Professional Services) Firms [J]. Industrial and Corporate Change, 2003, 12(4).

[338] Thunnissen M., Boselie P., Fruytier B.. Talent Management and the Relevance of Context: Towards a Pluralistic Approach[J]. Human Resource Management Review, 2013, 23(4).

[339] Thunnissen M., Boselie P., Fruytier B.. A Review of Talent Management: "Infancy or Adolescence?"[J]. The International Journal of Human Resource Management, 2013, 24(9).

[340] Thunnissen M., Boselie P., Fruytier B.. Talent Management and the Relevance of Context: Towards a Pluralistic Approach[J]. Human Resource Management Review, 2013, 23(4).

[341] Trevino L.J., Kerr J.L.. Strategic and Organizational Responses of Mexican Managers to Environmental Uncertainty[C]//Proceedings of the 1997 World Marketing Congress. Springer, Cham, 2015.

[342] Tsui A.S., Pearce J.L., Porter L.W., et al. Alternative Approaches to the Employee-organization Relationship: Does Investment in Employees Pay Off? [J]. Academy of Management Journal, 1997, 40(5).

[343] Turkulainen V., Kauppi K., Nermes E.. Institutional Explanations: Missing Link in Operations Management? Insights on Supplier Integration [J]. International Journal of Operations & Production Management, 2017, 37(8).

[344] Twichell E.. Attracting Talent Across Cultures: The Impact of Cultural Values on Generating and Maintaining Applicants[J]. 2012.

[345] Ulrich D.. The Talent Trifecta [J]. Development and Learning in Organizations: An International Journal, 2008, 22(2).

[346] Vaiman V., Collings D.G.. Talent Management: Advancing the Field[J]. The International Journal of Human Resource Management, 2013, 24(9).

[347] Valverde M., Scullion H., Ryan G.. Talent Management in Spanish Medium-sized Organisations [J]. The International Journal of Human Resource Management, 2013, 24(9).

[348] Beheshtifar M., Nasab H.Y., Moghadam M.N.. Effective Talent Management: A Vital Strategy to Organizational Success [J]. International Journal of Academic Research in Business and Social Sciences, 2012, 2(12).

[349] Volonté C., Gantenbein P.. Directors' Human Capital, Firm Strategy, and Firm Performance[J]. Journal of Management & Governance, 2016, 20(1).

[350] De Vos A., Dries N.. Applying a Talent Management Lens to Career Management: The Role of Human Capital Composition and Continuity[J]. The International Journal of Human Resource Management, 2013, 24(9).

[351] Weber M. Some Consequences of Bureaucratization[J]. Sociological Theory, 1976.

[352] Wilden R, Gudergan S P, Nielsen B B, et al. Dynamic Capabilities and Performance: Strategy, Structure and Environment[J]. Long Range Planning,

2013, 46(1-2).

[353] Williamson O E. Comparative Economic Organization: The Analysis of Discrete Structural Alternatives[J]. Administrative Science Quarterly, 1991.

[354] Wright P M, McMahan G C. Exploring Human Capital: Putting "Human" Back into Strategic Human Resource Management [J]. Human Resource Management Journal, 2011, 21(2).

[355] Wright P.M., Coff R., Moliterno T.P.. Strategic Human Capital: Crossing the Great Divide[J]. Journal of Management, 2014, 40(2).

[356] Wright P. M., McMahan G. C., McWilliams A.. Human Resources and Sustained Competitive Advantage: A Resource-based Perspective [J]. International Journal of Human Resource Management, 1994, 5(2).

[357] Salomon R., Wu Z.. Does Imitation Reduce the Liability of Foreignness? Linking Distance, Isomorphism, and Performance [C]//Academy of Management Proceedings. Briarcliff Manor, NY 10510: Academy of Management, 2013, 2013(1).

[358] Chuai X., Preece D., Iles P.. Is Talent Management Just "Old Wine in New Bottles"? The Case of Multinational Companies in Beijing[J]. Management Research News, 2008, 31(12).

[359] Yarnall J.. Revitalising Your Succession Management Case Study: Revitalising Succession Management in a Large [M]//Strategic Career Management. Routledge, 2007.

[360] Yarnall J.. Maximising the Effectiveness of Talent Pools: A Review of Case Study Literature[J]. Leadership & Organization Development Journal, 2011, 32(5).

[361] Khoreva V., Vaiman V., Van Zalk M.. Talent Management Practice Effectiveness: Investigating Employee Perspective[J]. Employee Relations, 2017, 39(1).

[362] Zhang J., Jiang Y., Shabbir R., et al. How Perceived Institutional Pressures Impact Market Orientation: An Empirical Study of Chinese Manufacturing Firms[J]. Asia Pacific Journal of Marketing and Logistics, 2015, 27(2).

[363] Van Zyl E.S., Mathafena R. B., Ras J.. The Development of a Talent Management Framework for the Private Sector[J]. SA Journal of Human Resource Management, 2017, 15(1).

附　　录

附录一　企业管理人员对人才战略感知的访谈提纲

访谈时间：　　　　　　访谈地点：　　　　　　　访谈时长：
访谈对象：　　　　　　访谈员：

访谈目的介绍

本次深度访谈围绕着“企业战略性人才管理”这一核心主题，挖掘战略性人才管理实施过程中的核心构型要素，了解作为人才管理的直接施行人——企业中高层管理者对企业战略性人才管理体系状况的感知，发现企业战略性人才管理的主要构型模块和重要影响因素，以期望了解企业管理人员对战略性人才管理制度的真实感受与评价。访谈过程中严格遵守学术伦理，维护被访者权益。

(一)访谈基本内容

个人情况

引导式问题：简述目前的工作状况

开放式说明：1. 企业性质
　　　　　　2. 企业规模
　　　　　　3. 工作年限(职称)
　　　　　　4. 从事的岗位
　　　　　　5. 职务级别

(二)战略性人才管理状况感知

1. 请简要介绍您企业近年来的发展情况。贵企业对人才的定义是什么？

2. 您认为目前企业面临的各项组织环境中，哪些环境因素对组织人才战略(人力资源战略)的影响较大？能否举例说明？

3. 能否介绍一下贵企业的人力资源战略和企业战略？是否有独立的人才

管理战略？近年和未来几年中企业的商业模式是否会发生变更？是否会对企业的相关战略设定产生影响？

4. 贵企业的人才构成结构是如何设定的？是否有政策文件对人才队伍进行管理和划分？企业引才的主要标准是什么？主要从哪些渠道完成？

5. 贵单位的岗位设定是依据什么标准？如何进行人-岗匹配？

6. 目前贵公司已有的人才管理措施中，主要强调哪些方面？能否举例说明？

7. 您认为贵企业的战略人才管理实践的难点在哪里？如何协调各项实践间的关系？

访谈结语：(略)

谢谢！

附录二　企业战略性人才管理系统实施情况调查问卷

尊敬的女士/先生

您好：

本次调查旨在了解人才管理制度在我国企业中的实施情况。您是所在单位的管理干部，我们特邀您参与调查。您的参与对本研究至关重要，对您的支持我们深表谢意！本调查采用无记名形式，答案没有对错之分，结果仅作研究之用。我们保证数据是严格保密的，绝对不会给您造成任何的影响，请根据您自己的实际感受作答，谢谢！

一、企业基本情况

1. 贵公司主营业务所属行业

□　制造业

□　金融业

□　信息传输、软件和信息技术服务业

□　电力、热力、燃气及水生产和供应业

□　租赁和商务服务业

□　建筑业

□　房地产业

□　批发零售业

□　交通运输、仓储和邮政业

□　其他

2. 贵公司目前员工数

□　100 人及以下

□　101～300 人

□　301～1000 人

□　1001～3000 人

□　3000 人以上

3. 您认为贵公司的管理模式属于

□　科层式组织

□　低成本运营式组织

□　高参与度式组织

□　全球竞争型组织

□　持续型组织

4. 您的专业是____________________。

5. 您的学历是

□　大专以下

□　大专

□　本科

□　硕士

□　博士

6. 您的职位是

□　高层管理人员

□　中层管理人员

□　一般管理人员

□　专业技术人员

□　一线生产经营人员

□　机关人员

□　后勤服务保障人员

□　其他

二、企业战略、竞争环境及人才管理实践情况

（以下题项均为赋分题，请根据企业的实际符合程度打分，1 = 完全不符合，2 = 基本不符合，3 = 一般，4 = 基本符合，5 = 完全符合）

7. 企业人力资源管理实践构成

题　　项	计分
培训需求分析以满足企业未来的技能需求	
职业规划	
技能审计以满足企业当前的技能基础	
风险管理	
角色设计	
工作分析	
人力资源需求预测	

续表

题　项	计分
人力资源供给预测	
性格或态度测试	
绩效或胜任力测试	

8. 企业的人才管理实践构成

题　项	计分
网络化	
内部项目团队	
促进学习的特定任务	
内部发展项目	
跨学科项目工作	
引导式脱产培训	
正式的职业生涯计划	
辅导	
导师制(传帮带)	
评价中心	
毕业生发展项目	
继任者计划	
提供大学课程	
国际业务培训	
短期国际化系统培训	
国际项目团队	
内部借调	
工作轮换	
外部借调	

9. 关于企业的人力资源战略与经营战略一致性的关系

题　　项	计分
人力资源管理战略与业务部门保持一致	
人力资源管理部门支持组织的经营战略	
人力资源管理部门在制定经营战略方向方面处于前沿位置	
人力资源管理部门被认为是企业管理的合作伙伴和变革的推动者	
人力资源管理部门参与了战略规划过程	
人力资源管理部门受到组织的高级管理层团队的重视	
人力资源管理部门的重要性与日俱增	
人力资源管理战略与业务部门保持一致	
人力资源管理部门支持组织的经营战略	
人力资源管理部门在制定经营战略方向方面处于前沿位置	
人力资源管理部门被认为是企业管理的合作伙伴和变革的推动者	
人力资源管理部门参与了战略规划过程	
人力资源管理部门受到组织的高级管理层团队的重视	
人力资源管理部门的重要性与日俱增	

10. 企业面临不确定环境情况

题　　项	计分
本行业的产品或服务更新很快	
竞争者行为很难预测	
本行业的技术进步很快	
顾客需求的变化情况很难预测	
竞争强度越来越激烈	
顾客要求越来越高	
我们所需的资源越来越难获取	
供应商力量越来越强大	
竞争者行为越来越多样化	
竞争者多样化行为在较多领域影响了企业的相关行为	
企业在产品生产方式和市场策略上迎合不同的客户的多样化行为	

11. 关于企业面临的制度环境，请根据您公司的实际情况选择最恰当的数字

题　项	计分
经济压力促使企业进行组织变革	
企业如果采纳政府的建议，就能得到政府的支持	
企业严格执行政府法律法规	
本企业在当地市场已经与其他公司建立了正确的合作关系	
本企业已经建立了世界范围内的行业标杆基准	
本企业与管理咨询公司建立了合作关系并接受其建议	
本行业的员工离职率很高，跳槽并不困难	
本企业的产品或服务必须符合一定的资质认证和标准	
企业的人力资源部的管理人员具有人力资源管理专业背景	

12. 关于企业实施人才管理系统的动机，请根据您公司的实际情况选择最恰当的数字

题　项	计分
能在组织结构内支持变革	
能在组织的商业环境内支持变革	
能协助组织的劳动力规划	
能帮助实现组织的战略目标	
培养未来的强势领导人	
保留核心员工	
解决技术短缺	
为组织吸引核心员工	
满足未来技术需求	
将员工重新部署到其他角色	

问卷到此结束，再次谢谢您的大力支持！